名 家 通 识 讲 座 书 系

宋明理学
十五讲

□ 杨立华 著

北京大学出版社
PEKING UNIVERSITY PRESS

图书在版编目（CIP）数据

宋明理学十五讲/杨立华著. —北京：北京大学出版社，2015.10
（名家通识讲座书系）
ISBN 978－7－301－22159－4

Ⅰ.①宋… Ⅱ.①杨… Ⅲ.①理学—研究—中国—宋代②理学—研究—中国—明代 Ⅳ.①B244.05②B248.05

中国版本图书馆 CIP 数据核字（2015）第 219063 号

书　　　名	宋明理学十五讲	
著作责任者	杨立华　著	
责 任 编 辑	田　炜	
标 准 书 号	ISBN 978－7－301－22159－4	
出 版 发 行	北京大学出版社	
地　　　址	北京市海淀区成府路 205 号　100871	
网　　　址	http://www.pup.cn　新浪微博：@北京大学出版社	
电 子 邮 箱	编辑部 wsz@pup.cn　总编室 zpup@pup.cn	
电　　　话	邮购部 62752015　发行部 62750672　编辑部 62750577	
印 刷 者	北京中科印刷有限公司	
经 销 者	新华书店	
	965 毫米 × 1300 毫米　16 开本　19 印张　240 千字	
	2015 年 10 月第 1 版　2024 年 1 月第 10 次印刷	
定　　　价	52.00 元	

"名家通识讲座书系"
编审委员会

"名家通识讲座书系"总序

本书系编审委员会

　　"名家通识讲座书系"是由北京大学发起,全国十多所重点大学和一些科研单位协作编写的一套大型多学科普及读物。全套书系计划出版100种,涵盖文、史、哲、艺术、社会科学、自然科学等各个主要学科领域,第一、二批近50种将在2004年内出齐。北京大学校长许智宏院士出任这套书系的编审委员会主任,北大中文系主任温儒敏教授任执行主编,来自全国一大批各学科领域的权威专家主持各书的撰写。到目前为止,这是同类普及性读物和教材中学科覆盖面最广、规模最大、编撰阵容最强的丛书之一。

　　本书系的定位是"通识",是高品位的学科普及读物,能够满足社会上各类读者获取知识与提高素养的要求,同时也是配合高校推进素质教育而设计的讲座类书系,可以作为大学本科生通识课(通选课)的教材和课外读物。

　　素质教育正在成为当今大学教育和社会公民教育的趋势。为培养学生健全的人格,拓展与完善学生的知识结构,造就更多有创新潜能的复合型人才,目前全国许多大学都在调整课程,推行学分制改革,改变本科教学以往比较单纯的专业培养模式。多数大学的本科教学计划中,都已经规定和设计了通识课(通选课)的内容和学分比例,要求学生在完成本专业课程之外,选修一定比例的外专业课程,包括供全校选修的通识课(通选课)。但是,从调查的情况看,许多学校虽然在努力建设通识课,也还存在一些困难和问题:主要是缺少统一的规划,到底应当有哪些基本的通识课,可能通盘考虑不够;课程不正规,往往因人设课;课量不足,学生缺少选择的空间;更普遍的问题是,很少有真正适合通识课教学的教材,有时只好用专业课教材替代,影响了教学效果。一般来说,综合性大学这方面情况稍好,其他普通的大学,特别是理、工、医、农类学校因为相对缺少这方面的教学资源,加上很少有可供选择的教材,开设通识课的困难就更大。

这些年来,各地也陆续出版过一些面向素质教育的丛书或教材,但无论数量还是质量,都还远远不能满足需要。到底应当如何建设好通识课,使之能真正纳入正常的教学系统,并达到较好的教学效果?这是许多学校师生普遍关心的问题。从2000年开始,由北大中文系主任温儒敏教授发起,联合了本校和一些兄弟院校的老师,经过广泛的调查,并征求许多院校通识课主讲教师的意见,提出要策划一套大型的多学科的青年普及读物,同时又是大学素质教育通识课系列教材。这项建议得到北京大学校长许智宏院士的支持,并由他牵头,组成了一个在学术界和教育界都有相当影响力的编审委员会,实际上也就是有效地联合了许多重点大学,协力同心来做成这套大型的书系。北京大学出版社历来以出版高质量的大学教科书闻名,由北大出版社承担这样一套多学科的大型书系的出版任务,也顺理成章。

编写出版这套书的目标是明确的,那就是:充分整合和利用全国各相关学科的教学资源,通过本书系的编写、出版和推广,将素质教育的理念贯彻到通识课知识体系和教学方式中,使这一类课程的学科搭配结构更合理,更正规,更具有系统性和开放性,从而也更方便全国各大学设计和安排这一类课程。

2001年底,本书系的第一批课题确定。选题的确定,主要是考虑大学生素质教育和知识结构的需要,也参考了一些重点大学的相关课程安排。课题的酝酿和作者的聘请反复征求过各学科专家以及教育部各学科教学指导委员会的意见,并直接得到许多大学和科研机构的支持。第一批选题的作者当中,有一部分就是由各大学推荐的,他们已经在所属学校成功地开设过相关的通识课程。令人感动的是,虽然受聘的作者大都是各学科领域的顶尖学者,不少还是学科带头人,科研与教学工作本来就很忙,但多数作者还是非常乐于接受聘请,宁可先放下其他工作,也要挤时间保证这套书的完成。学者们如此关心和积极参与素质教育之大业,应当对他们表示崇高的敬意。

本书系的内容设计充分照顾到社会上一般青年读者的阅读选择,适合自学;同时又能满足大学通识课教学的需要。每一种书都有一定的知识系统,有相对独立的学科范围和专业性,但又不同于专业教科书,不是专业课的压缩或简化。重要的是能适合本专业之外的一般大学生和读者,深入浅出地传授相关学科的知识,扩展学术的胸襟和眼光,进而增进学生的人格素养。本书系每一种选题都在努力做到入乎其内,出乎其外,把学问真正做活了,并能加以普及,因此对这套书的作者要求很高。我们所邀请的大都是那些真正有学术建树,有良好的教学经验,又能将学问深入浅出地传达出来的重量级学者,是请"大家"来讲"通识",所以命名为"名家通识讲座书系"。其意图就是精选名校名牌课程,实现大学教学资源共享,让更多的学子能够通过这套书,亲炙名家名师课堂。

本书系由不同的作者撰写,这些作者有不同的治学风格,但又都有共同的追求,既注意知识的相对稳定性,重点突出,通俗易懂,又能适当接触学科前沿,引发跨学科的思考和学习的兴趣。

本书系大都采用学术讲座的风格,有意保留讲课的口气和生动的文风,有"讲"的现场感,比较亲切、有趣。

本书系的拟想读者主要是青年,适合社会上一般读者作为提高文化素养的普及性读物;如果用作大学通识课教材,教员上课时可以参照其框架和基本内容,再加补充发挥;或者预先指定学生阅读某些章节,上课时组织学生讨论;也可以把本书系作为参考教材。

本书系每一本都是"十五讲",主要是要求在较少的篇幅内讲清楚某一学科领域的通识,而选为教材,十五讲又正好讲一个学期,符合一般通识课的课时要求。同时这也有意形成一种系列出版物的鲜明特色,一个图书品牌。

我们希望这套书的出版既能满足社会上读者的需要,又能有效地促进全国各大学的素质教育和通识课的建设,从而联合更多学界同仁,一起来努力营造一项宏大的文化教育工程。

序

  将宋明理学视为儒学的第二期开展,已经成为学界的共识。这样的看法虽然不无简化之嫌,但基本反映了中国哲学的历史发展。从中唐儒学复兴运动开始,先秦儒学里贯注着的精神重新回到了时代精神的核心。面对佛道二家的笼罩性影响,为儒家生活方式奠定哲学基础逐渐成为这个时代儒学发展的主题。这也是宋明理学,特别是两宋道学,在哲学形态上更具思辨性的根本原因。

  此前种种建构新道学谱系的努力,极大地拓宽了我们的哲学史和思想史视野,让我们至少局部地摆脱了单一的线性思想史的束缚,认识到哲学和思想发展的路径的丰富可能性。但如果因此以为可以从根本上颠覆固有的历史叙述,那我们就走得太远了。强调北宋儒学的复杂多歧,并不等于找到了否定以"北宋五子"为核心的道学谱系的根据;同样,发现了湖湘学派的重要影响,也并不能动摇朱子在哲学史上的地位。哲学史工作既是历史的叙述,也是某种哲学的创造。以自己的哲学见解衡论哲学史,如何尽量避免主观性,就成为关键所在。哲学家的历史地位是由他的哲学高度和历史影响决定的,当然根本上还是取决于他的哲学品质。唯有深入哲学家的哲学理脉,了解其立言宗旨,体贴其哲学洞识,探究其思理基础,并将其体系置入纵向及横向的历史对话关系中加以考察,方能对其历史地位有深刻周到的认识。这也正是本书之所以以"北宋五子"及朱子集大成的哲学综合为核心的根本原因。

  本书是根据2013年秋季学期"中国哲学史"课程宋明部分的讲义整理而成,是我个人多年来讲授宋明理学的心得的总结。在哲学史叙述方面,有如下几点提请读者留意:其一,此书虽是讲义的整理稿,但并不是对前人研究成果的一般性概括,关键处都有个人研究的新见;其二,始终围绕唐宋儒学复兴运动的主题,以此作为宋明理学发展的内在动力,在本书的叙述当中是贯彻始终的;其三,强调哲学史发展的逻辑与历史的统一,力图展现出宋明理学发展过程中各个环节间思理的连贯和递进的层次,也是本书的着力所在。为便于读者阅读和理解,本书尽可能多地保留了课堂讲授的口语风格,甚至很多重要材料都未单独引出,而是将其融入具体的讲解。

在此书的整理过程中,陈建美、吕存凯、秦晋楠、刘沁、王嘉宝、张巽、汤炜、佟欣妍、曾馨、谢清露、杨文敏、赵文涛、程志翔等同学,付出了相当多的心力;陈睿超、李震等同学在稿件校核中查找、核对了部分材料,在此并致谢忱。此外还要特别感谢北大出版社的田炜编辑,她对学术事业的持久热情以及由此而生的耐心和包容,使作者能够将学术和思想之外的顾虑降到极低的程度。在今天这个时代,这不仅需要持守的品格,更需要根本的见识。

1997年初冬的某个下午,我第一次讲授"中国哲学史"。我的教学生涯始于一次偶然的代课。那天恰好讲张载。至今我还记得课程结束时的情景。在一教那间略嫌昏暗的教室里,窗外是冬日黄昏的暮色,眼前生动的脸孔上某种被点亮的东西,那一刻也永久地点亮了我。要有怎样的人生,才配得上那一刻的照亮呢?

2014 年 12 月 26 日凌晨

目　录

第一讲

韩愈与儒学复兴运动

一　中晚唐的文化氛围

从宏观的角度看,整个宋学或者说宋明理学的发生,其实都是从儒学复兴这样一个整体脉络当中来的。因此我们首先要讲明白的第一个问题就是儒学复兴是怎么来的,为什么会有这次儒学复兴运动。而唐宋之际的儒学复兴运动的中坚,同时也是古文运动的核心。总体说来,儒学复兴运动以及随之而来的古文运动,在中国思想史上意味着一种非常清晰的理性思想风格的复兴。值得思考的是,这样一种高度理性的思想风格,为什么会在这个时代突然出来?

整个李唐王朝,在文化思想层面上,特别是在中国固有哲学的发展上,并没有太多值得称道的东西,这个时代的思想高度主要体现在佛教上。我们知道,佛教传入中国后,其中国化过程经历了数百年的时间。佛教的这一数百年的中国化过程在隋唐时期达到了巅峰,这一点是学界普遍的共识。然而,从中国固有文化这个角度来讲,很难看到这个时代有什么了不起的思想家。一般我们都会认为唐代是中国历史上最鼎盛的时期,这样的认识恐怕有夸大的成分。实际上你仔细看唐代,真正稳定的时间有多少,真正安宁的时间有多少,真正兴盛的时间又有多少？跟我们的观念不同,宋人,尤其是像北宋的二程、张载这样的思想家,对唐代并没有我们现在那样的崇敬。李唐一代在思想文化上,总体上是以佛道二教为根柢的。

如果从大的历史阶段讲,我们一般把秦汉之际的历史转型视为中国历史上最大的转型。秦汉之际的最大变化就在于废封建、立郡县,一个郡县制国家的规模在这个转型中开始建立起来。这里所讲的在郡县制之前的封建制不是马克思主义历史学所讲的五阶段论当中的封建制,这里的封建制指的是夏商周三代的分封制度。这样的封建制可以说是严格意义上的贵族制,与这种贵族制相对照,我们可以把秦汉以后的制度称为官僚制。按照我的理解,郡县制本质上就是官僚制。因为在这样的制度下,重要的权力核心的位置,已经不是世袭的了。这样一种官僚制度在汉代初年就遇到一个问题,那就是选官原则、选才机制的问题。也就是究竟怎么选择人才,让什么样的人来治理国家。

汉代初年的时候,官员晋升的途径是非常庞杂的,并没有一个确定的、稳定的选择人才的机制。到汉武帝时期,董仲舒"举贤良对策"以后,才提出了一个后来真正在汉代实行的"乡举里选"的制度。当然,这个乡举里选的制度的充分实现其实是在东汉。所谓乡举里选,就是地方官除了管好自己地方的事务以外,还有责任向中央王朝推荐地方的人才。所推荐的人才主要有两类:一类是孝廉,一类是茂才。孝廉是着眼于德,茂才是着眼于能,也就是说一个人只要有德有能就应该被推荐出来、选拔出来,这就叫乡举里选的制度,其实就是地方推荐制。地方推荐制当然是一个了不起的进步,但这种制度也有它的问题。因为地方官在地方任职,而且汉代的地方官一般任期都很长,所以在管理地方事务的时候,难免要跟地方的世家大族结成某种利益的同盟。这带来的结果是什么?这等于是选举权被地方势力、地方豪族把握。这个问题到了东汉末年已经非常严重。

东汉末年,宦官和所谓士大夫,包括地方名士之间的斗争,并不是一个简单的对错问题,好像士大夫一边就是光明正确的,而宦官一边就一定是邪恶阴暗的。这个大家一定要注意,我们现在一般讲到历史上的宦官时总是认为宦官是邪恶的,他们身体残疾所以心灵残疾,这个讲法恐怕不完全对。我们历代都禁止宦官干政,但汉以后的王朝里,有多少王朝是亡于宦官?为什么总是不断地出现这种状况,想没想过?我一直觉得我们现在有一种特别奇怪的态度,就是一种傲慢,一种面对历史的傲慢,一种作为现代人的优越感,这种优越感非常可怕。甚至在我们前辈的研究当中,你也能从字里行间发现这种不经意间流露出的优越感,连钱穆先生这样的人都不能避免。他谈到中国历史的时候总是站在一个虚幻的历史高度上俯视中国历史。钱穆先生一向强调面对中国固有文化时的"温情与敬意",但在谈论很多历史问题时,却又不自觉地流露出某种没来由的优越感。真不知道这种优越感究竟从哪儿来的?我最近常讲,历史上任何一个王朝,只要是延续了两三百年的,那就一定有了不起的地方。它在政治、经济和军事方面的考虑一定有值得你尊重的地方。你可以想想看,在技术条件那么差的情况下,中央一道诏令得好几个月才能下达神经末梢,才能到基层,不像我们今天,"啪"一个电话就下去了。有这么好的、这么强的通信技术手段,维持这么一个大一统的国家,都有这么多困难;在那样一个技术水准那么低、行政效率那么低的情况下,怎么可能维持那么大的一个版图三百年的时间,这究竟是怎么做到的?很多问题我们都应该换一个角度来想想。

比如冗官问题,北宋以来历代改革都要精简机构,但每一次精简机构都是越精简越臃肿。所以我想,我们是不是可以这样来提问:以精简机构或者说沙汰冗官作为改革的目标是不是有问题。换言之,我们也许应该去思考,在历代王朝中,冗官是否有其不可替代的政治功能?柳宗元说:"封建非圣人之意也,势也",①历史自有其"理势"或"时势",有些东西是没办法克服的。前些年有一部电视连续剧,叫《大明王朝1566:嘉靖与海瑞》,给我很大启发。那里面讲的一个道理非常有意思:因为士大夫是有家的,宦官是没家的,由于宦官没家,他是以皇宫为家的。所以,我们怎么能认为宦官就一定是奸臣呢?好像没这个道理啊。所以东汉末年的党锢之祸,实际上就是地方豪族势力跟中央王权的一次大的博弈。而当时皇权没有别的路,皇帝身边除了宦官之外没什么可用的人,尤其是在相权极大的情况下。汉代的相权非常强,宰相权力极大。宰相作为百官首领,皇权如果要对峙和制衡相权,它靠什么呢?他除了身边那几个"残缺"的人以外,还能靠什么?一旦理解了这个问题我们就会想到,豪族问题到了东汉末年已经何其严重。

曹操上来以后要做的最重要的事就是打击地方豪强。很多人并不理解曹操上来要努力的方向,这一点陈寅恪先生讲得很有意思。陈寅恪先生说,曹氏跟司马氏的斗争,其实质就是曹氏代表的中小地主阶层和司马氏代表的大地主阶层之间的斗争。②曹魏政治集团最重要的政策就是"抑浮华"。从曹操、曹丕到曹叡,一以贯之,就是要打击地方豪族。所以曹丕和曹植之间的斗争,曹植为什么失败?你看曹植总是跟一些多么"浮华"的地方豪族混在一块儿!由于曹植与地方豪族勾结,因此,曹操是不可能把皇位给曹植的,这是完全没有可能的。这是一个王朝的"国是",是基本国策,含糊不得!

尽管曹魏政权这么努力,但到了魏晋六朝时期,仍然出现了一个贵族化的回潮。实际上,魏晋六朝是一个准贵族化的回潮,这样一个准贵族化的回潮导致了非常大的问题,这意味着官僚制度被一种局部的或

---

① 柳宗元:《封建论》,见《柳宗元集》,北京:中国书店,2000 年,第 41 页。

② 参见万绳楠整理:《陈寅恪魏晋南北朝史讲演录》,贵阳:贵州人民出版社,2007年,第 2—11 页。

者说变形的世袭制度所取代。有关这方面的研究,可以去看田余庆先生的《东晋门阀政治》。此外,唐长孺先生和陈寅恪先生的研究也非常值得留意。相较而言,我本人更喜欢唐长孺先生平和正大的风格。魏晋时期的贵族化回潮导致了门阀士族的兴起。到了东晋六朝时期,不同等级的士族之间基本上是不能通婚的,一个人在结婚这件事情上选了一个比自己门第低的人,会成为这个人一生最大的污点。

这种情况真正的打破是隋朝初年。隋王朝是一个真正世界性的、有世界史意义的王朝,它的很多做法都是有世界史意义的。其中一个有世界史意义的事件就是大运河的修成,另一个有世界史意义的事件就是科举考试的建立。我一直认为,科举制是人类历史上最伟大的发明之一。一种从未出现过的、真正意义上的公平的选拔机制出现了。但是科举制度在隋唐两代并没有真正意义上的普及。李唐一代的政治斗争里面,很多是世家大族和新进的进士集团之间的斗争。比如著名的牛李党争,李德裕所代表的就是世家大族、政治世家这个层面,他们这些人不是通过科举考试出来的;而牛僧孺代表的就是所谓进士阶层,这个背景是我们一定要注意的。讲到这个地方,李唐王室的问题就出来了。虽然隋唐两代,门第的观念已经不如两晋六朝时期那样强大,但是不同姓氏之间的等级观念还是有着巨大的影响。李唐出身胡族,所以当年朱子就讲,李唐王室宫廷不谨的原因就在于其系出胡族。[①] 正因为如此,所以将自己的先世追溯至老子。因以老子为先祖,所以李唐王室格外推崇道教。由于道教盛行,服食金丹在当时蔚然成风。整个李唐皇室里面,因为服金丹而死的皇帝多达六个。而当时不仅是皇帝服金丹,很多达官贵族也服食金丹。

由前所述,我们可以看到,唐代士大夫阶层的精神根底,主要是道

---

① "唐源流出于夷狄,故闺门失礼之事,不以为异",见《朱子语类》卷一百三十六《历代三》,北京:中华书局,1986 年,第 3245 页。

教和佛教的。在政俗两面，都可以看到宗教迷狂的深刻影响。士大夫精神世界不归于佛则归于老，而这个时候真正有儒家正统观念的人越来越少，真正有儒家价值信念的人越来越少。这个背景其实恰恰是儒学复兴运动产生的背景。

儒学复兴在这个时候就有了两个方面的意义。第一个方面的意义就是在佛道二家的兴盛中，如何保持中国历代延承的儒家生活方式。儒家生活方式如何能够延续下去，在这个时候已经成为一个很大的问题。第二个方面，就是怎么来对治在政俗两方面都产生了深刻影响的宗教迷狂，倡导一种理性主义的精神态度。这实际上也是整个古文运动兴起的背景。

二 古文运动和儒学复兴运动

中晚唐时期的儒学复兴运动影响深远，其代表人物当然是韩愈、柳宗元和刘禹锡。读《柳宗元集》，能够清晰地感受到北宋士大夫精神风格中的某些东西正在酝酿成型——那种理性的态度正在酝酿成型。比如柳宗元"疑《国语》""辩《论语》"。历史上一般都讲《论语》是孔子弟子所作，柳宗元对此就提出了明确的怀疑:《论语》里面清楚记录了曾参临终前的遗言，而曾子在孔子晚期弟子中也算比较年轻的，既然记录了曾子的临终遗言，怎么可能是孔子的弟子所作呢？这样的话当然是曾子的弟子记录下来的。这与我们今天的观点就非常接近了。

柳宗元他们对所有问题都抱有一种特别有意思的怀疑精神，与之相伴随的是一种理性探索的态度。这种理性的态度，在一组有趣的文章中得到了充分的体现。这组文章源自韩愈、柳宗元、刘禹锡他们几个围绕天人问题的一场思想对话。韩愈先写了一篇文章叫《天说》，柳宗元在韩愈《天说》的基础上又写了一篇《天说》，这篇文章在完整引用了韩愈的《天说》之后，对《天说》里面的思想做了全面的反驳。而刘禹锡读到柳宗元的《天说》以后，觉得柳宗元说得也不好，就又写了一篇《天论》。这组文章都收在《柳宗元集》里。韩愈这篇文章非常有意思。文章主要面对这样一个问题：人们一般都质问，老天为什么不保佑善人呢？为什么好人不长寿，坏人活千年呢？为什么一个个坏人都活得那么好，而正直的人却活得那么委屈？韩愈在这里提出了一个特别有趣的论辩，他说你看，人与元气（天地就是元气）的关系就像虫子跟树的关系。树坏了就生虫，虫对树是一种伤害；元气坏了就生人，人对元气也是一种伤害。那你就能理解为什么上天总是保佑恶人了。因为恶人帮天地元气杀人，相当于我们人为树杀灭害虫。所以凡是能够为树杀灭害虫的，树会感谢他；凡为天地杀灭人的，正如恶人所做的，天地也会感谢他。我很想知道韩愈到底是在什么背景下写这篇文章的？柳宗元读到这篇文章后，就说："子诚有激而为是耶？"①你韩愈大概是受了什么刺激才故意这么说的吧，这跟你平时倡导的东西可不太一样。虽然你讲得非常巧妙，但这个讲法跟历来人们主张上天福善祸淫的方向正相反。汉代儒者强调福善祸淫之说，强调天人有感应关系，人做得对，上天会给好的征兆，人做得不对，上天会给惩罚，这在董仲舒的"天人感应"观中体现得非常充分。韩愈的讲法和董仲舒的讲法就不一样了。柳宗元说你韩愈这是"有激而发"，就是你说话故意说得这么偏激，没必要。柳宗元说，其实你应该这么去思考，就是天跟人之间是没有关系的。天没有福善祸淫的意志，没有惩恶扬善的意志，所以人的善与恶、福与祸都是自己的行为所致。柳宗元的这个说法比较接近于儒家所讲的"无责于人，必求诸己"的态度，而人之所以应该"不怨天、不尤人"，也是同样的道理。至于刘禹锡对柳宗元的质疑，则又开出了另一个脉络。刘禹锡主张"天人交相胜"②，也就是说，在有些领域人的行

---

① 柳宗元：《天说》，见《柳宗元集》，2000 年，第 242 页。
② 刘禹锡：《天论》，见《刘禹锡集》，北京：中华书局，1990 年，第 68 页。

为、人类的努力是胜天的,而在另外一些领域,天的所为是胜人的。这就是"天人交相胜"的观点。

仅从这组文章的对话关系来看,我们已经可以清楚地看到这一时期的士大夫成长的基本精神风格。这是我们要讲的第二部分,即理性化的特征和普遍怀疑的态度,一种理性的、平实的态度。北宋士大夫的精神风格,很大程度上受到了韩、柳的影响,尤其是韩愈的影响。宋初的很多重要人物,无论在文风还是人格上,都不同程度受到韩愈的影响。典型的如欧阳修。

三　韩愈的贡献

下面我们来介绍韩愈的贡献和韩愈的思想。

首先我们来讲韩愈的贡献,韩愈为什么这么重要。钱穆先生讲:"治宋学当何自始?曰:必始于唐,而以昌黎韩氏为之率",①研治宋学一定要从唐代开始,而韩愈是其中最重要的。陈来老师《宋明理学》这本书讲韩愈这一章的时候,开篇也引用了这句话。首先我们来看韩愈的历史贡献,我主要结合陈寅恪先生的一篇著名的文章——《论韩愈》②来讲。陈寅恪先生的文章一般都比较难懂,考虑到这一点,我认为陈寅恪先生的写作风格不如钱穆先生。钱穆先生总是那么深入浅出,不管多么复杂的东西他都能用非常简单的话给你讲清楚。而陈寅恪先生,我年轻的时候读他的书,就觉得这个人怎么这么爱掉书袋啊!当然人家确实掉得好,这是没话讲的,掉得那么秀气!陈寅恪先生也有个别文章写得非常清楚明白,《论韩愈》这一篇就是陈寅恪先生比较罕见的、写得比较简明的文章。陈寅恪把韩愈的历史贡献概括为六个方

---

① 钱穆:《中国近三百年学术史》,北京:中华书局,1986 年,第 1 页。

② 参见陈寅恪:《论韩愈》,见《金明馆丛稿初编》,北京:三联书店,2001 年。

面。他对韩愈的历史贡献的总结是非常全面的。当然有些地方也稍有不足,我是觉得有些地方他对韩愈思想的把握还是不够清楚、全面、透彻,毕竟他的角度不是哲学史和思想史的角度。

首先看韩愈贡献的第一个方面。陈寅恪先生讲韩愈贡献的第一个方面,就是盛倡华夷之辨。华夷之辨是韩愈反佛教的最重要的理由之一,他讲佛法自后汉传入中国,"口不言先王之法言,身不服先王之法服",①你所做的所有事情都跟中国固有生活方式完全不一样,这是从这个角度来讲。讲佛教是外来文化,这一点不是儒家的发明,当然更不是韩愈的发明。当时佛教传入中国,最早起来对抗佛教的是道教,而当时道教就在讲华夷之辨。道教甚至有一种非常好玩的说法,叫"老子化胡说",老子不是西出函谷关之后就不知所踪了吗?据说就一路走到了印度,就把自己的道传给了释迦牟尼,也就是乔达摩·悉达多,于是就有了佛教。这就是所谓"老子化胡说"。当时道教要调动资源,道教徒很聪明,调动的资源还是本土资源,这个是我中华固有的东西,而你那个东西是外来的。但整体上讲,道教反佛的过程中,因为它自己需要不断借用佛教的各种各样的理论来说话,所以在某种意义上,它的理论系统不完整,缺少论辩的传统,缺少深刻地思辨的系统,不能给自己的生活方式找到背后深刻的哲学根据。所以道教徒总体上是处于劣势的。

韩愈起来倡导华夷之辨,这一倡导本身就非常重要。我们可以说,韩愈倡导华夷之辨,是中华固有文化的又一次自觉,中华固有文化对自己文化、文明的主体性的又一次自觉。我觉得这个非常重要!面对异族文化的进入,我们可以有多种不同的态度,其中一种态度就是我们今天格外强调的包容,这种态度我当然也很同意,就像我们中国历史上如

---

① 韩愈:《论佛骨表》,见《韩昌黎文集校注》,上海:上海古籍出版社,1986 年,第615—616 页。

何消化佛教,如何把佛教的传统慢慢融化,转化为我中华固有的文明传统。这样的方式当然很对,但包容总得有个边界,包容的底线是什么?不能失掉自己文化和文明的主体性。这其实也是我们今天在面对西方文化的时候特别根本的一个问题。如果我们在这一点上不清醒的话,你就不是"化胡",你就是"为胡所化"了。我们当然还是希望"化胡"而不是"为胡所化"。而且文化的过度包容,除了带来主体性丧失这一个危险,在某种意义上,还会带来另一个危险:因为文化主体性的缺失、文化边界的模糊,我们无法发现并维护自身的固有价值,无法真正找到自己的论辩逻辑。其实,有时候固有价值是有待去发现和为之辩护的。

上学期我们第一次讨论课,讨论中国哲学史方法论,我当时参加了一个班的讨论。我认为,在讨论中国哲学史方法的时候,你首先要明确中国哲学史的目的、中国哲学史整个学科成立的原因。中国哲学史学科的成立跟中华文化主体性的建立从来都是不可分割的。所以我们北大哲学系中哲教研室,是真正具有近代史意义的。你想想,冯友兰先生他们为什么这么重要? 就是在这个时候,在西方文化强力冲击的时候,我们正是通过中国哲学史学科的建立,从而为这个文化确立真正意义上的主体性。这是中国哲学史学科建立之初最根本的东西。你去读冯先生的两卷本《中国哲学史》,你去读《导论》那个部分,他一直要在中国找到对应古希腊哲学的那个部分的东西。为什么一定要在中国哲学史的发展里找这个东西? 因为哲学是一种文化精神的最高提炼和凝聚,而这种提炼和凝聚恰恰是一个文明具有文明主体性的根源。

我多年反对盲目的对话和交流,对话和交流的过程当中我们特别容易为了对话而对话,为了得到别人的理解而丧失自我、丧失自身的文化主体性。我们的文化丧失自我竟然能到这种程度! 比如有人说,可以有儒家基督徒啊,儒家犹太教徒啊,儒家伊斯兰教徒啊。那你还要儒家干吗呢? 难道儒家就等于人吗? 儒家这个概念一般性地等于人? 范畴模糊到这种程度,你讲儒家干什么呢? 你还有什么儒家的主体性在里面呢？所以在这个意义上，文化边界意识特别重要。这个边界，你可以把它视为想象的边界。其实国家、民族、文化、文明这样的概念，你都可以把它变成一个想象的概念。我们年轻的时候流行一本书，叫《想象的共同体》，这本书里就讲，你的国族的边界在某种意义上都是想象的，但这种边界的想象，是自我品格构成的关键。

韩愈贡献的第二个方面是排击佛教。在对佛教和道教的斗争中，儒家的批判重心显然放在了佛教上。到了北宋的时候，程颢、程颐这批伟大的思想家，都有一个特别根本的方向，就是要对抗佛教。大家基本上不怎么谈道教，因为道教背后的哲学没有一个完整的系统，但佛教背后有一个非常完整的哲学系统。中晚唐时期，儒学复兴运动的标志性事件，就是韩愈对佛教的排斥，韩愈的一生跟这个事情关系很密切。《原道》里面特别重要的就在于排斥佛教，一个方面当然是认为佛教是外来文化，另一方面是认为佛教所讲的道理是有问题的。韩愈另外一个重要的事件我们都知道，就是他被贬为潮州刺史这件事。这源于一篇奏章，这篇奏章在历史上非常有名，叫《谏迎佛骨表》，也叫《论佛骨表》，大家可以去看一看。这篇文章非常清楚地讲了他反佛的理由。其中讲到，首先佛陀是异族的，本来跟我们的文化就不一样，又不尊重人伦，又不尊重我们中华文化固有秩序，又不从事生产。当时有一节佛指骨舍利要迎到宫廷里，他说古代遇到这种事情，一定要有巫师用桃枝驱邪之类的举动，你非但不驱邪，反而以他们的朽骨为吉祥，这怎么可以呢？他说历史上，因为宠信佛教而亡国的例子很多，最典型的如梁武帝，宠信了半天佛教，结果是这个样子。[1] 他举了很多这样的例子，当然他因此而被贬。

《论佛骨表》是韩愈最著名的篇章，它当然很好，但后面还有一份

---

① 参见韩愈：《论佛骨表》，见《韩昌黎文集校注》，1986 年，第 612—617 页。

奏章叫《潮州谢上表》，这一表稍微有点丢人，显然他到了潮州那个地方就怵了。后来欧阳修对韩愈也有感慨。北宋士大夫对唐代士大夫，即使是韩愈这样他们非常尊重的人，仍然有一个贬低和排斥的态度。欧阳修有一段话说，前朝有一辈士人，遇到一些事情的时候感激愤发、奋不顾身，就好像不顾身家性命一样。读到这个部分呢，就觉得他们像"知道者"，就跟我们一样的"知道者"。等一到了贬所呢，就每天怨叹呼号、怨天尤人、悲天跄地的，天天以泪洗面，整个人格就变得猥琐了。他说连韩文公都不免。① 这个基本是唐代士大夫的普遍特征。你再看北宋士大夫，贬了就贬了。你看程颐被贬到涪陵吃榨菜，吃了三年，回来之后，气貌远胜当时，比原来气色还好了。人家说你怎么回事啊？程颐回答说："学之力。大凡学者，学处患难贫贱，若富贵荣达，即不须学也。"②就是说，我们一辈子学习，就是在准备着这一时刻，终于来了，来了我们就坦然面对。不过《潮州谢上表》也不失为一篇名篇，大家可以去看，这篇文章让人觉得韩文公有点自我贬低。当然这种在皇帝面前撒个娇啊，也没什么。整个那奏章就是在皇帝面前撒个娇，自我贬低一下，贬低得有点过。北宋士大夫就全然不是这个样子。在对佛教、道教的排斥中，还有一个非常重要的方面就是经济理由。经济理由在《原道》篇里讲得非常清楚：古代四民，士农工商，农一个阶层养四个阶层，而今天变成了六民。为什么六民呢？因为士农工商，再加佛和道，而且佛和道都是不从事生产的。这样一来，老百姓当然不堪重负。③ 反佛有它具体的政治跟经济的理由，当然更根本的理由在于文化。

---

① "每见前世有名人，当论事时，感激不避诛死，真若知义者。及到贬所，则戚戚怨嗟，有不堪之穷愁形于文字，其心欢戚，无异庸人。虽韩文公不免此累。"参见欧阳修：《与尹师鲁第一书》，见《欧阳文忠公集》卷十九，四部丛刊本。

② 程颢、程颐：《二程集》，北京：中华书局，2004 年，第 430 页。

③ 参见韩愈：《原道》，见《韩昌黎文集校注》，1986 年，第 15 页。

韩愈贡献的第三个方面,按照陈寅恪先生的讲法,就是发明道统。道统观念是韩愈的一个发明,为什么呢? 由于历史过程非常漫长,我们可以看到,儒家在历史中的传承谱系变得晦而不明,因为确实也没有一个从头到尾完整的儒家传承谱系。如果没有儒家传承谱系,那么就会出现一个问题:儒者之道的合法性根源在哪里? 所以,必须发明"道统说",从而为自己的儒家传承谱系确立一个合法性、正当性的基础。这样一个道统观念的建立,据陈寅恪先生讲,是模仿禅宗的"祖统说"。这个讲法到底对不对? 首先,即使陈寅恪先生也讲,虽然是模仿禅宗的祖统说,但是毕竟这种道统说是跟《孟子》卒章有关系的,就是《孟子》最后一章,"五百年必有王者兴"那段。其实在古代的传承里面,我们已经可以看得到,那个传承也是断的,不是连续的。尧舜禹汤,从禹到汤,这隔了多少年? 汤到文武、周公,周公再到孔子、孟子,这中间又隔了多少年? 都没有连续的谱系。所以这个谱系的传承里面,特别有意思的是,它恰恰不是完整的、连续的,但恰恰强调道的这种根源性。通过道统说的建立,从而构建起儒家的传承谱系,这跟韩愈在《原道》中表达的一个焦虑有关系。道教徒为了抬高自己,说你看你们孔子是我们老子的弟子,现在还有人这么讲。在唐代的时候,唐玄宗时期塑轩辕老子像,孔子在旁边陪侍。道教徒说,你看你们的老师都追随我们学习。儒家的信徒们就说,对啊,历史事实是如此。所以在这个地方,他也确实希望通过道统说来确立儒家有别于道家的一个传承谱系。所以他讲,尧、舜、禹、汤、文、武、周公、孔子、孟子,"轲之死,不得其传焉",[1]即孟轲去世以后,这个道就丢失了。从这以后,道统说在宋明理学当中不断地出现,每个人都讲自己的道统。比如苏东坡有他的道统观,程颐也有他的道统观,一般来说每个道统观的最后一个都指向自己。

---

[1] 参见韩愈:《原道》,见《韩昌黎文集校注》,1986 年,第 18 页。

　　韩愈贡献的第四个方面,就是倡导一种新的文风,即古文运动。这一运动最重要的指向就是要找到一种适合传达思想的文风。这个方面,我认为是韩愈历史贡献中最大的一个。所以苏东坡讲韩愈"文起八代之衰,而道济天下之溺",①这两句总结非常精彩。"文起八代之衰",文章兴起于八代文章衰颓之际;"道济天下之溺",他的思想能够拯救天下人于陷溺当中。这是韩愈在当时的贡献。"文起八代之衰",首先是文体上的突破与贡献,韩愈致力于发现或者重建一种适合于表达思想的文风。这个地方,陈寅恪先生的论证非常有意思。他从佛教的翻译入手,他说佛经的翻译是什么样子的呢?因为古代佛教在印度本土的时候,它的佛经基本上都是偈颂,就是歌谣,都能够入韵的,都能够唱出来的,所以都是押韵的、整齐的,但是翻译成汉语以后,就遇到了问题。鸠摩罗什来华,这是佛教中国化的一个特别重要的事件。他开译场,有人在记录,记录之后还要润色,那个翻译的过程、那个译场,它的组织模式就非常非常了不起!但即使那样翻译,文章还是说押韵不押韵,说诗歌不像诗歌,说散文不像散文。陈寅恪先生的文章中说得很形象,他说好像含着饭喂人,就是这个东西没嚼好就直接吐给别人了,非但不能给人营养,反而徒增人们呕吐的欲望,他原文用的是"呕秽"。那么韩愈的文章特点是什么呢?这个地方我觉得其实陈寅恪先生讲得挺偏的,我觉得陈先生有一个大问题,由于他有特别好的梵文和巴利文的训练,又有特别好的佛经的训练,人有时候训练得太多就所有的地方都想用,有些地方其实不适合用这个。韩愈的"文起八代之衰",我觉得跟佛经翻译没什么关系,如果一定要说汉译佛经这事儿对汉语的影响,倒是禅宗的说话方式对北宋的语录体的盛行有深刻影响,恐怕更靠谱些。

---

① 苏轼:《潮州韩文公庙碑》,见《苏轼文集》,北京:中华书局,1986 年,第 509 页。

佛教的偈颂,比如《金刚经》结尾的那个偈子,我们大家都熟,"一切有为法,如梦幻泡影,如露亦如电,应作如是观",这种偈子,用一种像诗歌形态的文字来表达思想,这事跟什么有关系呢?我觉得跟邵雍这类北宋道学家的诗有点关系,因为北宋道学家是用诗来讲思想的,两宋道学家很多人是用自己的诗来讲思想的,这个也许跟佛教有点关系。当时陈师道就讲过,韩愈的文章是"以文为诗"的,也就是说表面上写的是散文,但实际本质上仍然是诗。所以在散文当中就含蕴了诗的特征。它表面上是散文,不押韵,但从文章的节奏和韵律上讲,却是有诗歌性在其中的,有它的语言节奏,有它的音乐性。诗歌一定要有音乐性,而韩愈的散文就有音乐性。这个讲法对不对呢?我觉得也对。你比如,韩愈有很多文章写得确实挺有节奏的,比如《原道》的结尾讲,该怎么对待佛教呢?九个字,"人其人,火其书,庐其居"。① 我一直觉得这是汉语最优美的部分之一啊,非常有意思。你比如讲中国的历代经典,"火于秦"的"火"字也是用得非常好的。你仔细读韩愈的这个文章,表面看是散文,但里面自然有其韵律,不用押韵而有诗歌的形态,所以陈寅恪先生认为这是汉语的大突破。但是这种讲法我认为不是特别好,实际上苏东坡讲的"文起八代之衰"讲得好。它针对的是什么?它针对的不是佛教,而是六朝隋唐那种艳靡的文风,你要想了解这种艳靡的文风,就去看魏晋时期那种铺陈性文章。它那文字真叫优美,优美得大篇文章中好些字都不认识,都是用的那种极为生僻又准确的字。但一篇文章铺陈下来却并没有传达什么了不起的意思。这种文风到了初唐的时候,即使像初唐四杰,像王勃的《滕王阁序》,仍然是那样,没讲什么道理。漂亮是真漂亮,基本上每一句都是对仗,极为工整。但是这种对仗,能传达出什么有效的思想呢?通过这一点,你就知道过分艳靡

---

① 韩愈:《原道》,见《韩昌黎文集校注》,1986 年,第 19 页。

的文风对于思想的表达是一个多么大的限制。所以古文运动的目标，就是要找到一种适合传达思想的文体和文风，就是要打破六朝隋唐的艳靡文风。"屈贾谊于长沙，非无圣主；窜梁鸿于海曲，岂乏明时"，这话说得挺漂亮的，但这么漂亮的话其实说来说去没说出啥来，这要让唐宋时期的古文家来写，一两句话就说完了。你让韩愈、苏东坡来，一两句话就说明白了，而你说这么多干吗呢？

其实我们今天也是这样，当代文学批评家李陀提出过一个概念，我特别喜欢，叫"叙事速度"。任何文章都必须讲求自己的叙事速度。你看看韩愈的叙事速度，哪儿有废话？《论语》也是，《论语》是非常讲究叙事速度的，《孟子》也是一样，没有那么多废话，你读唐宋古文大家的文章，都是这个特点，可长可短。有话说话，没话沉默，从不无病呻吟。你看，韩愈的"五原"（《原道》《原性》《原毁》《原人》《原鬼》）加起来才多少个字？长则多说，短则少说。再比如《杂说》"世有伯乐，然后有千里马"那一段，就那么一段把道理讲明白就完了，总体上都是这个特点。讲求叙事速度，特别重要。而且那种朴实的文风，这种文风的突破，非常不得了。

韩愈贡献的第五个方面，表彰《大学》。《大学》这部经典是《礼记》当中的一篇，在唐以后的思想史上非常重要。但是原本从汉代到唐代非常长的历史阶段里，《大学》这篇文章都没有那么重要，这篇文章仅仅是《小戴礼记》中普通的一篇而已，没有特别大的影响。很早就对《大学》有所关注的是汉代的扬雄，他在《法言》里面对《大学》是有所关注的，但没有产生什么了不起的影响。《大学》这篇文章是经由韩愈的表彰才真正在中国思想史上大放异彩的。经过韩愈的表彰，到了北宋，这篇文章就开始成为儒家最核心的经典之一。

韩愈贡献的第六个方面，是奖掖后学。韩愈在那个时代倡导师道，韩愈的文章中，特别著名的，除了"五原"就是大家熟悉的《师说》。《师说》这篇文章在那个时代出现，实际上恰恰从反面说明师道的衰颓，而师道的衰颓其实跟儒家的衰颓基本上同义，因为儒家是特别重师道的。为什么？你去读《礼记·学记》篇，其中举了一连串例子，其中一句话说得特别好，"师，无当于五服"，在五伦的关系里，师没有一个具体的位置，但是"五服弗得不亲"，如果没有师道，五伦之间的关系就混乱，所以师道是基础。儒家一直重教化，这是我多年讲儒家、道家根本分别的时候一直强调的一点。儒家所有的理论都以教化为核心，道家本质上是不重教化的，因为道家强调自然，而什么叫自然？自然，简单一句话，就是成为你自己。简单地说，自然就是自己而然，用今天俗得不能再俗的一句话，就是成为你自己。很多人不理解自然是什么意思，以为大自然就叫自然，其实在道家的传统里，自己而然名之自然，"道法自然"就是说道对万物的作用方式都是使万物成为它自己。上学期讲王弼，是不是讲到"道法自然"这句话？王弼怎么解这句话？"在方而法方，在圆而法圆"，这是对"道法自然"这句话最精彩的理解。回到这个地方来，以前我上课一般要讲嵇康的"声无哀乐论"，你们可以到网上去找我的一篇写嵇康的文章，就是专门讲他的"声无哀乐论"，最后落实的结论就是在这上面。"声无哀乐论"其实根本不是美学著作，也不是跟艺术有关的东西，而是政治思想。"声无哀乐论"最根本的地方在讲什么？在讲艺术到底有没有教化功能的问题。这里我们讲韩愈贡献的第六个方面，奖掖后学。陈寅恪先生认为，奖掖后学的目的是让自己的学说流传，这个好像有点太功利了，其实奖掖后学反过来讲就是确立师道。下堂课我们讲到"宋初三先生"之一的胡瑗的时候，我们还会再谈这个问题，确立师道。

现在很多人都特别羡慕民国范儿，民国的确有一些著名的人物，像蔡元培先生。蔡先生给学生写信，开头一般会写某某兄，然后落款是"弟元培"。这当然很好，但这个我做不到，也没想做。我的学生如果毕业了我一般也是比较客气的，我有的时候没准也会称"兄"，但一般情况下我是不会的。为什么呢？我是觉得我们这个时代跟蔡先生的时代不一样。蔡先生那个时代是师道太严,所以他来倡导一种平等之风,这挺好的。而我们这个时代恰好相反,是师道太弱,所以正是尊严师道之时。在我看来,奖掖后学并不是为了自己的思想得以流传,而是要确立起真正的师道来。

这是我们今天讲的第三个方面的主题——韩愈的贡献。

四 韩愈的思想

第四个方面的主题,我们讲韩愈的思想。

韩愈最重要的篇章当然是《原道》。《原道》篇特别重要的就是前面四句话,在这四句话中,他对仁义道德这四个字给出了明确的定义。韩愈对仁义这两个概念的理解是非常有意思的,他首先讲"博爱之谓仁"。从儒家的角度来看,这个提法本身是有点问题的。"博爱之谓仁,行而宜之之谓义",仁和义的区别就出来了。接着是"由是而之焉之谓道",沿着这条路走,由是而之焉之谓道。后面是"足乎己无待于外之谓德"。这几句话对仁义道德给了非常明确的定义,这是韩愈思想的绝大发明。这四句话之所以重要,在于它重新发现了儒学的基本精神。

刚才说"博爱之谓仁"就字面来讲好像有问题,因为"博爱之谓仁"特别容易流于"兼爱",就是墨家的兼爱思想:同等程度地爱所有人,爱无差等。这样一种爱无差等的观念当然是不能接受的。但是你注意,"博爱之谓仁"接下来一句话是"行而宜之之谓义"。行什么?行这个"博爱"。在这里,仁跟义不是分开的,"行而宜之之谓义",行博爱而能够恰当这叫义,这就把仁跟义的关系确定下来,也就防止了博爱沦为兼爱。博爱沦为兼爱就是一种泛滥式的爱。通过这样的表述我们可以看到,义这个观念是从属于仁的,义是具体实现仁的分寸和界限。这里,我们已经可以隐约看到程颢的"仁包四德"观念的某种雏形了。义不是独立的价值，义是包含在仁当中的。而什么是道呢？"由是而之焉之谓道"，第一个"之"当然是动词。我们知道王弼那里有大量这样的讨论，为什么万物的本根有时候叫"道"，有时候叫"无"，有时候叫"本"，有时候叫"母"？为什么叫道？取其"物无不由"，所有事物都要从这儿走，才叫作道。"由是而之焉之谓道"，这里的"是"指什么？指的是仁义，沿着仁义这条路走，这才叫道。"足乎己无待于外之谓德"，这句话耐人寻味。首先，"德者得也"，"足乎己"也就是说这个东西我自己能够完备、能够得到。"无待于外"有几个方面的意思。首先要思考内外的关系。我们的身体是有内外的，我们的责任之外、分限之外，又是一种内外。《孟子》当中也强调内外的分别，《孟子·尽心上》有一段，叫"求则得之，舍则失之，是求有益于得也，求在我者也。求之有道，得之有命，是求无益于得也，求在外者也"。这也涉及到内外的关系。韩愈这段文字里这个"得"字，首先是内外边界的确立，其次是自足观念的确立。而自足的观念突显出儒家的精神——"无责于人，必求诸己"，这是儒家特别强调的，这叫得（德）。接下来两句"仁与义为定名，道与德为虚位"。"道与德为虚位"，也就是说我们评价一个人的思想，你抽象地讲道和德是没有意义的，这个是虚的。哪家都讲道德，道家讲道德，儒家也讲道德，老子整本书叫《道德经》，上部《道经》，下部《德经》，讲道讲德都讲得很多。那能说老子和儒家一样吗？所以，"道与德为虚位"，"仁与义为定名"，关键看你讲不讲仁义。"仁与义为定名，道与德为虚位"是真正为道统赋予内容的。如果说，在某种意义上道统观念从形式上塑造了儒家传承的谱系、一种合法性的根据，那么"仁与义为定名"就为儒家的传承确立了真正的思想内涵。这里首先确立了儒家生活方式、儒家生活道理跟别的思想不同。

我们今天也面对这样的问题。到底什么是儒家？现在各种各样的儒家都有，比如儒家宗教派，我称为教派儒家。有些学者老想说儒家是一种宗教，那么儒家到底是不是一种宗教呢？儒家应不应该成为一种宗教呢？儒家要真成了宗教，那还是儒家吗？儒家是一种理性的生活态度、合道理的生活方式、符合人的本质的生活方式。"仁与义为定名，道与德为虚位"，韩愈借此强调出儒家跟其他思想传统的不同。当然，我们今天的责任恐怕不是一个简单儒家的责任，我们今天的责任是一个广义的中国文化重建的概念，所以我常说我们的努力应该朝向一个未来的"汉语性文化"，而"汉语性文化"的重建和复兴其中特别重要的一个方面就是自我边界的建立。你得区别出来我们跟印度人的道路有什么不一样，我们跟佛教徒、基督徒、天主教徒有什么根本不同？现在一味笼统含糊地讲包容，不加区分的宽恕和宽容不就约等于虚无主义吗？其实，个人的人格也是如此。你这个人如果一辈子连一个恨你的人都没有，和一个你恨的人都没有，我觉得你也算白活了，你的人生太不丰富多彩了。因为在这个意义上，意味着所有的事情你都能接受，多恶心的事情你都能接受，你口味太重了吧？

韩愈思想的第二个方面，我们要讲到他的人性论。韩愈的人性论是从现实的人性这个角度来讲的。通过《原性》我们可以看得很清楚，韩愈讲到人性问题的时候他说的是人不需要学习的那部分，在他看来，生而俱有的、不需要学习的那个部分就是人性。因此他提出了人性上中下三品说：有的人生而性善，有的人生而性恶，有的人生而性不善不恶，这个不善不恶是可以导而善恶的，你可以对它引导，让它变成善的或者变成恶的。① 这个观念从理论资源上来讲，是从《论语》中"唯上知与下愚不移"的观点当中得来的。从经典的根据上讲，他讲的是没问题的。在这个立场上，他解释了现实的人性，同时也能解释历史上的一些相关记载。有的人生而性善。对此，韩愈有他的论证逻辑，他说如果所有人都可以通过后天环境的影响来改变，那么尧怎么影响不了丹朱

① 参见韩愈：《原性》，见《韩昌黎文集校注》，1986 年，第 19—23 页。

呢？这个论辩还真是挺有说服力的,丹朱是尧的儿子,尧怎么不能影响自己儿子呢？儿子怎么那么坏呢？舜的父亲那么坏,怎么影响不了舜呢？可见有的人生而性善,有的人生而性恶,有的人生而性不善不恶。由此出发,他批评了此前的人性论,他认为无论孟子还是荀子都是错的。孟子讲性善,荀子讲性恶,都是遗其中而得其二。荀子讲性恶是就生而性恶那批人讲的,孟子讲性善是就生而性善那批人讲的,都没有讲到中间那部分可善可恶的人。从这里我们可以看出,韩愈对人性的理解和思考实际上是比较粗浅的,他根本没有理解孟子整个人性论辩论的逻辑。相较于韩愈,他的弟子李翱的辨析要更精微一点。

五　小结

到这里,我们对韩愈的时代,对中晚唐时期的文化氛围,以及韩愈的历史贡献、韩愈的思想做了一个比较完整的介绍。从韩愈开始,儒学开始走向复兴。但是儒学复兴的道路仍然是晦而不明的,到韩愈这儿也还不是太清楚,韩愈只是模模糊糊地找到了一个儒学复兴的方向,但是儒学复兴的具体问题,还没有真正地拈出,儒学复兴的具体目标还没有真正明确。最早明确地把儒学复兴的课题当作一个完整的问题提出来,这要到程颢,程颢才真正发现了儒学复兴的关键所在。而在此之前,儒学复兴基本上一直在黑暗中摸索。虽然如此,韩愈的努力和贡献,已经为儒学的复兴确定了一个初步的方向。

第二讲

北宋士大夫精神与宋初三先生

一　北宋的开国规模和士大夫精神的觉醒

　　北宋在我看来是一个迷人的时代。读钱穆先生的《国史大纲》，我们会发现北宋这个朝代非常奇怪。在这个时代，整个民间达到了相当富裕的程度，而与此同时，北宋王朝从整体上看给人的印象却又是积贫积弱的。所以如果从某种我称之为"青春期历史观"的角度看，北宋实在是无足观矣。北宋从太宗朝以后基本上没有打过什么像样的胜仗，没有过一次给人深刻印象的酣畅淋漓的大捷。这个王朝总体感觉上是积贫积弱的。但是如果我们从精神文化这个角度看，我们又会发现北宋文化所达到的高度，到今天为止，在某种程度上，仍然是空前绝后的。北宋的思想艺术成就、文学所达到的高度，到今天为止都可以算作是空前绝后的，几乎所有重要的中国古代的文化思想方面的东西在北宋都有其焦点。那个时代随便一个准一流的人物，放到别的时代里，都是绝对的一流人物。在那个时代像苏东坡这样的人物都未必能算得上是一流人物，因为如果你把苏东坡算成一流人物的话，那么王安石、司马光就有点儿没地方放了。看到这批人物，我常常会想，怎么会出现这么一个奇怪的时代，这么短的时间中国文化就从低谷一下子达到了顶峰？

我们知道北宋前面的那个时期可以算作中国历史上最黑暗的一页。我特别同意钱穆在《国史大纲》里面的讲法,他认为五代十国是中国历史上最黑暗的一个时代。短短五十多年的时间,中原就经历了五朝、八姓、十三君;而且还四分五裂,无法实现真正的统一。[①] 整个残唐以来的乱局导致的结果是,唐以前的整个社会文化积淀基本上都被打碎了。残唐五代的乱局导致从文化、政治结构到基层社会结构,只剩下一地鸡毛、一片瓦砾。一般情况下,我们的历史上乱世都不乏英雄,比如三国,乱归乱,但我们可以看到那是一个巨人的时代。而五代却乱到了连英雄都没有的地步。整个五十多年的时间,基本上没有值得记住的名字。能记住的名字大概也就是冯道这样的人,此人历经那么多朝代的更迭而"屹立不倒",所以雅号"不倒翁"。当然能做"不倒翁"也确有其了不起的地方,但这种了不起多少有些猥琐,实在不值得我们提倡,尤其是在今天。这种人格的卑琐一直延续到宋初,其实宋初士人的人格也很卑琐。北宋初年士大夫里面真正人格崇高的,大都是道教徒,如陈抟、种放之流。而整个儒家士大夫人格的卑琐是令人震惊的:真宗朝日子过得稍微好一点,一群人就鼓动真宗去封禅,去做这种奢靡的无聊举动。由此,你就可以隐约窥见那个时候的一般人格形态。

令人诧异的是,到了仁宗朝,整个文明突然达到一个跃升,这是一个值得深思的现象。这种情况到底怎么来的? 我在《气本与神化:张载哲学述论》的导论部分有过比较详细的分析。我的分析是以王夫之的《宋论》为出发点的。王夫之在《宋论》中有一个我们今天看来非常奇怪的问题:为什么根基像宋太祖这么弱的一个人,以这么弱的方式得了天下,却能给天下带来数百年的安宁,而且使这个文明很快就达到非常高的高度呢? 我们知道历史上得天下的方式:太上以德,像尧舜这样

---

① 参见钱穆:《国史大纲》,北京:商务印书馆,1991 年,第 493—522 页。

的;其次以功,吊民伐罪之功,像商汤、周武这样的;其次以力,力量足够强大,能够征服其他的国家,比如秦灭六国;最次还得能篡,篡位也是有条件的,需要经过精心准备,如果没有几十年甚至几代人的积累,你根本就没资格篡,以司马懿的雄才大略,他活着的时候也没能篡成位。上述这些条件,宋太祖都没有。那他是怎么做到的呢?个中原因,王夫之给出的说法是:正因为宋太祖以这样的弱势得了天下,所以有一种东西被注入到他的心里,这个东西叫做"天心"。上天之所以把天下给了格局这么弱的一个人,目的就是要把"天心"加给他。而这个"天心"是什么呢?就是一个字——畏。这样一种精神构成了北宋开国规模最根本的一个基础,我觉得这是王夫之的一个洞见。正因为自己弱势得天下,所以有畏;正因为有畏,所以不敢。由畏带来的不敢:下不敢残虐百姓,上不敢苛待士大夫。总之,因为畏,所以宽容。用王夫之在《宋论》里面的分析就是,正因为畏,所以"无责于人,必求诸己",而这恰恰是儒家精神的一种体现。因为觉得自己并没有什么了不起,所以不敢去苛责别人。所以士大夫人格卑琐,他用的方法不是去更严格地要求他们,而是去养。北宋养士的风格,就是宽容的一种体现。这种宽容之风就形成了北宋的家法。

我们一般会说中国古代没有宪法,这种观点当然是有根据的。但中国古代虽然没有宪法,却有不成文的规矩。每一个王朝都有家法,北宋王朝也有家法,有时候称为"祖宗之法"。我们北大历史系的邓小南教授就有一本书叫《祖宗之法》,写得非常好。祖宗之法是一代开国君主确立的基本规矩,对后世君主的行为是有非常深刻的影响的。北宋王朝有三条家法,是太祖立下的。其中最重要的一条叫"不杀大臣及言事官"。如果对比汉代,你会发现,汉代的宰相被诛杀的例子是非常多的。仅汉武帝这一代,他杀掉的宰相级的人物就有多少!但是宋代对贵为三公的大臣是基本上没有诛杀之罚的。到了北宋末年,北宋王朝已经灭了,金人立了张邦昌做大楚的皇帝;后来南宋朝廷对张邦昌的处理，最多也是赐其自尽而已。这要在别的王朝可不得了，这是要族诛的。而言事官就是谏官，古代有谏官的传统。言事官的责任就是提意见。既然你让他提意见，你就要对他宽容。北宋对言事官的宽容可以说到了"令人发指"的程度，他能够允许言事官"风闻奏事"。所谓"风闻奏事"，就是可以以风传的谣言为根据来弹劾，而且有权拒绝透露谣言的来源。这不等于说言事官有权利造谣吗？怎么能宽容到这种程度！

　　畏字带来的第二个方面是疑忌。忧畏之心一方面可以带来宽容，另外一方面可以带来疑忌。北宋的很多问题都在于其过度成熟的政治文化。为什么这样讲呢？因为郡县制国家的模式，从秦汉建立以来，到北宋时已经经历了上千年的积淀，这一模式的各种优缺点、各种危险，在此前的历史中已经充分表现出来了。今天很多人讲美国式的宪政民主政治是人类最佳的政治形式，甚至是唯一合理的、唯一合道德的政治选择。但我一直觉得这种制度其实还未经过历史的充分检验，这事儿恐怕还得再看看，也许至少还得再过个两三百年，才能真正看清楚。北宋以前上千年的郡县制国家的文明积淀，使得这种政治所有危险的可能性都已经尝试过了。各种各样危险的可能性像一面镜子，处处透出暗示和提醒，对这些危险的警醒，导致了北宋政治文化根柢里的疑忌精神，这反映在太宗的理念中，就是"事为之防，曲为之制"。什么事情都要以防为主，所有的方面都要有严格的管制。权力之间的相互牵制和制衡在宋朝达到了极为精微的程度，灵活运用权力的空间被降到了极低的限度。

　　以对外的战争为例。北宋在外带兵的将帅是没有便宜行事权的，就是说不能根据战场情况的变化做战略甚至战术上的调整。北宋的将帅出去打仗一般都带着钦定的阵图，有变化要及时上报朝廷，不能自己做主。而那时候通讯效率又低，所以北宋对外战争方面的弱是制度选择的结果。太宗常说一个王朝"有内忧则无外患，有外患则无内忧"，如果要选择呢,还是选择外患比较好。因为内忧是致命的,外患往往是不致命的,前几代王朝都亡于内忧。这样想也不能说全无道理,但历史常常充满了戏剧性——北宋最终却亡在了外患上。

关于北宋在战争方面的无能,有各种各样的解释。有些解释非常有趣,但不大经得起推敲。比如柳诒徵先生在《中国文化史》中认为北宋为什么弱,因为从五代起,中国女人开始缠足。缠足导致女性身体变弱,结果生出来的孩子也弱,当然就打不过北方的少数民族。但问题是,南宋初年的岳家军难道不是小脚女人生出来的?怎么就那么强呢?同样有趣的是钱穆先生的解释——很多人都觉得钱先生的讲法很有见地,但实际上也不大经得起推敲。钱穆先生说,古代战争中最重要的是骑兵,骑兵对步兵有强大的优势,这个很容易理解。因为骑兵第一是速度快,这还不是最主要的;最主要的是骑兵可以穿重装甲。所以骑兵对步兵是有先天优势的。而骑兵必须有好的战马。钱穆先生讲,养战马有两条特别重要:第一,要有高寒的环境和好的水草;第二,要有比较空旷的空间。而中国古代出好马的地方都不在北宋疆域内,一个在辽东,一个在西夏。北宋养不出好的战马,所以仗打不过。这个解释很多人都很信服。可按照这样的讲法,两宋以及此后历史中的很多史实都是解释不通的。在我看来,北宋的弱是制度选择的结果。关于这一点,大家有时间可以去看漆侠先生的书。关于宋史的研究,不管我们喜欢不喜欢,邓广铭先生、漆侠先生的研究都是我们研究的基础。作为北宋政治文化的核心,"事为之防,曲为之制"的纲领对王朝的方方面面都产生了深刻的影响,在军事方面体现得尤为明显。以神宗晚年为例。到元丰末年,王安石变法已经取得了丰硕的成果。最重要的成果就在于财富的积累已达到了相当的程度,已经有足够的财富能够发动战争了。于是宋神宗发动了对西夏的战争。但几路大军派出去,居然没有统一的主帅,导致各路大军之间根本不能协同并进,最终以惨败收场。北宋在国防方面真是堪忧。你看北宋的版图就知道了。造成这种格局的主要原因在于王朝初年向北征讨不利,转而向南征讨。在朝代初兴的时候一定要把最艰难的地方拿下来。太祖朝没有拿下北汉,太宗朝虽然拿下了北汉,但在攻打燕云十六州的时候失利,这导致燕山山脉这个天然屏障反而成了别人的屏障。而开封又是个四战之地,到了冬天,辽人放马南牧,几天就能打到开封。太祖晚年曾经要迁都,想迁都洛阳,但是迁不了。为什么?因为洛阳在物资集散方面的便利程度,远低于开封。唐以后的统一王朝,都在大运河沿岸建都,根本原因在于物资转输的方便。①

北宋虽然富庶,但整个国家一直是岌岌可危的,这种盛世隐忧的局面,构成了士大夫精神觉醒的基本要素。再加上北宋有养士之风,北宋自王朝初年起就强调士大夫精神,鼓励士大夫人格的提升。太宗朝开始,进士及第以后,由皇帝钦赐《礼记·儒行》篇。《儒行》强调的是刚毅特立的士大夫精神,由此可以看到北宋初期君主鼓励的方向。北宋前期的士大夫如范仲淹、胡瑗等人,身上大都可以看到《儒行》的影响。北宋时期同时又有一种非常宽容的氛围——容忍士大夫在一定限度内对朝政的批评。既砥砺士大夫的精神人格,又营造出一种包容的氛围,加上盛世隐忧的格局,某种以天下为己任的精神也就自觉自然地涌现出来。

范仲淹"乐以天下,忧以天下"的精神,是那一时期士大夫精神风格的典型。我常常讲,任何历史主体要想真正深入自己的时代,这种"忧"的精神都是不可或缺的。"忧"这种精神,当然不是范仲淹的发明。《孟子》一书中早已讲到"忧"这个字。我们去看"劳心者治人,劳力者治于人"那一章。要理解"劳心者治人"这句话一定不能脱离具体的上下文,这句话后面短短两三百字的一段,"忧"这个字出现了六次。

---

① 参见杨立华:《气本与神化:张载哲学述论》,北京:北京大学出版社,2008 年,第1—7 页。

其中,"劳心者"与"劳力者"的区别,主要在于所忧对象的不同。对于"劳心者治人"这句话,如果带着理解、而非简单从字面上翻译的话,应该译为:唯有忧民者才有资格成为统治百姓的人。"忧"是最深的爱,而且不是占有性的爱,是承担性的爱。生活当中,最强烈的"忧"体现在父母对子女的爱当中。正因为这种"忧"的精神,所以北宋的思想主体可以深入到时代当中来。北宋士大夫精神里两种倾向最为强烈:一种是政治改革的倾向。仁宗朝开始,几乎所有的士大夫都有强烈的政治改革诉求。从范仲淹开始就一直要改革,直到王安石变法。王安石变法虽然引起了所谓的保守派势力的反弹,但是在保守派的阵营里面也有很多人是赞成改革的,包括二程。二程也认为必须得改,关键在于究竟怎么改?是不是一定要像你王安石那么改?除改革方案的不同外,二程还认为王安石不能"与人为善"。《孟子》中讲"与人为善"的意思是"取于人以为善"。王安石拒绝容纳别人对他的批评,这是程颢最不能接受的地方。要求政治变革,是那个时代士大夫的基本共识。这一个方面,在范仲淹到王安石的改革实践中发挥到了极致。另一种倾向,则体现为对整个文化的焦虑,对人伦秩序的焦虑,由此必然产生对人伦秩序安排及其背后的哲学理由的关切。如何抵御佛老的冲击,用一种理性的、人伦的生活态度来引领人们的社会生活文化,就成为宋代士大夫焦虑的另外一个方向。那么北宋士大夫的精神自觉,主要有如下几个方面的重要体现。我们刚才讲到忧的精神,"乐以天下,忧以天下"的精神,以天下为己任的承担意识。这种承担意识不是每个时代的人都有的,或者至少不是每个时代的人都能达到如此强烈的程度。这是第一点。

第二点是困穷苦学的普遍性。北宋士大夫普遍有困穷苦学的经历,像范仲淹、欧阳修、胡瑗这些人,全都是困穷苦学的典范,范仲淹是其中的代表。范仲淹年轻时在一个寺庙里读书,到冬天疲惫不堪的时候,就用冷水泼脸,泼醒了之后继续读书。穷得不行,每天熬粥一锅,划为四块，每天就吃这一锅粥。欧阳修的父亲去世得早，早孤，他的母亲用芦苇秆画地教他写字。欧阳修小时候，有一次到隔壁的一个李姓的财主家里去看书，看到有一些残破的书扔在垃圾筐里，欧阳修就拣出来读，觉得文章写得真好，就跟人家把这本残缺不全的韩愈文集要了过来。他的文风受韩愈影响最大，根子就在这儿，以至于欧阳修成年以后，还要不断收集韩愈的文章。

第三点是道德的自我节制力。当时士大夫当中普遍地具有很强的道德的自我节制力，他们对于自己的私人生活有一种近乎宗教的虔诚。即使像苏东坡这样的放达之士，比较前朝而言也要严谨很多。前代如白居易、元稹之流，那种私生活的态度是很有代表性的。但到了北宋，道德的自律成为普遍的风尚。比如，司马光是王安石的政敌，但两个人都拒绝纳妾。程颢批评王安石变法，但在不喜坐轿这一点上却与王安石完全一致，程颢认为坐轿等于"以人代畜"。即使苏东坡这样的人，虽然文章写得飘逸了些，但是私生活还是相当严谨的。东坡就是兴趣太多。那真是个天才，做什么都行。儒释道都有研究，还精通炼丹——他的文集里有多种丹方。自己会酿酒，他在一篇小文章里写自己怎么酿酒，连这事儿都写得极风雅。书法就不用讲了，画也好，虽然流传下来的极少。文章那是写得漂亮。苏东坡讲自己的文章时说：我的文章"如遍地泉源，不择地而出"，就是说像源头活水那样随便哪个地方都能涌出，而且"行乎其所当行，止乎其所不得不止"，也就是说该着笔墨的地方一定写到，该停下来的地方自然也就停笔了。① 他还会做菜。东坡酷爱吃肉，后来东坡和程颐之间矛盾爆发，就跟吃肉有关。他贬为黄州团练副使的时候收入少了很多，不能天天吃肉，倍觉郁闷。他居然

---

① "吾文如万斛泉源，不择地皆可出。在平地滔滔汩汩，虽一日千里无难。及其与石山曲折，随物赋形而不可知也。所可知者，常行于所当行，常止于不可不止。"见苏轼：《杂说》，见《宋文鉴》卷第一百七，四部丛刊影宋刊本。

会想到去找到某种菜,做出来口感比较接近肉。但即使这样感性的一个人,总体上讲对自己的道德要求也是相当严的。

第四点,排抵佛老,倡导儒家的理性生活成为一种普遍的人生态度。当然也有一些人杂于佛老,比如王安石。晚年逃于佛老的也不少,像苏东坡早年曾极端反感佛教,遇到和尚必折辱之而后快,到后来人生遇到挫折以后,也以逃于佛老为归宿。尽管如此,从士大夫精神的整体方向看,排抵佛老还是当时的主流。

二 胡瑗的著作与思想

接下来我们讲宋初三先生。

谈到宋明理学的发展历程,我一向认为朱子的整体回顾和追溯是基本准确的。我们看《宋元学案》,排在第一位的就是《安定学案》,讲的就是宋初三先生中的胡瑗。这样一个思想史的观点近几十年来屡遭挑战,有很多的学者挑战这样一个思想传承的谱系,典型代表如漆侠先生,他一直认为王安石比二程、张载重要。这种观点有点类似于美国亚利桑那大学的田浩教授,他一直认为吕祖谦比朱熹重要。[1] 但我们认真读书就会有这样的体会,从哲学的品质来讲,吕祖谦跟朱子比实在差得太远了。这种怀疑宋明道学的传承谱系的思想倾向到了余英时的《朱熹的历史世界》这本极具影响的失败的著作,达到了顶峰,他居然把整个道学后来的思想发展归入到所谓"后王安石时代"的理路当中。[2] 这就连基本的历史因果关系都搞不清楚了,这样的一些怀疑非常奇怪。你回过头去看《朱子文集》里面,从宋初三先生到北宋五子再

---

[1] 参见〔美〕田浩:《朱熹的思维世界》,西安:陕西师范大学出版社,2002 年,第113—114 页。

[2] 参见〔美〕余英时:《朱熹的历史世界》,北京:三联书店,2011 年,第407—421 页。

到朱子这样一个集大成的哲学综合,整个思想演进的过程从胚胎到逐渐的分化再到最终的成熟,一步一步是非常明晰的,观念的演进过程也是非常清楚的。不是说站在我们今天这样一个后视的角度上强调这个人比二程重要,那个人比二程重要,就因此改变了历史的真实演进过程;在哲学的品质上,在对时代问题的觉醒的程度上,其实没有哪个人比二程、张载和朱子这样的哲学家更重要。我的态度是,我们要理解整个宋明理学的发展史,还是得回到《宋元学案》的基本架构上来。这样一个朱子追溯的传承谱系,如果你不是非得刻意求异的话,其实基本上是符合宋明理学发展的基本历程的。

宋初三先生即胡瑗、孙复和石介。首先我们先来讲胡瑗的思想。

关于胡瑗这个人,我简单介绍一下。胡瑗生于公元 993 年,去世于公元 1059 年,字翼之。胡瑗是北宋早期士大夫精神的代表,其经历的很多方面都颇具代表性,比如少年就"以圣贤自期许","家贫无以自给",然困穷之中苦学不倦。《宋元学案》里讲他"攻苦食淡,终夜不寝。一坐十年不归。得家书,见上有平安二字,即投之涧中,不复展,恐扰心也",[①]读书刻苦到这种程度。我们注意北宋前期的重要人物普遍都和一个人有关,这个人就是范仲淹。有的时候一个人可以影响一个时代甚至很多个时代。现在很多人对我们今天的精神文化状态很焦虑,当然我也认为现在的状况很糟,但也不必过分焦虑——再糟糕也没有糟糕到五代那个程度。有的时候一个时代的到来,几个人就能影响之后几百年甚至上千年的文化发展的品格和方向。范仲淹就是这样。当时几乎所有重要的人物都和范仲淹有关,包括著名的武将狄青。像孙复、胡瑗这样的人年轻的时候都受过范仲淹的资助。北宋五子中的张载则直接受到范仲淹的启迪。胡瑗受范仲淹的推荐,主持苏州、湖州的州

---

① 黄宗羲、全祖望:《宋元学案·安定学案》,北京:中华书局,1986 年,第 24 页。

学,从而创立了"苏湖教法"。我们在上堂课讲到韩愈的时候,讲到他特别重要的一个贡献是师道的建立。韩愈还只是一般性地强调师道,而到了胡瑗这个时候师道的建立就直接变成了一套成规制的教法,也就是"苏湖教法"。到了仁宗朝庆历四年的时候——也就是庆历新政开始的年份,就成为京师太学的基本教法的典范。到了宋仁宗皇祐年间,胡瑗任教于太学。他任教太学的时候,对当时游学太学的程颐产生了很大的影响,所以程颐终生认胡瑗为老师,称胡瑗必称先生。

胡瑗流传下来的著作中最主要的就是《周易口义》。目前关于《周易口义》的最新研究是我的博士生陈睿超同学硕士期间的毕业论文,也是我们这里介绍胡瑗思想的重要参考资料。当然胡瑗还有其他一些著作,如《洪范口义》《皇祐新乐图记》等等。胡瑗参与了宋仁宗朝的礼乐变革。仁宗朝有特别强烈的制礼作乐的冲动,胡瑗也参与了新乐的制作,所以有《皇祐新乐图记》。当然我们更多地还是要关注他的《周易口义》。在北宋时期,有三部经典构成了那一时代精神文化的基础:第一部是《周易》,第二部是《春秋》,第三部是《周礼》。之所以强调《周礼》,最主要的原因就是它是王安石变法的范本。整个北宋的哲学基本上都是以《易》为基础的,而胡瑗的《周易口义》是当时影响最大的《周易》的注解之一。从"口义"这个说法我们可以初步断定它是胡瑗在太学课堂上的讲稿,由他的学生倪天隐把它记录下来并且广为传布。根据我的研究,《周易口义》不仅影响了程颐,对张载也产生了影响。张载最重要的哲学概念"太虚"在《周易口义》中就出现了。

关于《周易口义》我主要介绍两个方面。

第一个方面讲《周易口义》的解《易》体例。如果我们按照冯友兰先生的观点把中国哲学史分成两大阶段,那么秦以前可以称为"子学时代",秦汉以后则可以称为"经学时代",或者"解释学时代"。什么是"经学时代"呢?就是所有的思想都是以解释前人的经典为依托的,通过重新解释前面的经典来发挥自己的思想,这是秦汉以后中国哲学发展的基本形态。有人因此认为中国哲学缺少原创的精神,都要通过解经的这种方式来发挥自己的思想。其实西方哲学难道就不是这样?难道西方哲学可以脱离对柏拉图和亚里士多德著作的阐释来展开吗?现在总有人在问:为什么我们这个时代不能产生超过孔子或柏拉图的伟大哲学家?我觉得根本原因在于科学与哲学的不同——科学家可以"站在巨人的肩膀上",直接在前人的成就基础上发展,你无法想象让一位现代物理学家接着牛顿的经典力学开展自己的研究,他一定是在最新研究成果的基础上发展自己的理论。哲学不是这样的,哲学的发展在某种程度上总是意味着向哲学史上曾经达到的精神高度的回归。哲学总是在回到根源上来,是从根源处出发的一种精神的成长。你可以理解孔子或柏拉图的思考,接受孔子或柏拉图的观点和方法,但你无法接续他们的生命厚度和精神张力,正所谓"道可传而不可受"。后世的思考者早已内在于某个历史性文明的奠基者们的思想视野当中,这一视野本身构成了无法超越的限界,就像人无法超越空气,鱼无法超越水。而在解释当中创造往往比原发的创造更难,因为这种"戴着镣铐的舞蹈"是受文本约束的。在受到文本约束的情况下还能有非常大的发挥空间,这既需要非常强的文本解释的力量,同时也需要一个非常强的精神凝聚的方向。毫不夸张地讲,北宋的哲学其实就是北宋的《易》学,所有的哲学都是以《易》为基础的创造性发挥。因此,离开了对《周易》的解释,是不可能理解北宋的哲学思想的。

我们此前研究宋明理学的一个较大的问题就是,我们对《周易》和《春秋》的关注不够。对于《周易》的解释,我们一般分为两派:一是义理派,二是象数派。汉代的解《易》传统更多地是以象数为核心的,义理派的真正凸显则要到魏晋,特别是曹魏时期的王弼,王弼的《周易注》可以说是义理解《易》的典范。近年来很多人都在强调所谓的"经典化",比如会有人去追问《论语》这部书是怎么成为一部经典的,也就是说我们得去考虑《论语》是怎么被经典化的,好像《论语》完全可以不

被当作一部经典。这样的研究也不见得全无意义,但他们忘掉了一个
基本常识:一部书的经典化的前提是这书得有可经典化的品质。什么
叫做经典? 一本书读一百遍还觉得是新的,总有取之不尽的思想内涵,
这叫经典。《论语》《周易》我读一百遍还觉得这是新的,《存在与时
间》我读二十遍还觉得是新的,这才是经典。有些书读完一遍都不想
读第二遍,像这样的书你经典化一个我看看。王弼同时代人写了那么
多的书,为什么很快就没了? 为什么经历了这么漫长的历史过程,王弼
的《老子注》《周易注》就能留下来? 因为它们的哲学品质太高了。王
弼的《周易注》,是义理解《易》的典范。胡瑗的《周易口义》的基础还
是王弼《注》和孔颖达《疏》,大的解释格局没有根本的突破。我们一定
要注意,《周易》是分《易经》和《易传》的,《易经》的成书年代较早,基
本公认在西周初年就成书了;而《易传》的成书年代则较晚,应该是在
战国时期。《易传》就是对《易经》的解释。所以,《周易》有不同的"文
本层"。王弼实际上就是以《易传》为基础来解释《易经》,而他的根本
基础是《彖传》。虽然我们认为《易传》不是孔子亲笔所作,但是里面一
定包含了孔子解《易》的基本原则和精神。所以,从王弼开始,就非常
自觉地把自己纳入到孔子的视野里去理解孔子是如何解《易》的。

　　胡瑗的《周易口义》是在王弼《注》和孔颖达《疏》的基础上的进一
步发展,在解释体例上有三个方面的特点值得强调:第一,胡瑗强调
《序卦传》。大家都知道《周易》六十四卦是有一个排序的,"《乾》《坤》
《屯》《蒙》《需》《讼》《师》",有一个基本顺序。《乾》后面为什么是
《坤》?《坤》后面为什么是《屯》? 因为"屯"是万物始生时的艰难。
《屯》后面为什么是《蒙》? 因为万物始生之时必然是蒙昧的。《蒙》后
面为什么是《需》? 因为蒙昧无知、比较弱的时候就要养,所以《需》卦
就有养的意思,其中当然包含饮食。有饮食就有争,所以《需》后面是
《讼》。争到一定程度就要打仗了,所以接下来是《师》。整个《序卦
传》就是这个样子。所以胡瑗对王弼《注》、孔颖达《疏》的第一个发展

就是特别强调《序卦传》。强调《序卦传》也就意味着卦与卦之间有相互转化的关系,而这种相互转化不是随意的。我们可以把六十四卦理解为由不同的阴阳关系、刚柔关系构成的各种复杂的人生处境,在某种人生处境中应该怎么应对。王弼的《周易注》与《老子注》区别很大。《周易注》中道家意味已经很淡了,德国汉学家鲁道夫·瓦格纳甚至认为王弼将自己看作一个超学派的哲学家,而非一般意义上的道家。①尽管如此,在《周易注》里,王弼仍然要讲道家式的"无为",消极、被动地适应各种复杂的人生处境是王弼《周易注》的一个基本观念。由于他强调消极被动的适应,所以他不需要强调卦与卦之间处境的转化,也就是说你处在一个处境里面,按照一种合道理的方式适应就可以了,不需要去转化。儒家则强调不同处境之间有转化的可能。有的转化是必然的,有的转化则需要靠主观人为的努力才能够完成。比如《剥》《复》之间的转化,从阴气渐盛阳气渐消到阳气渐盛阴气渐消,这是阴阳消长的必然过程。我们中国人看待历史上的治乱循环的明达态度,即根源于对消长之道的必然性的深刻洞察——"天下之生久矣,一治一乱"(《孟子》)。这样的转化从自然的阴阳消长看是必然的,秋天过去冬天就到来,冬天过去春天就到来;但是落实到人类社会我们却可以使阴消剥阳的过程减缓一些,这是有主观人为的因素在里面的。《周易》里面有一组卦被称为"叹卦",即《彖传》中包含"时大""时义大""时用大"这样的表述的卦象。讲"时义大"的有《豫》《遁》《姤》《履》;讲"时用大"的是《坎》《蹇》《睽》;讲"时大"的是《颐》《大过》《解》《革》。这三种讲法都在讲"时",但这个"时"不是时间的意思。中国古代的"时"都有空间意味,"时"其实就是遇,就是人生处境。《豫》《遁》等卦强调"时义大",是在强调时与义之间的紧张,时与义并不一定是一致的。

① 参见〔德〕瓦格纳:《王弼〈老子注〉研究》,南京:江苏人民出版社,2009 年,第133 页。

"时用大"一般强调的是对这个时的道理的理解,然后加以运用。讲"时用大"的那几卦,所指的处境都比较艰难,比如《坎》卦。胡瑗在这里的解释很有意思,他说"时用大"的意思是预先去摸索《坎》卦的道理,然后遇到"坎"的时候你就知道怎么去应对。所以实际上这里的"时用"其实还是在讲"义",就是你要明白处《坎》之时的道理和方法。这一点,胡瑗的讲法似乎不如《象传》讲得好。《象传》在讲《坎》卦的"时用"时讲的是"用险",比如说你建一座高高的城池,就是在用险来保卫自己的国家;比如说强调人与人之间界限、等级的高下,从而防止人们的非分之想。我觉得胡瑗对《象传》的消化是不够充分的,这一点远逊于程颐和朱子。"时大"则是强调处境是人发挥作用的前提,有的时候你有这样的德、这样的能,没有这样的时势你也做不出任何事情来的。这是第一点——对《序卦传》的强调。

第二点,胡瑗对王弼《注》、孔颖达《疏》的调整和突破更多地出现在讲"成卦之义"的场合,"成卦之义"就是讲某一卦象为什么是这个卦象。比如《复》和《剥》这样的卦,为什么这样的卦画之间呈现的关系就是《复》和《剥》。《剥》《复》体现了很明显的阴阳消长的倾向。再比如《大有》,五个阳爻一个阴爻,所以这一卦以一爻为主,六五爻是《大有》的成卦之主。除了上述这种强调各爻之间关系的,还有一种强调上下二体之间的关系的"成卦之义"。《蒙》卦下卦为坎,上卦为艮,所以是"山下有险"之象,所以有"蒙"义。王弼特别重视一爻为主的卦象,因为他有"以寡统众"的观念,他认为驾驭天下的一定是至寡的,一定是"以一统众""执寡御多",这是王弼的"无为"政治思想的体现。但是胡瑗在讲成卦之义的时候,更多讲二体义,六十四卦中有三十一卦是用二体义来解释的。这是第二点,更多地强调二体义,即通过上下卦之间的关系来讲成卦之义。

第三点体现在对《乾》之四德的强调。在《周易》当中不仅《乾》卦卦辞讲"元亨利贞",其他的一些卦象中也有,比如《屯》卦卦辞"元亨利贞,勿用有攸往,利建侯",《随》卦卦辞"元亨利贞,无咎"。既然其他的卦也有"元亨利贞",那区别何在呢？以往的讲法一般都是说这些卦的四德比《乾》卦的四德弱,但是胡瑗认为既然都有"元亨利贞",那么所有的四德都是一致的,比如《屯》卦的"元亨利贞"并不比《乾》卦的"元亨利贞"等级低,只是说在《屯》这个具体的处境当中"元亨利贞"有了跟《乾》卦不同的具体表现。后面我们会讲到,朱子"人人各具一太极,物物各具一太极"的观念,强调的就是"太极"或普遍的道理落实在具体的处境当中在表现上会有所变化,但太极的本质是不变的。可以说胡瑗的这一解说当中已经隐含了这样的思想。而这种思想跟周敦颐的《太极图说》也是相通的。

以上是《周易口义》的第一个部分,第二个部分我讲胡瑗《周易口义》的思想,我只强调一点。胡瑗《周易口义》在思想上有很多突破,但是总体上讲仍然没有超出汉唐元气论的格局,在宇宙论、本体论的思考上还是汉唐的格局。整体格局上虽然没有大的突破,但其中还是蕴涵了一些重要的突破性思想元素。我认为《周易口义》的思想里面最重要的一点就是强调"生生之德"。这是对王弼《注》、孔颖达《疏》的巨大突破。这在胡瑗对《复》卦的解释中表现得最为突出。《复》卦的象辞最后一句——"复其见天地之心乎",其中"天地之心"这个讲法特别重要。王弼在讲"天地之心"的时候说"天地以本为心",而王弼在解释"本"的时候说"寂然至无是其本矣",这是王弼"以无为本"的观念的集中体现。① 其实"以无为本"的说法在王弼《老子注》中是找不到的,《老子注》里面反复讲的是"以无为用"。如果按王弼的理解,把"寂然至无"作为宇宙的根本,那么某种形态的虚无主义就几乎是不可避免的。北宋儒学对佛老的批判,首先关注的就是如何克服佛老的虚无主

---

① 参见楼宇烈:《王弼集校释》,北京:中华书局,1980 年,第336—337 页。

义世界观。"以无为本","本"就是根的意思。不管对王弼的思想做怎样"本体论"式,而非宇宙论式的解读,以虚无为根的观念仍然暗涵了这样的理解——实存的世界之前有一个"寂然至无"的阶段。如果这个世界曾经有一个阶段是绝对虚无的,没有任何事物存在,那么我们今天活着的所有意义也就都不存在了。"无"是跟死亡联系在一起的,按《列子·杨朱篇》的看法,"生为尧舜,死为腐骨;生为桀纣,死为腐骨。腐骨一也,孰知其异?"既然死后都是一堆烂骨头,那么生前所做的一切又有什么差别呢?你是苏东坡还是白乐天有什么差别呢?你私生活上严谨不严谨有什么差别呢?在这个意义上,一切人的行为的价值都是可以虚无化的,这对于人的道德生活而言是非常危险的。那么,胡瑗在这个地方是怎么注释的呢?胡瑗说"天地以生成为心",这对王弼的"天地以本为心"是一个巨大的突破。由于天地以生成为心,所以天地就是永恒不息的绝对创造,我们也就知道绝不可能有一个创造停止的阶段,这个世界也就永远不会有绝对虚无的阶段。同样说的是不可见的本体,王弼看到了"无",胡瑗则看到了其中的"生生不已"。从这里我们可以看到那个时代真正的时代精神,这种时代精神在胡瑗这里已经有某种不甚明晰的自觉了。而在胡瑗的下一代,在那么短的时间里能够出现那样一批伟大的哲学家,离开这种自觉是不可想象的。当然,在胡瑗这里,儒学复兴的真正主题还没有被完整地提出。

至此,从韩愈开始的这条道路上,某些奠基性的东西已经初具雏形。韩愈讲的道德仁义还没有多少哲学的意味。而胡瑗讲"天地以生成为心"的时候,仁义这样的道德价值在哲学上的本根意味已经呼之欲出了。

接下来我们简单介绍一下孙复。

宋初三先生里还有一个人物叫石介。石介最著名的文章是《怪说》,他把文章、佛、老称为"三怪"。石介是那个时代的勇者,虽然道理没看明白，但却是极有持守的人。由于他有持守，所以他能够明确地建立起自己思想的边界。现在很多人强调思想的多元和包容，而这其实也往往意味着思想缺少系统、深刻和精粹。你不可能无限度、无边界地什么都接受。实际上，在这一点上，胡瑗都未必有如此强的自觉。但是石介非常自觉。他所说第一怪——"文章"，就是杨亿倡导的"西昆体"，第二怪是佛家，第三怪是道家。《怪说》可以说构成了那个时代儒家思想的屏障。当然，石介在思想上和经学研究上没有什么特别突出的贡献。

在经学上，孙复比石介重要得多，主要体现在《春秋》学上。孙复最重要的著作是《春秋尊王发微》，此书为整个宋代的《春秋》学奠定了基础。

讲《春秋》学就必然讲华夷之辨，而这就跟我们上节课讲韩愈的历史贡献关联起来了。通过《春秋》学把华夷之辨明确下来。而华夷之辨为北宋文化自觉的形成奠定了更为牢固的基础。按照《四库全书总目提要》的讲法，孙复的《春秋》学"上祖陆淳，下开胡安国"。孙复《春秋尊王发微》总体特点是，认为"《春秋》有贬无褒"，我觉得《四库提要》的这个论断还是非常准确的。也就是说，在孙复看来，只要是《春秋经》里记录的事，肯定都是在贬，没有褒奖的。所以，《春秋尊王发微》给人的整体印象是"以深刻为主"[1]，"深刻"得仿佛酷吏。这种做法在后世受到了很大的批评。《春秋尊王发微》的另外一个解经特点是不主三《传》，也就是说不完全尊信《公羊传》《穀梁传》和《左氏传》。《春秋尊王发微》在解释经文时达到了极为深刻细致的程度。比如鲁隐公三年"春王二月，日有食之"一条，孙复对"日有食之"四个字做了发挥，认为它强调的是"历象错乱"，而这恰恰反映出周王室的王纲不

---

① 四库全书研究所整理：《钦定四库全书总目》，北京：中华书局，1997 年，第 335 页。

振。他举了很多例子,说凡是著录这种情况的,都是在讲有的时候没有日食反而记录了,有的时候有日食反而没有记录。"历象错乱"这件事可不是简单的事情,它说明"史官废职"①,也就是说专管历象的人没有尽到职责。而历象的重要性在于它是共同体生活的基础,所有的社会生活都要以时间的统一为前提。而且在中国古代,度、量、衡甚至音乐声调的标准都和时间有关。经过他的这番发挥,"日有食之"这样一个在我们看来完全中性的客观记述也体现了"有贬无褒"的原则,体现出孔子对当时的这样一种情况的批判。由此也就告诉我们,此后的王朝历象一定要正。这跟《论语》的思想倒是一致的。颜渊问为邦。子曰:"行夏之时,乘殷之辂,服周之冕。"(《论语·卫灵公》)排在第一位的就是"行夏之时"。类似的解释和发挥在《春秋尊王发微》里比比皆是,这种思考的确有"深刻"之嫌,但这种"深刻"在北宋产生了重要的影响。这既是北宋士大夫精神自觉的体现,同时又是对北宋士大夫精神自觉的一种加强。

北宋士大夫精神人格的普遍特点就是不苟且,所有的地方都是严谨的。这种严谨需要一种高强度的自律性,这种自律性与《春秋尊王发微》的精神是一致的。时代精神总体是这样的,不往上提升就往下堕落。对比我们今天的情形:人们在堕落的时候居然没有任何精神负担,各种各样"段子"的流行,使得甭管多猥琐的事儿,都能一笑了之。这让我想起欧阳江河的话:"好好一个世界,就被笑给笑坏了"(《笑的口供》)。《春秋尊王发微》对于整个北宋士大夫精神人格构成一种向上提升的精神力量。如此深刻地去看待历史,同时也就如此深刻地在自己身上找到类似的地方。苛求历史上那些已经消失的人物其实并不重要,真正重要的在于将这种严格的目光指向自己。唯其如此,才有那

---

① 孙复:《春秋尊王发微》卷一,影印文渊阁《四库全书》本。

样一代严谨的、自律的精神人格的出现。

经过宋初三先生的阶段,一个新的时代的曙光正在降临。仅仅一代之后,北宋五子的出现,就使儒学复兴运动达到了一个真正的高峰。在北宋五子那里,儒学第二期发展才开始以系统的、精致的、哲学的面相出现,儒学复兴运动的问题意识和方向才真正明确下来。

第三讲

诚体与太极：周敦颐的哲学

　　本学期宋明理学的讲授我基本上按照朱子建立的道学谱系来展开。前两次课我们强调的是唐宋儒学复兴运动的缘起，从本次课开始，我们进入到道学发展史上真正的理论建构阶段。道学的理论建构阶段从周敦颐开始。周敦颐、邵雍是宋明理学的真正奠基者。

　　周敦颐，字茂叔，原名敦实，后改名为敦颐。生于公元 1017 年，去世于公元 1073 年，活了 55 岁左右。湖南道州人，他的家乡是营道县，也就是今天的湖南道县。他的家乡有水名濂溪，周敦颐晚年定居庐山的时候，在其住所附近有一条小溪流过，他就把这条小溪命名为濂溪。他在那里建了濂溪书堂作为自己读书的地方，所以后世一般称他为周濂溪。宋明道学或者宋明理学有濂、洛、关、闽四大主要流派，濂就是指周濂溪，洛是指二程，关是指张载，闽是指朱子。濂、洛、关、闽之学，一般被公认为道学正宗，或者理学正宗。周敦颐在世的时候影响并不大，这一点是跟王安石、司马光等人不能相比的。由于周敦颐声名不显，当时知道他的人并不多，所以周敦颐的著作到了南宋的时候就已经很成问题了，可以说聚讼纷纭。诸如《太极图》的来历，《太极图》到底是什么样的，《太极图说》的第一句话到底是什么，《太极图说》跟《通书》的关系等等，都没有定论。我们现在的通行本《周敦颐集》主体部分是经过了朱子的编辑的，可以说是朱子版的周敦颐。我个人还是认为朱子版的周敦颐比较可靠，当然也更有哲学趣味。朱子几乎一生都在为经过自己编辑的《太极图》和《太极图说》以及他自己做的《太极图说解》辩护。周敦颐长期做州县小吏，史书上记载说他不卑小职，处理问题的时候都非常认真，有严毅之风。

二程的父亲程珦在周敦颐尚处寒微之时就看到了他的高贵品质，所以让二程兄弟去向他问学，这对二程兄弟是真正有启蒙作用的。周敦颐令二程兄弟去寻孔颜乐处，所乐何事。也就是让他们去体会孔颜乐处的精神境界到底是什么样的一种精神境界。这一个"乐"字的拈出，本身就已经是儒家气质的集中体现了。梁漱溟先生曾经指出，从根本气质上讲，儒家是一种乐感文化。[①] 这样的一个"乐"字的拈出，其实已经把儒家看待世界的那种温暖的、有春天意思的目光揭示出来了。周敦颐对二程兄弟的启蒙是多方面的。他对程颢的人格影响非常大。程颢曾说："自见周茂叔，吟风弄月以归，有吾与点也之意。"[②]

朱子曾为周敦颐做《像赞》，其文曰："道丧千载，圣远言湮；不有先觉，孰开后人；《书》不尽言，《图》不尽意；风月无边，庭草交翠。"[③]这里，"道丧千载"就是我们第一讲里面提到的道统观念。儒家之道，在孟子去世以后就湮灭无闻，这是韩愈以后的常见讲法。"道丧千载，圣远言湮"，圣人离我们太远了，言辞已经湮没。有人对"湮"字的读法有些质疑，说应该读成别的字，我觉得没必要，直接读如本字。凡是读如本字就能讲清楚的，不必再迂曲地转读成别的字。"不有先觉，孰开我人"，如果没有先觉者，谁能够启迪我们这些后来人呢？"《书》不尽言，《图》不尽意"，这是在讲他思想的贡献。"《书》不尽言"里面的"《书》"当然是指《通书》，"《图》不尽意"中的"《图》"当然是指《太极图》。尽

① 参见梁漱溟：《东西文化及其哲学》，北京：商务印书馆，1999 年，第 142—144 页。

② 参见周敦颐：《周敦颐集》，北京：中华书局，2009 年，第 81 页。

③ 同上书，第 2 页。

管《太极图》和《通书》尚在,但仍不足充分展现出其思想的高致。"风月无边,庭草交翠","风月无边"一句暗含了黄庭坚对周敦颐的评价——"人品甚高,如光风霁月"。"庭草交翠"则与周敦颐的一个小故事有关。周敦颐家院子里的杂草长满了之后也不除去,人家问他为什么不去除一除杂草,周敦颐回答说:"如自家意思一般。"也就是说那杂草生机勃勃的,何必要除去它呢?你追求这样的生机,我也追求这样的生机,那为什么要断掉杂草的生机呢?北宋道学家普遍喜欢有生命力的东西,比如程颢喜观鸡雏,张载喜闻驴鸣。而这种趣味跟他们对世界的理解是紧密关联的。朱子这篇《像赞》是对周子的人格及思想的一个完整全面的概括和总结。

一 太极与诚

我们讲的第一个部分,是周敦颐的太极与诚的观念。

大家都知道,周敦颐的核心概念是太极。这是没有问题的。只要读过一点周敦颐,或者哪怕听过一点宋明理学的人都会了解太极这一概念对于周敦颐思想的重要性。《太极图说》第一句话就是"无极而太极"。[①] 当然我们还应该知道,周敦颐思想中的太极实际上跟他的另外一个核心概念——"诚"是分不开的。杨柱才教授在他关于周敦颐的研究中创造了一个海德格尔式的概念,就是在两个词中间加了一个"一",就是"太极—诚"。[②] 他用这样一个词的构型告诉我们诚和太极在实体这个层面上是完全一致的。经过认真分析后他说,诚和太极不仅在体上一致,用上也完全一致。这个讲法我觉得基本上是可以成立

---

① 周敦颐:《周敦颐集》,2009 年,第 3—4 页。

② 参见杨柱才:《道学宗主——周敦颐哲学思想研究》,北京:人民出版社,2004年,第 240 页。

的。《太极图说》上来就讲"无极而太极"，《通书》的第一个重要观念则是诚，所以上来就讲："诚者，圣人之本。"①"诚"这个字是《通书》全篇出现的第一个概念。周敦颐的思想中"诚"和"太极"都有本体论的意义，是万物本体和万物本根的意思。那么这个万物本体和万物本根到底怎么来理解？我们先来看《太极图说》的第一个部分。

《太极图说》的第一句话——"无极而太极"是有争议的。首先"无极"是一个道家概念，出自《老子》第二十八章，即"知其雄，守其雌"那一章。那一章里讲"复归于无极"，这是"无极"这个词最早的出处。"太极"这个词我们知道是出自《易传·系辞》。太极和无极一个来源于《周易》，一个来源于《老子》。《周易》是儒家经典，这在总体上讲应该是没有问题的，虽然也有个别先生强调《周易》是道家经典。从《太极图说》首句的字面来看，无极似乎在太极之上。此外，还需注意的是，这句话其实是有两个版本的。朱子手里的传本是"无极而太极"，而南宋初年还有一个传本则写作"自无极而为太极"。"自无极而为太极"，有了一个"自"，有了一个"为"，时间的观念就被带进来了，它就有一个先后，它就在时间当中了。"无极"成为一个阶段，"太极"是无极之后的第二个阶段，这就麻烦了。如果文本确实是"自无极而为太极"，那么周敦颐讲的就还是道家的"无能生有"：这个世界源自于一个至无的阶段、绝对虚无

①　周敦颐：《周敦颐集》，2009 年，第 13 页。

的阶段,然后从绝对虚无当中创造出这个万有的世界来。但种种证据表明,"自无极而为太极"这个版本应该是不对的。后来陆九渊跟朱子辩论的时候,虽然他认为无极这个词用得不对,是道家的词,因此认为《太极图》和《太极图说》要么干脆不是周敦颐所做,要么就是周敦颐早年未定之论,但即使他这么坚持,他用的文本却跟朱子是一样的,他没有对"无极而太极"这句话,即朱子版的《太极图说》里面的第一句话有任何质疑。也就是说,陆九渊看到的传本也是"无极而太极"而不是"自无极而为太极",这也就意味着当时主要流传的版本是"无极而太极"而非"自无极而为太极"。

这里,我们首先要关注的问题是什么叫"无极"?无极,按照后来朱子的解释就是无形的意思。将无极解释为无形到底有没有根据呢?在周敦颐那个时代,无极就是无形这个讲法是完全成立的。在邵雍的《观物外篇》中,"无极"就是"无形"的意思。[①] "无极而太极"这句话,又跟《太极图说》后面的一句话有显见的关联——"无极之真,二五之精,妙合而凝。"[②]这里的"无极之真"对应的就是开篇的第一句话"无极而太极",而"太极"在这里被改称为"真"。"二五之精","二"是阴阳,"五"是五行,阴阳五行之精妙合而凝结成万物。"妙合"这个词中的"妙"字在这里就是神秘不可测的意思,"妙合"意味着不可知的融合、结合。这里,《太极图说》本身的内证都足以证明第一句话是"无极而太极"。"太极"强调的是"真"和"实有",但这个"真"和"实有"到底是什么?很多学者都说,"真"和"实有"的东西就是未分化之元气,说"太极"就是未分化之元气,虽然无形但却真实存在,这是汉唐以来的元气论传统一贯的说法。但是如果我们细读周敦颐的书,细读《太极

---

① "无极之前阴含阳也,有象之后阳分阴也。"参见邵雍:《邵雍集》,北京:中华书局,2010 年,第 144 页。

② 周敦颐:《周敦颐集》,2009 年,第 5 页。

图说》和《通书》之后，就会发现恐怕不能这么简单地说周敦颐的太极就是无形的元气。因为无形的元气一定是从材料、质料这个角度上讲的，学过西方哲学的人都会知道所谓的质料因，质料是没有价值取向的，而在《太极图说》里"太极"显然是有价值意味的。这种价值意味通过"真""诚"这两个字表达出来。"无极而太极"讲的是无形的至真存在，大概我们现在只能讲到这个程度，至于这个至真的存在到底是什么，它是理还是气，这个问题还没有真正分化开来，没到二程把形上形下严格分开之前这个问题根本没有办法谈清楚。更进一步讲，无形的至真存在其实就是始终生生不已的至真的存在。仔细阅读《通书》我们就可以看到，无极之真强调的是一种必然的创生，这种创生本身是必然的而且永无止息的，太极或者说无形的至真存在是所有创生的根源。这个世界哪怕什么东西都看不到，这种生生之德还在，生生之道永远不会熄灭。只要生生之道在，这个世界就不可能是绝对的空无，这个世界永远会是真实存在的有。

能够印证我们观点的不仅仅是《太极图说》里面的内证，我们还可以从《通书》得到佐证。《通书》一共四十篇，各篇都有标题，比如第一篇是《诚上》，第二篇《诚下》。其中有一篇为《理性命》。《理性命》篇把太极到二气五行的这个过程又讲了一遍，讲"二气五行，化生万物"。① 除《理性命》篇以外，《动静》篇也讲到了《太极图说》里的这样一个完整的图式，只不过用的是更加精练的语言而已。由此我们知道，《太极图说》绝不是周敦颐早年未定之论，《太极图说》是周敦颐成熟期的基本理论，它和《通书》的思想是完全统一的、完全一致的。《太极图说》上来就讲宇宙的至真存在——"无极而太极"，而"太极"就是"诚"，"诚"就是"真"。这里面的根本信念是，自然不会对我们撒谎。

---

① 周敦颐:《周敦颐集》,2009 年,第 32 页。

周敦颐有一段关于"疑"的讨论,指出有的人"谓能疑为明",即有的人把自己善于怀疑当成一种明智、一种明达,而实际上"疑"与"明"相去远矣,"何啻千里?"①由此我们可以看到,周敦颐看待这个世界的时候有一种极为朴素的目光,这种目光里没有后世怀疑论的传统,充满了对宇宙的自信和确信。从这个"疑"字出发,你就能想起西方哲学来,比如笛卡尔。笛卡尔要去怀疑这个世界是否存在,而周敦颐则告诉你世界是真实存在的,不用怀疑。像佛老那样,特别是佛教那样从根本上认为世界是一个虚幻,这种观念在儒家这儿是没有的。世界是真实的,世界是真诚的,不用如此地怀疑。世界是一个真实的、生生不息的至真之存在,这种生生不息的至真之存在比所有具体的存在者都更真实。尽管这个至真存在是没有形体的,是看不见的,但是它是真实的存在。这是我们要讲的第一个部分,对应《太极图》的最上一圈。

值得注意的是,这个图在当时有多种不同的传本,这仅仅是朱子认可的一种传本,应该也经过了朱子的修订。其中有一种传本把"阴静"二字写在上面一圈的右边,把"阳动"二字写在第二圈的左边,也就是把"阴静"和"阳动"分开来,并且放在了不同的层面上。朱子在一封信里批评这样的图是"尖斜的太极"。② 这样的图式如此不平整,世界肯定不是这个样子。朱子有均衡的、几何学般精美的世界观。这个图就是这种均衡的、几何学般完美的世界观的一种体现。

《太极图说》接下来一句是"太极动而生阳",对这句话误解也极多。这里面首先涉及到的问题是:太极既然是无形的,那它怎么会动?所以太极能否动静、太极怎么动静的问题就成为困扰宋明理学的一大问题,这个问题直到朱子那儿才有了一个恰切的解决。太极为什么能动,我们先搁在一边。在这个层面上,我们只需知道"太极动而生阳"

---

① 周敦颐:《周敦颐集》,2009 年,第 31 页。

② 《朱子语类》卷九十四《周子之书》,北京:中华书局,1986 年,第 2375 页。

就行了。接下来是"动极而静"。这里面的"极"怎么理解？什么叫"动极而静"？什么叫"动极"？动极了，累了，就歇下来了？我们在邵雍的文章中可以看到"极"有"终"的意思，如果把极读成终、终极，那么动停下来就是静，这是一种可能的解释。另外一种可能的解释就是把这个极读成"至极"，动到了极致就开始静。"静而生阴，静极复动"，这不瞎折腾么？待的时间长了，老是待着，待闷了，然后又动，"静极复动"。到这儿为止这段话整个还是一笔糊涂账，好像"太极动而生阳，动极而静，静而生阴，静极复动"①是一个有时间的过程，先生阳，"动而生阳"，动到了极致开始生阴，阴是第二个阶段生出来的，那么阴生完了再生阳，粗看起来好像是这样一个意思。但这样的理解又会引出一个麻烦——世界怎么会有无阴之阳呢？又怎么会有无阳之阴呢？《太极图》虽有不同的传本，但第二圈这个图是没什么可质疑的，不管"阳动""阴静"这几个字写在什么位置，但第二圈这个图在所有传本中都是一致的。这个图与《道藏》里面的《水火匡廓图》或《坎离匡廓图》完全一致。《水火匡廓图》应该出自《周易参同契》。从这个图看，阴阳的产生显然是没有时间先后的。而且你注意，这个图中间的小圈特别重要，中间这个小圈就是上面的大圈，就是无极而太极的"太极"。也就是说已经分化为阴阳以后，太极仍在阴阳当中，这个图妙就妙在这个地方。"太极动而生阳，动极而静，静而生阴"，这样的过程中太极始终在阴阳当中，太极并没有离阴阳而存在，并不意味着阴阳出现了太极就没有了，太极只是以更丰富的更具体的形态表现出来。这是分化的阶段，但是阴阳一定是同时并生的，没有时间先后。这是这个图里面告诉我们的特别重要的东西。

那么，《太极图》的这段话里的"极"字应该怎么来解释呢？这个

---

① 周敦颐：《周敦颐集》，2009 年，第 4 页。

"极"我很难找出一个特别恰切的训释,但大的意思是清楚的,即动以静为条件,静以动为条件。只要有了动,自然也就有了静,动静互为条件。这里我们必须联系《通书·动静》篇来讲。《通书·动静》篇说"动而无静,静而无动,物也",只要在动,就不是静的,只要在静,就不是动的,一般事物都是如此。而"动而无动,静而无静,神也",这话听起来似乎有点玄。而接下来又讲"动而无动,静而无静,非不动不静也"①,既不能说是动,也不能说是静,又非不动不静,那就只有一种可能的解释,即动静是相统一的。动以静为条件,静以动为条件。动静互为条件,这与《太极图说》后面讲的"一动一静,互为其根"就完全统一起来了。这个图还有一个问题:左边既然是阳动,图上体现为两阳夹一阴,如果对应到卦象上就是《离》卦。而《离》卦是阴卦,怎么能对应阳动呢? 右边是阴静,图上体现为两阴夹一阳,如果对应到卦象上就是《坎》卦。而《坎》卦为阳卦,怎么能对应阴静呢? 其实这个问题的产生,源于我们误将这个图与《坎离匡廓图》混同了。虽然图完全一样,但在《太极图》这里第二圈的左右两边是不能理解为《坎》和《离》的,因为《太极图》的第二圈对应的是"太极生两仪"的阶段,还根本未生出八卦来,如何谈得上《坎》和《离》呢? 因此,左边是阳中含阴,右边是阴中含阳。阳之动中自有阴之静,阴之静中自蕴阳之动。阴阳互为条件,不可或离。

接下来就是五行的产生。"阳动阴静而生水、火",水和火生出来了。从图上看,由阳动而生水,由阴静而生火,亦即《通书》所谓"水阴根阳,火阳根阴"。水、火之后又生木、金。五行生的次序是先生水火,水火是万物根本,基本上那个时代所有的学者都这么讲。水、火是万物根本,接着生木、金,然后土在中央,这是生的顺序。但是在运行的顺序

---

① 周敦颐:《周敦颐集》,2009 年,第 27 页。

上,五行的运行顺序不是这样的。因为《太极图说》后面有一句话,"五气顺布,四时行焉",水、火、木、金、土这样的顺序不能对应春、夏、秋、冬。水对应的是冬天,火对应的是夏天,四季的顺序不可能是冬、夏、春、秋,所以五行的生成之序与运行之序是不同的,运行的顺序一定是木、火、金、水,土贯穿在中间,所谓土旺四季。仁、礼、义、智也依这样的顺序展开。跟五行中的土一样,信也贯穿在仁、礼、义、智当中。在《太极图》中,五行这一层最下面还有一小圈,这小圈代表的还是太极。这也就是说二气凝聚为五行以后,太极仍在五行之中。

通过这样一个模式我们可以看到,太极绝不可能是未分化的元气,因为未分化的元气一旦分化为二气五行以后,就不再能贯穿和体现在二气五行当中了。元气和二气五行是不同的形态,分属不同的阶段,两者不能相互涵摄。因此在这个图式里,太极不是元气,不能从质料的角度来理解周敦颐的太极。

至此,整个图式的第一部分已经清楚了,从无形的至真存在,到这一至真存在体现为动静的综合体。在这个动静的综合体中动静是互为条件的,有了动静就有了阴阳,有了阴阳就有了刚柔,动静、阴阳、刚柔的复杂变化就形成了一些最基本的质料,五行就出来了。五行从义理上讲对应仁、义、礼、智、信五常,从时间的角度上讲,"五气顺布,四时行焉",时间的观念才真正展开,时间是以此为根本的,四时是以此为根本的,是以五行的循环运转作为基础的。这个过程在《通书》里面又以"诚"这个概念来加以阐发。周敦颐把整个世界的变化分成了两个部分,又把"诚"跟"元亨利贞"四德连在一块,他说:"元亨,诚之通也","利贞,诚之复也"。[①] 诚之通与诚之复,这就构成了宇宙运化的两个阶段。"元亨,诚之通",诚之通是创生的过程;"利贞,诚之复",诚之

---

① 周敦颐:《周敦颐集》,2009 年,第 14 页。

复是完成的过程,生和成被明确地划分为两个阶段。

讲到这个地方,周敦颐的宇宙论图式就非常清楚了:首先是一个至真的、生生不已的存在,至真的无形的存在。这种至真的无形存在又必然体现为阴阳的综合体,动静的综合体。阴阳动静的综合体最终经过复杂的凝合变化就展现出了五行,而在阴阳对立的综合体当中是有太极的,在五行当中又各具太极,并不是说太极变为阴阳之后太极就消失了,阴阳变成了五行之后阴阳就消失了。周敦颐在《太极图说》中讲,"五行一阴阳也,阴阳一太极也,太极本无极也"。① 五行说穿了不过就是阴阳的某种表现,阴阳说穿了不过就是太极的某种表现而已,太极根本上讲是无极的,也就是无形的。

二 人与万物

五行以下就是万物化生,就有了人与万物。周敦颐说:"二气交感,化生万物。"其实这是省略的说法,中间省略了五行的作用,显然是二气五行共同化生万物。"万物生生而变化无穷焉",变化是永远没有办法穷尽的,永远都会有复杂的万物和变化的存在。

周敦颐特别强调人在万物中的独特地位:"惟人也,得其秀而最灵。"②人是所有万物当中最灵秀的,这个观念就强调了人的特殊性。这一点我们可以和《周易口义》当中的一段做一个对比。在《周易口义·复卦》的《象传》里面,"天地以生成为心"这一点上,上堂课我们特别对此加以发挥。但是天地跟人是不一样的,这个是胡瑗的《周易口义》特别强调的一点。天地和人不同,因为天地以生成为心但无忧之之怀,人跟天地的不同就在于人有这个忧。人不仅也能做到以生成为

---

① 周敦颐:《周敦颐集》,2009 年,第 5 页。

② 同上书,第 6 页。

心,他还有忧的意思。人当中最杰出的圣贤不仅能有天地生成之心,又有忧万物之意,这是人的某种独特性,而胡瑗特别强调圣人的这个忧是人跟天地万物的区别所在。这种区别所在恰恰是人的优点,人的优势。所以胡瑗说:"圣人无天地之权耳,使其有天地之权,则凶荒水患之类,无得而致也。"①老子讲"天地不仁,以万物为刍狗"。天地可以这样,人不应该如此。而老子下面直接说,"圣人不仁,以百姓为刍狗"。这是典型的道家态度,跟儒家的态度不同。胡瑗的思想里这种儒家的态度就非常明显,他认为人有忧的情怀恰恰是人的优势所在,这种态度显然也强调了人跟天地的不同。但与儒家不同的是,道家把人类社会仅仅视为自然的一个部分,自然范围的一个部分,所以我们可以把从自然界中观察到的各种规律直接用于人类社会,所以"上善若水""飘风不终朝,骤雨不终日"可以引申出来"柔弱胜刚强","坚强者死之徒,柔弱者生之徒"这些都是对自然的观察,同时也适应于人类社会。"天地不仁以万物为刍狗,圣人不仁以百姓为刍狗",所有这些地方都提出人要效法天地,这是道家的基本观念。

但儒家不一样,儒家不管什么时候都会强调某种人的特殊性。虽然都强调人的特殊性,但胡瑗《周易口义》当中所强调的人的特殊性和周敦颐所强调的人特殊性是不一样的。胡瑗强调的是人独有的"忧",周敦颐强调的是"得其秀而最灵"。周敦颐说人跟万物的最大区别在于人最完整地禀得了天地当中最精华的东西,人在某种意义上是天地的精华的最直接的体现。这两者的差别是很明显的。如果我们用天人之间的关系来讲,胡瑗在某种意义上还强调天人之间的差异,周敦颐的思想则真正体现出了天人合一,他恰恰是要讲人的规律就是自然规律的集中体现。也就是说,在周敦颐看来天地的本性就是人的本性,人类

① 《周易口义》卷五上经,文渊阁四库全书本。

社会的所有道德法则都源于天地的本性,这是周敦颐的一个绝大的发明。当然他跟老子是不同的,老子是把整个人类社会向荒莽的自然那边拉,儒家是把人类社会的所有价值原理植根到天地的原理上去,所以这两者是不一样的。儒家是把人的价值原理植根到天地,在天地的本性当中辨认出价值的原则来,而不是用自然来消解人类社会的道德价值。按照老子、庄子的做法,会导致完全用自然消解人类的道德价值,而儒家恰恰从这样一个逆反的方向上把人类的道德价值跟天地的本性关联起来,而这种关联又不是源自某种主观的构造,而是根源于真实的哲学洞见。

人是得其秀而最灵的,但是人类社会却恰恰需要治理。为什么"得其秀而最灵"的人反而需要治理呢?这就只能结合善恶的产生来做进一步的阐发了。

三 圣人

《太极图说》接下来讲:"形既生矣,神发知矣,五性感动而善恶分,万事出矣。圣人定之以中正仁义而主静,立人极焉。"有了人,就有了形体和神明的分化。内在的本性为外物所感,也就形成了善和恶的分别,世间万事也就由之而生。善恶既分,治理的必要也就产生了。接下来的问题是:谁来治理?怎么治理?治理的原则是什么?要建立一种美好的社会,那么美好社会的具体目标是什么?这个美好社会里面包含了美好的生活,这种美好生活的价值原则是什么?所有问题全出来了。

这里,我们首先要面对的问题是,谁来治理这个社会、这个国家?谁来发现人类社会应有的价值?周敦颐的答案是圣人。圣人的重要性就在于圣人能够发现人类社会的价值原理,发现人类社会价值的根据所在。那么什么样的人是圣人?在《通书》里面,有很多的章节是讲圣人的。最典型的是《通书·圣》这一章："寂然不动者，诚也；感而遂通者，神也。动而未形，有无之间者，几也。诚精故明，神应故妙，几微故幽。诚、神、几曰圣人。"这一章很难懂，很难得到一个确切的解释，我这里也只能给出一个相对合理的、权宜的解释。

周敦颐用三个概念来讲圣人，即诚、神、几。"寂然不动，诚也"，寂然不动是诚的状态。"寂然不动"这话出自《礼记·乐记》，在我看来，这里的"寂然不动"并不是指像石头一样没有动作，完全静止，而是没有主动欲求的意思。真正的公明之人不应该有额外的主动欲求，如果有主动的欲求就不是寂然不动了，在某种意义上就不诚了，不诚就是伪和妄。这个地方就涉及到一个问题，我饿了要吃饭，这算不算寂然不动？诚在这里显然不是天道之诚，而是人的心灵状态。"感而遂通者，神也"，遇到有物来感发就能有所通达。要注意，在周敦颐的话语系统中"通"是跟"智"相关联的，因此才说"通曰智"，①这一点在他讲五德的时候讲得非常清楚，所以"感而遂通"的这个通字就有智的意思。有事物触发我们，就会有所知识，这就是神。不是主动的欲求，而是为物所感。但什么叫主动的欲求？这个主动欲求，我是从儒家的分限这个角度来理解的。什么叫做欲？欲是指对分外的、多出来的那部分的追求。因此，"寂然不动，感而遂通"指的不是无事时全无思虑，遇事则有所感发。一个人依本分而行，不做非分之想，不为非分之事，则无时不寂，亦无时不感。至于"动而未形，有无之间者，几也"这句话，则必须联系《通书》里的另一句话"诚无为，几善恶"来加以理解。诚是没有任何主动的作为的，这里所说的主动作为也得从分限上来考虑。凡是分内的事都不能算主动作为（即有为），"诚无为"，这里的无为我更多地把它理解为不逾越自己的分限而作为，不超越自己的本分而作为，这就

---

① 周敦颐：《周敦颐集》，2009年，第16页。

是诚的本质。你在这个地方,你活着,你就该承担点事儿,就这么简单,这个不能算有为。"几善恶",到了"几"这个部分,善恶就分化了。"几"是什么状态呢？就是"动而未形,有无之间"。周敦颐讲圣人之境,说:"诚、神、几曰圣人",能做到"诚"、能做到"神"、能做到"几",这叫圣人。"几"这个字是对寂和感关系、诚和神关系的一种补充。真正能把诚跟神关联起来的,恰恰是这样一个"动而未形,有无之间"的几的状态。如果仅仅讲"寂然不动,感而遂通",那么人就完全是被动的,没有任何的主动性,正是"几"这种"动而未形、有无之间"的主动状态才能够把寂和感这两者真正地关联起来,才能使得"寂然不动、感而遂通"在现实生活中成为可能。

"动而未形,有无之间"指的是本分内的追求,这种本分内的追求虽然属于动,但因其非刻意的、额外的追求,所以可以理解为动而非动的状态。我们做事的时候也是这样的,最恰当的、好的做事状态应该是什么样子？有一个自己的目标和追求,但是并不把那个目标和追求当成我们做事的绝对的前提条件。比如种庄稼,种庄稼不能考虑今年是不是有灾然后决定自己种或者不种,有没有灾都得种。但是问题是,如果种下去必然长不出粮食会有人去种么？脑子坏了的人才会去种。有目标,但不过分关注这个目标;有追求,但这追求不在本分之外。我觉得这就叫作"动而未形,有无之间"。

"诚、神、几曰圣人",圣人不能有过分的主动欲求,因为一旦有过分的主动欲求,人的神识就昏了,有过分的主动欲求,人就有了私心。所以《通书》里讲:"圣人之道,至公而已矣。"[①]为什么他能做到"至公"？因为他没有个人的私欲,他能超越个人的私欲。你饿了吃饭那不是私欲,私欲是指过分的欲望,饿了谁都得吃饭,但吃饭的目标是不

---

① 周敦颐:《周敦颐集》,2009 年,第 41 页。

同的,有的人吃饭是为了祸害人,有些人吃饭就是为了进一步的胡闹,圣人吃饭就是为了进一步做有利于人民的事儿,这是有着根本不同的。人可以有欲求,但不能有这样逾越本分的欲求,有了逾越本分的欲求即有了私欲,是失其至公。失其至公,就不再有"明"了。人只要不公,就必然不明。《通书》里面有一章,曰《公明》。在《公明》章里,周敦颐特别强调公与明的关系:"公则明"。那么有了这个明要干吗?正因为圣人有这个公、有这个明,所以只有圣人能真正体察世界的本性、宇宙的本性,能够发现人类价值的基本原则。这就回到了《太极图说》中间的一句话:"圣人定之以中正仁义而主静,立人极焉。"这句话中的"中正仁义"在朱子看来就是"仁义礼智",朱子明确讲"中"就是"礼","正"就是"智"。圣人发现了仁义礼智等人的根源性价值,"立人极焉","人极"就因而得以确立。人极也就是人类的基本法则,对人类的基本法则的确立,是圣人的伟大贡献。圣人确立了人类的基本法则,人类的价值原则,人类的基本生活原则。有了这些人类的基本生活原则之后,圣人治世就有了准则。

问题是"而主静"这三个字怎么理解,为什么"主静"?主静可以从下面两个角度来理解。第一,根本价值观是不能动的、不能变的。能变动更改的就不再是人极了,中正仁义是恒常不变的东西。第二点是这里面可能已经有了义智为体,仁礼为用的观念。当然,真正明确提出"义智为体,仁礼为用"的是朱子。"义智为体,仁礼为用",简单地讲就是以否定、制止为根本,以肯定、能动为发用。周敦颐特别重视《艮》卦,艮就是止。据说周敦颐曾说过,整个一部《法华经》不过就是《周易》一个"艮"字。[1] 这当然是传说,但是应该有所本。止是根本,有了止才有发用,没有止就无所发用,这叫主静。

---

① 参见程颢、程颐:《二程集》,北京:中华书局,2004 年,第408 页。

四 教化与治理

有了人类社会就得有治理,有治理的需要就得有治理原则的发现和运用。圣人发现了治理的原则,圣人发现了人类的根本价值,当然这些原则和价值还得体现为具体的治理方法和措施,这就引出了教化与治理的问题。

1. 师道

人的气质大都有偏杂。在《通书·师》这一章,周敦颐讲了人的"刚善、刚恶、柔善、柔恶",刚柔皆有善恶。原来我读周敦颐的作品,总会觉得像《通书》和《太极图说》这样的著作都太过零散,所以一直不能理解为什么朱子对《通书》这么赞赏。近年重读才发现,宋明道学里所有重要的因素竟然都包含在其中了,而且如此的理性、平正,怪力乱神的东西一样也没有。因为太极有阴阳,阴阳体现为刚柔,所以人具体的性情上就体现为刚柔。刚和柔皆有善有恶,刚有好的和不好的,柔也有好的有不好的。刚,好的方面、善的方面体现"为义、为直、为断、为严毅、为干固";恶则表现"为猛、为隘、为强梁"。柔的善的方面是慈、顺等等,柔的恶的方面是懦弱、无断、邪佞。[①] 柔过度了这个人就邪佞、柔媚,就"巧言令色"了,就"鲜矣仁"了。柔善的方面当然是宽厚啊、温柔啊、博大啊,这个都很好。人的气质都有刚柔善恶的不同,只有刚柔得其中才叫善。刚柔怎么才能得其中?这个就需要圣人立教,"圣人立教,使人自易其恶",自己改自己的毛病,"中而已矣",自己改正自己,比如你这个人刚过了,过了你就要调整达到适中,柔恶的一面也要调整

---

① 参见周敦颐:《周敦颐集》,2009 年,第 20 页。

达到适中。但是这些调整都要以圣人之教为根本,圣人之教强调的就是师道。在《通书》里,师道的建立非常重要。

2. 纯心

纯心强调的是君主的修身。按照周敦颐的理解,任何好的治理都必须有贤才,有有德的人才,即"贤才辅而天下治"。① 有贤才辅佐,天下才可能治理好。而要想得到贤才的辅佐,君主必须"以纯心为要",纯心就是强调自我的修养。强调在视听、动静、行为当中没有任何地方违背仁义礼智的原则。所有的行为都不违背仁义礼智,就叫做纯心。

3. 礼乐

周敦颐非常重视礼乐的作用。关于"礼",他有一个非常重要的发明:"礼,理也"。什么叫做礼?合道理的行为就叫做礼。在这个地方我们注意,他实际上是要为儒家的"礼"找到一个背后的道理的根源。由此可见,宋明道学或者宋明理学是儒家理性主义精神的发扬。我近来常讲,儒家本质上就是合道理的生活方式,符合人的本质的生活道路。在我看来,道德或不道德的分别所在就在于行为的合道理或不合道理,所有行为的背后都有它的道理。当然,每个人都会觉得自己有理,那么怎么来判别有理和无理呢?这不是我们这节课能够讲清楚的,后面讲朱子哲学的时候我们再详细讲。至于"乐",周敦颐说:"乐者,和也。""乐者,和也"是《礼记·乐记》当中一直强调的。周子虽然强调"和",但他更强调礼的优先性,礼先乐后,先谈礼才能谈乐。我们知道,这样的思想是对《论语》"礼之用,和为贵"的一个发挥。在《通书》当中,周敦颐特别重视乐的作用。与"乐"有关的一共有三章,即《乐

---

① 周敦颐:《周敦颐集》,2009 年,第 24 页。

上》《乐中》《乐下》。其中主要讲两个方面:第一,乐以正为本。再好的乐都源自于治理,和谐的音乐一定来自于好的治理,没有好的治理一定不会有乐之和。第二,好的乐一定是"淡而不伤""和而不淫"的,《论语》里讲"哀而不伤",这里讲"淡而不伤"。在周敦颐看来,淡与和是好的乐的标准,这是儒家基本的艺术观点。儒家从来不讲艺术要以美为核心,周敦颐有这样一句感慨:"乐者,古以平心,今以助欲",古代的乐是用来平正人心的,今天反而用来助长人们过分的欲望,"古以宣化,今以长怨",①古代的乐是用来宣扬政教的,今天却让人们彼此之间相互怨恨。这一感慨真是精彩!简直就是在讲我们今天的事儿。

4.用刑

可能跟周敦颐的基层司法经验有关,他特别强调刑的重要性。在周敦颐看来,这个世界不可能只有春天没有秋天,刑就是秋天。如果没有秋天,万物就一定会过度生长,过度生长是不行的。一般的老百姓欲动情胜,他的情跟欲都自然而然地趋于过度,这样一来就会贼灭人伦,所以不用刑来加以制止的话最终会导致贼灭人伦的后果。这其实是儒家的基本观念。《礼记·乐记》讲"礼乐政刑,四达不悖",也是同样的意思。

五　志学

周敦颐的作品看似零散,但如果我们仔细考察,会发现宋明理学的基本架构在他的思想中已经完整出现了。志学这部分实际上对应的就是修养工夫的部分。学要立志,立志的标准是"圣希天",即圣人追求

---

① 参见周敦颐:《周敦颐集》,2009 年,第 30 页。

的是天的境界;"贤希圣",贤人追求的是圣人的境界;"士希贤",一般的士人追求的是贤人的境界。① 周敦颐有两句话特别重要,其中提出了儒家士大夫的理想和目标:"志伊尹之所志",因为这个世界需要圣人来治理,即使没有圣人出来也得有贤人出来;"学颜子之所学",这是他为儒者确立的目标和理想。② 在他看来,士大夫应以此为目的。这个世界总需要有道义的担当者,总需要有智慧的担当者,总需要有人不断地重新出来,每隔数百年,如果一个文明不出现伟大的哲学家,这个文明离没落就不远了。在我看来,哲学就是一种根源性的谈道理的方式,一个伟大哲学家出现以后的数百年乃至数千年,人们谈道理的方式都会受到他的深刻影响。你只能按照这些大哲学家的方式来谈道理,否则别人会认为你不讲道理。为什么《孟子》最后一章讲"五百年必有王者兴",这是我们这个文明的基本命运,每隔数百年一定出伟大的圣人。但是怎么能成为圣人呢? 不同的人对圣人的理解不一样。在《通书·圣学》篇里面,周敦颐提出了"圣可学"的观念,圣人是可以通过学习来达到的。怎么才能达到圣人,怎么才能学成圣人? 周敦颐说:"一为要",一是学为圣人的根本,一就是纯一、专一的意思。但不能只讲专一,如果只讲专一,那我专一于赌博怎么办? 所以,周敦颐接下来讲,"一者,无欲也"。怎么理解"欲"这个字呢? 在宋明道学的传统里,欲一般都是指过度的欲望,逾越了自己本分的欲望。"无欲则静虚、动直",无欲的结果是静则虚,动则直,无论动还是静,都能够做到公平。"静虚"的效果是"明",明自然通达,所以"静虚则明通";"动直则公",公正的人才能博大,即周敦颐说的"溥","公则溥"。没有过度的欲望,每个人只专注我自己本分的事儿,因为不过度,所以不在"欲"的范畴。不能把无欲理解为没有欲求,那样理解就成禅宗了。因为没有过分的

① 参见周敦颐:《周敦颐集》,2009 年,第 22 页。
② 同上书,第 23 页。

欲望,所以我们能虚静,静则虚,虚就是内心中没有任何成见,有成见就不再虚了。而因为没有任何成见,所以你能够客观地、如实地看待事物,因此就明通。直则无私念,无私念所以公平,公平才能够真正做到博大。

到这里我们可以看到,周敦颐的思想从本体论到政治思想再到工夫论,是有一个相当完整的架构的。《太极图说》和《通书》的出现让我们看到了一种朴素、明达、理性的哲学建构的努力,而且这一哲学建构是以哲学写作的方式来完成的。周敦颐不像同时代的大多数人那样,以注疏的方式来思考和写作,他的哲学著作是以原创的形态出现的。《太极图说》和《通书》里闪耀出的那种朴素、明达、理性的光芒对后来者产生了巨大的影响,我们因此将周敦颐视为宋明道学的奠基者。至此,从中晚唐开始的儒学复兴运动有了更为确定而明晰的方向。

第四讲

《易》兼体用：邵雍的思考

今天我们要讲的是一个数学家，当然不是我们今天意义上的数学家。

邵雍的著作大都经过了后人的整理，特别是《观物外篇》。《观物外篇》本来就是别人记录下来的，又经过邵伯温整理过。而邵伯温之不肖是大家都知道的。朱子曾说：邵雍当年一定没跟邵伯温讲过他自己的思想，因为一看他那样子就知道不靠谱。[1]《观物外篇》经邵伯温整理，又被他胡乱解释以后，就搞得对邵雍的解释越来越复杂。其实到目前为止在中国哲学史的传统当中，关于邵雍的研究一直做得不好，邵雍一直是宋明理学研究当中一个被漠视和忽略了的人物。这种情况在《近思录》中已经有所体现，朱子和吕祖谦编《近思录》，在北宋五子当中只有邵雍的材料没有收入。从《朱子语类》的相关议论看，这应该是出于吕祖谦的主张。朱子对此是颇为不满的。朱子受邵雍的影响很大，不了解邵雍就不可能对朱子的集大成的思想体系有全面深入的把握。

---

① "又问：'伯温解《经世书》如何？'曰：'他也只是说将去，那里面曲折精微也未必晓得。康节当时只说与王某，不曾说与伯温。模样也知得那伯温不是好人。'"参见《朱子语类》卷一百《邵子之书》，北京：中华书局，1986 年，第 2547 页。

下面简单介绍一下邵雍这个人。邵雍,字尧夫,生于 1011 年,去世于 1077 年,在北宋道学家里面算活得并不短的。死后赠谥康节,所以人称康节先生。先世在河北范阳,父辈迁居河南,后来就长期定居在洛阳,去世以后就安葬在洛阳伊川县。

关于邵雍学术思想的来源,朱震的《汉上易传》有这样的说法:"陈抟以先天图授种放,放传穆修,修传李之才,之才传邵雍。"①陈抟以《先天图》授种放,种放授穆修。陈抟我们都知道是迹近神仙的人物,《宋史》里面有专门的传记。钱穆先生在《国史大纲》里面写到宋初士大夫的状态时说,宋初士大夫人格精神普遍卑琐,真正有点人格的反倒是道士,如陈抟等,儒者在当时的表现其实是非常糟糕的。②"陈抟授种放","种放传穆修",穆修又传到李之才,李之才以此图授给邵雍,看起来好像邵雍之学完全是从道教的传统当中出来的。我们当然不否认道家思想对邵雍确实有相当深刻的影响。在北宋五子里面邵雍是非常独特的,是包容老庄的,他对老庄都有非常充分的肯定。当然他对老庄的态度不是信奉,而是用自己的思想系统把老庄安置和包括进来,这种状态可以叫做"范围老庄",也就是把老庄纳入到自己的体系中来,这是一个比较宽容的态度。当然他的基本思想还是儒家的。关于邵雍从学李之才的事,《朱子语类》有这样的记载:"康节学于李挺之,请曰:'愿先生微开其端,毋竟其说。'学者当然须是自理会出来,便好。"③"愿先生微开其端,毋竟其说",就是说先生您说个头就行了,别把你的想法全说遍了、说尽了,因为你全说尽了我就没有自己的思考了。朱子对这个态度特别欣赏,因此说:"学者当须是自理会出来",所有的道理要自己亲自去把它理会出来才好。通过这个记载我们可以看出,邵

---

① 朱震:《汉上易传表》,见《汉上易传》,上海:上海古籍出版社,1989 年,第 5 页。

② 参见钱穆:《国史大纲》,北京:商务印书馆,1991 年,第 557 页。

③ 参见《朱子语类》卷一百《邵子之书》,1986 年,第 2542 页。

雍之学虽然受到了陈抟、种放、穆修、李之才这一系的影响，受到了他们的启发，这种启发甚至有开蒙的作用，但是后面的思想的发展完全是独得之见。

邵雍的主要著作就是《皇极经世书》。我们今天要想看《皇极经世书》要到《正统道藏》当中去找，现在《正统道藏》收录的是明刊本，全书五十四篇，其中的《观物内篇》和《观物外篇》被收录到了中华书局出版的《邵雍集》里。我们了解邵雍的思想一般读《观物内篇》和《观物外篇》，除非你去做专门的邵雍哲学的研究，一般我们不去看《道藏》中更完整的《皇极经世书》。《观物内篇》和《观物外篇》有很大的区别，《观物内篇》是非常成系统的，前后之间都有照应关系，这应该是出自邵雍本人的著述。《观物外篇》是邵伯温整理邵雍学生的笔记而成。《观物外篇》当然非常重要，但是也很庞杂，非常难读懂，因为里面大量数字的计算，而数字在传抄过程中是很容易出错的。我们今天会涉及到一部分计算，但计算的部分比较少，我还是尽可能地给你们一个邵雍哲学的整体框架。

邵雍这个人，二程和朱子都认为他是"振古之豪杰"。[①] 这个人心胸极为阔大，整个心胸包括宇宙，有一个特别大的视野。另外一点，此人纯厚而精明，算又算得精，所有的算又不因此而导向单薄。这是邵雍这个人的人格。他每天过着自己安乐的生活。他的诗集《伊川击壤集》里有很多非常好的诗，他把思想跟诗结合得非常好。邵雍长期居

---

① "一日，二程先生侍太中公访康节于天津之庐，康节携酒饮月陂上，欢甚，语其平生学术出处之大致。明日，明道怅然谓门生周纯明曰：'昨从尧夫先生游，听其论议，振古之豪杰也。惜其无所用于世。'"参见朱熹：《名臣言行录》，见《朱子全书》（第十二册），合肥：安徽教育出版社，第848页。另，"康节诗云：'冬至子之半，天心无改移。一阳初动处，万物未生时。玄酒味方淡，大音声正希。此言如不信，更请问庖羲。'可谓振古豪杰！"参见《朱子语类》卷七十一《易七》，1986年，第1793页。

住在洛阳,他的好朋友司马光、富弼等人为他在洛阳买了几间简陋的房子、几亩薄田,邵雍就很快乐,把自己这个住处命名为"安乐窝"。因为他每天都笑呵呵的,从来不愁眉苦脸,所以洛阳城中老少没有不喜欢他的。他每天固定时间去遛弯儿,很多人就沿着他遛弯儿的路盖了些房子,到他快出来散步的时候,这些人就把自己的房间打扫干净等着他来,希望邵雍累了能到他们家里坐一坐。因为邵雍的住处叫安乐窝,所以这些房子的主人就把自己的房子称为行窝。邵雍的人格还是偏孔颜乐处多了点。后来朱子说:"康节本是要出来有为底人,然又不肯深犯手做,凡事直待可做处方试为之,才觉难便拽身退,正张子房之流。"①《观物外篇》里讲"学为润身"②,至于治国之类的事情都是余事,都是润身之余,那些事不用关心。邵雍不像其他的宋明道学家那样有那么强的主体意识和担当的意识。

一　观物

我们首先讲邵雍思想的第一部分:观物。观物是邵雍对待世界的一个基本态度,他的整个人生态度首先建立在静观明理上。朱子说:"邵康节看这人须极会处置事,被他神闲气定,不动声气,须处置得精明。他气质本来清明,又养得来纯厚,又不曾枉用了心,他用那心时都在紧要上用。被他静极了,看得天下之事理精明。尝于百原深山中辟书斋,独处其中。王胜之常乘月访之,必见其灯下正襟危坐,虽夜深亦如之。若不是养得至静之极,如何见得道理如此精明!"③邵雍常常讲

---

① 《朱子语类》卷一百《邵子之书》,1986 年,第 2545 页。

② "君子之学,以润身为本。其治人应物,皆余事也。"参见邵雍:《邵雍集》,2010 年,第 156 页。

③ 《朱子语类》卷一百《邵子之书》,1986 年,第 2543 页。

自己的观物之乐,天下所有的事情都不能和静观万物的快乐相比。

观物的态度是一种非常客观冷静的态度,甚至我们会觉得他有一点过分地冷静和客观,他要把一切主观的人的情感的因素都清除掉:

> 天所以谓之观物者,非以目观之也。非观之以目而观之以心也,非观之以心而观之以理也。……圣人之所以能一万物之情者,谓其圣人之能反观也。所以谓之反观者,不以我观物也。不以我观物者,以物观物之谓也。既能以物观物,又安有我于其间哉!①

"天所以谓之观物者,非以目观之也",不是用眼睛来观,"非观之以目而观之以心",用心来观,"非观之以心而观之以理","观之以理"这个"理"字不是说通过一个抽象的观念来看事物,而是如实地、客观地来面对事情。因为有人的主观意识发挥在其中的时候,我们就有自己的爱憎的情感,有了爱憎的情感我们就不能冷静地客观地来看待事物。所以在讲到圣人的特殊性的时候,他说"圣人之观"与一般人的观的不同就在于圣人能够"反观","反观"的意思就是不以我观物,而"以物观物"。"以物观物"就是一个"物各付物"的意思,就是真正地如实地看到事物本来的样子,这是观物的基本特点、基本态度。这样一种静观的态度恰恰是他了解世间万物之理的一个基本的态度。

"以物观物,性也;以我观物,情也。性公而明,情偏而暗。"②邵雍在很多地方都强调"以物观物"和"以我观物"的不同,他用"性"跟"情"这两个字来区别"以我观物"和"以物观物"。"以物观物,性也;以我观物,情也。"在邵雍的哲学话语当中,性、命、理之间是有共同性的,在我身上就是性,在物身上就是理,一旦到了"以物观物"的状态就叫性,"以我观物"就是情。人有了爱憎,喜欢的时候就蒙上了一种光

---

① 邵雍:《邵雍集》,2010 年,第 49 页。

② 同上书,第 152 页。

彩,不喜欢的时候这种光彩就没了而蒙上了一种晦暗,以爱憎来影响我们看事物的客观性。"性公而明","公而明"就是看世间万物的一个基本态度;"情偏而暗",情的状态就偏、暗,就不再能够看清事物。北宋道学家普遍地强调一种公的态度,特别是在程颐那里,"公"字被提到了极高的地位。对于所有事物如果都能够按照事物本来的样子看待,我们就能够不掺杂人的主观意志。

在邵雍的观物思想里面我们可以清楚地看到庄子的影响,所以他对庄子评价是比较高的。在讲到《庄子》的"濠上观鱼"那段的时候,他说这就是人能够尽性,人能够尽己之性就能够通物之性,能够尽己之情就能够通物之情,这也是庄老的一个态度。①

"是知以道观性,以性观心,以心观身,以身观物,治则治矣,然犹未离乎害者也。不若以道观道,以性观性,以心观心,以身观身,以物观物,则虽欲相伤,其可得乎! 若然,则以家观家,以国观国,以天下观天下,亦从而可知之矣。"②这样一个"以物观物"的态度他有时候表达为"以道观道,以性观性,以心观心,以身观身,以物观物",这样才能两不相伤,而如果倒过来"以道观性,以性观心,以心观身,以身观物",虽然可以有条理,但是仍然会彼此之间相互伤害。这里面一定要强调一个无我的意思。他强调的无我实际上也没有那么玄妙,他说:"易地而处,则无我也。"③"易地而处"就是我们能站在别人的立场上来思考,到这种状态就能超越我们的私我,然后站在不同的角度上来理解问题,能这样做就是"无我"。这样一种静观的、一种冷静客观的态度就构成了他认知世界的基本态度和方式。

---

① 邵雍:《邵雍集》,2010 年,第 163 页。
② 邵雍:《击壤集序》,见《邵雍集》,2010 年,第 180 页。
③ 同上书,第 164 页。

二　体用

　　体用是我们理解邵雍思想的一个方向。体用两个概念在宋明道学当中是非常常见的,但是我们今天的中国哲学的研究恐怕一直有一个问题,就是体用这两个概念用得太僵化了。我们一般以体为本,以用为末,体用之间的关系变得非常地僵化,但实际上在中国古代哲学家那里体用概念根本没那么简单,比如说用,用真的就是末吗?在研究王弼的时候,我们常说王弼的思想是以无为本,但是你要真正从王弼《老子注》里面找出"以无为本"四个字来恐怕还找不到,我们到处都看到的反而是"以无为用"。以用这个字作为一把钥匙去打开王弼思想的时候我们会看到远为丰富的思想。所以我们要尽量避免现成的、过分僵化的体用概念。

　　邵雍讲到"用"的时候有非常多复杂的讲法,比如他在讲《周易》的蓍和卦的时候,他说蓍数是"用数":

　　　　蓍者,用数也;卦者,体数也。用以体为基,故存一也;体以用为本,故去四也。[1]

数是分体用的,蓍数是用数,卦数是体数,这个对应实际上是对应于《系辞》里面的"蓍之德圆而神,卦之德方以智",卦对应的是方,蓍对应的是圆。在圆与方的对立当中,方就是静,圆就是动,方对应地之静,圆对应天之动。在这里我们可以看到,体用当中的体是从静的方面来讲的,用则从动的方面来讲(朱子一般也这么理解),方与圆的这样一种对应关系其实是我们后面理解邵雍思想的基础。用跟体到底是什么关系?"用以体为基",用是以体作为基础,"故存一也"。"存一"就是

---

① 邵雍:《邵雍集》,2010 年,第 91 页。

"大衍之数五十,其用四十有九"(《周易·系辞》)的不用之一。这个
不用之一的观念,应该是受到了王弼、韩康伯的影响。王弼说:"不用
而用以之通,非数而数以之成。"①四十九跟一的关系是:这个一虽然不
用,但另外四十九个在发挥作用的都通过这不用之一而成其用。"非
数",一不是数,"而数以之成",其他的四十九个数都是靠这个一才能
发挥作用。就像门轴一样,本身虽然不动,但门的运动轨迹和规律却是
由它规定的。"体以用为本",本就是根的意思。为根和为基有什么区
别? 这在概念的使用上必须说清楚。"体以用为本"这句话,我的理解
是体以用为目标。空存其体,却全无作用,又有什么意义? 邵雍夸老
子,说老子知易之体,②我觉得这夸奖里有点儿皮里阳秋的味道。知易
之体,也就意味着不知易之用,但空存一个易之体又有什么意义呢? 与
老子不同,"孟子得易之用"。③ 后来朱子就总结,你看邵雍说得多好,
"老子得易之体,孟子得易之用"。你看孟子一句《周易》的话都不引,
但是用的都是《周易》的道理。④ "体以用为本,故去四也","去四"是
六十四卦有四卦不用,乾坤坎离。为什么乾坤坎离不用? 乾坤坎离无
论正着看还是倒着看都是一样的,所以是不动、不变的。所以六十四去
四,有六十卦是用的。

> 体有三百八十四而用止于三百六十,何也? 以乾坤坎离之不
> 用也。乾坤坎离之不用,何也? 乾坤坎离之不用,所以成三百六十
> 之用也。⑤

三百八十四是爻数,减掉四六二十四正好三百六十。刚才我们讲体用

① 楼宇烈:《王弼集校释》,北京:中华书局,2009 年,第 547 页。

② "老子,知《易》之体者也。"参见邵雍:《邵雍集》,2010 年,第 164 页。

③ 邵伯温:《邵氏闻见录》,北京:中华书局,1983 年,第 215 页。

④ 《朱子语类》卷八十七《礼》,1986 年,第 2259 页。

⑤ 邵雍:《邵雍集》,2010 年,第 80—81 页。

之间是和圆方相对的,这个圆方相对恰恰跟邵雍对《河图》《洛书》的理解是有关系的。"盖圆者《河图》之数,方者《洛书》之文。故羲、文因之而造《易》,禹、箕叙之而作《范》也。"①邵雍讲"盖圆者《河图》之数,方者《洛书》之文"。《河图》和《洛书》我们最简单地讲:《河图》是一到十,《洛书》是一到九,一到十为圆,一到九为方。圆者是《河图》,所以羲、文(伏羲、文王)因《河图》而造《易》,根据《河图》而创造了《易》的系统,用的系统,圆的系统;禹、箕(大禹、箕子)因《洛书》而作《范》(《尚书·洪范》)。在这个意义上我们仍然可以看到体用之间的动静方圆关系。而体用又有阴阳,比如他讲"阳者道之用,阴者道之体"。②在邵雍的观点里我们看到按理说应该是阳比阴更优越,但是他有的时候又讲"阴几于道",③阴比较接近道,因为阴是普遍的、恒常不变的,阳则有来有去;阳是可知可见的,阴是不可知不可见的。阳可知可见,所以是有,阴不可知不可见,所以是无。注意上次讲到《太极图说》的时候,《太极图说》里面也讲"主静",后来的朱子也有主静的观念。在这个时代我们会发现一些普遍的思想共识,所有的重要哲学家都这么来理解事情,普遍地强调阴的根本性。但这并不是说阴更重要。阴更根本和阴更重要不是一回事。

关于体用问题,邵雍还有这样的表述:

> 天主用,地主体。圣人主用,百姓主体,故"日用而不知"。④

"天主用,地主体",这个地方还是讲动静之间的关系。而"圣人主用,百姓主体",如果我们一定强调体高于用,那这句话就令人费解了。总

---

① 邵雍:《邵雍集》,2010 年,第 107 页。
② 同上书,第 143 页。
③ 同上。
④ 同上书,第 161 页。

体说来,在邵雍那里,体主静,用主动,体对应的是阴,用对应的是阳,体对应的是地,用对应的是天,体对应的是方,用对应的是圆。表面看来,体更根本,但实际上,用更重要。所以邵雍才说"圣人主用,百姓主体"。用落实在人类社会,强调的就是人的主体性的调动和发挥。在理解整个邵雍思想的过程当中,如何安置人的主体性?人的主体性的充分发挥是如何可能的?这个问题非常关键。

三 体以四立

接下来我们分体用两边来讲。体用分别对应不同的数字。第三个部分我来总体介绍《观物内篇》的思想。这个部分我概括为"体以四立",即以四这个数字立体。整个《观物内篇》最触目的其实就是四这个数字,这个数字太重要了。《朱子语类》里有这样一段话:"康节其初想只是看得'太极生两仪,两仪生四象'。心只管在那上面转,久之理透,想得一举眼便成四片。其法,四之外又有四焉。凡物才过到二之半时,便烦恼了,盖已渐趋于衰也。谓如见花方蓓蕾,则知其将盛;既开,则知其将衰,其理不过如此。"①邵康节原来看到的就是"太极生两仪,两仪生四象",看的也就是个大概,粗粗的,然后这个人"心只管在那上面转",每天也没别的事儿,以观物为乐,天天在那儿静观,就在那儿想。邵雍这个静的态度看起来和佛老很像,但是他的静是在那儿想事儿,张载的静也是在想事儿,就是一定要发挥人心的思维的作用。"久之理透",时间久了道理看得透彻。"想得一举眼便成四片",邵雍看什么都是四截子,一眼看过去马上看出四片来,所有的事物身上他都能看出四片,四这个数字在他的思想中格外重要。我常常想我要是一举眼

---

① 《朱子语类》卷一百《邵子之书》,1986 年,第 2546 页。

就看成四片多好啊！所有的事情、人物在你眼中一眼看过去就是四片，分得如此清楚。

当然，这个四片到底是什么意思？我们一点点来看。很显然，四这个数字是从《易》的传统当中来的，邵雍的哲学根于《易》，但是他的哲学不是对《易》的简单的解释和发挥，这是很多北宋道学家普遍的特点。你看周敦颐，周敦颐的《太极图说》根于《易》，但是你说太极、两仪到五行这个关系在《易》中有吗？没有。这就是一种有根基性的创造与发挥。我们常常讲宋明理学是儒学的第二期发展，是有根据的，宋明时代的儒家哲学确实处处都体现出伟大的创造精神。这些伟大的创造都是以此前的经典为依据的，都是对中国文化，特别儒家文化的一种创造性的发挥。"凡物才过到二之半时，便烦恼了，盖已渐趋于衰也。"什么叫做二之半？就是一、二、三、四，四个阶段，只要进入到 2.5 这个阶段就开始烦恼了，就开始转衰了。比方说你们（指现场的学生）现在基本上处于第一个阶段，我现在这个状态就是2.5的状态，2.5 的状态就是日头已经过午，开始往西偏了。

下面我们来看看邵雍的论述，看看怎么一下子就成了四片，他这个四是怎么发挥出来的：

> 物之大者，无若天地，然而亦有所尽也。天之大，阴阳尽之矣；地之大，刚柔尽之矣。阴阳尽而四时成焉，刚柔尽而四维成焉。①

"物之大者，无若天地"，天地是最大的，但是天地也有尽头，也有边界。"天之大，阴阳尽之矣；地之大，刚柔尽之矣"，从这里出现了阴阳刚柔，天地就是阴阳刚柔。这阴阳刚柔看起来就是一个二分法，就像我们现在电脑用的二进制。现在有些人用二进制去研究《周易》，但你要知道易道不是简单的二进制，数字里面包含的不仅仅是"数"而且包含了

———————

① 邵雍:《邵雍集》,2010 年,第 1 页。

"质",那里面有阴阳刚柔,它不仅仅是一个量的问题,它包含了价值。"阴阳尽而四时成焉",阴阳是时间的基础,"刚柔尽而四维成焉",刚柔是空间的基础。阴阳刚柔出现以后,接着继续往下分:

> 动之大者谓之太阳,动之小者谓之少阳。静之大者谓之太阴,静之小者谓之少阴。太阳为日,太阴为月,少阳为星,少阴为辰。日月星辰交,而天之体尽之矣。

> 静之大者谓之太柔,静之小者谓之少柔。动之大者谓之太刚,动之小者谓之少刚。太柔为水,太刚为火,少柔为土,少刚为石。水火土石交,而地之体尽之矣。①

阴阳就分成了太阳、少阳、太阴、少阴,这已经成四了。刚柔分太刚、少刚、太柔、少柔。邵雍这里从一到二,二到四,四直接到十六,这个和《周易》的系统是不一样的。2 的 0 次方、1 次方、2 次方、4 次方,一直上去。太阳、少阳、太阴、少阴这个系统对应日、月、星、辰。太刚、少刚、太柔、少柔对应水、火、土、石。

> 日为暑,月为寒,星为昼,辰为夜。暑寒昼夜交,而天之变尽之矣。

> 水为雨,火为风,土为露,石为雷。雨风露雷交,而地之化尽之矣。②

日、月、星、辰对应暑、寒、昼、夜;水、火、土、石对应雨、风、露、雷。注意这个顺序。在读《观物内篇》的时候一定要注意前几篇的顺序跟后几篇的顺序是不一样的。日、月、星、辰的顺序没有问题,但是水、火、土、石这样的顺序是有变化的。

---

① 邵雍:《邵雍集》,2010 年,第 2 页。

② 同上。

暑变物之性,寒变物之情,昼变物之形,夜变物之体。性情形体交,而动植之感尽之矣。雨化物之走,风化物之飞,露化物之草,雷化物之木。走飞草木交,而动植之应尽之矣。①

接着下面暑、寒、昼、夜变物之性、情、形、体;雨、风、露、雷化物之走、飞、草、木。值得注意的是,到了《观物内篇》后面几篇时,这个顺序变了,变成的顺序是飞、走、木、草,这个颠倒本身极具深意。走、飞、草、木这个顺序没告诉我们这个里面有一个演化的、递进的过程,既不升也不降,只告诉你事物就是这么生的,乱七八糟,左感右应,感来感去,感应变化,复杂的感应变化形成了各种物类。到了走、飞、草、木,万物、万类就因此生出来了。这里要注意,它是一个从阴阳刚柔不断地去分,阴、阳、刚、柔,雨、风、露、雷,所有这些东西加以变化感应慢慢地就形成了我们说的走、飞、草、木这样的物类,当然后面还复杂。这四个字到后面变成飞、走、木、草的时候,他又乘以四,飞下面有飞飞、飞走、飞草、飞木,草下面有草飞、草走、草草、草木。万物之生没有一个由低到高或者由高到低的确定的价值秩序,事物就是这么生的,从生成这个角度上讲,谁也不比谁优越,是复杂的感应变化关系,一种凌乱的综合,这种凌乱的综合我们也许可以用张载的话讲叫"太和",他在这里是不强调秩序的,既不强调一个升的秩序,也不强调一个降的秩序。这是我们在把握《观物内篇》的时候需特别注意的一点。

到了走、飞、草、木这个地方,接下来是人的出现。人为什么是万物之灵?人为什么这么重要?

夫人也者,暑寒昼夜无不变,雨风露雷无不化,性情形体无不感,走飞草木无不应。……灵于万物,不亦宜乎。②

---

① 邵雍:《邵雍集》,2010 年,第 3 页。

② 同上书,第 4 页。

因为人"暑寒昼夜无不变",别的物类都是被某一个东西所变:要么被暑所变,要么被寒所变,要么被昼所变,要么被夜所变。但人是贯通在暑寒昼夜的变化当中,"雨风露雷无不化,性情形体无不感,走飞草木无不应"。注意,这里每一个字都不是随便下的。刚才说到的系列里面有一个"变、化、感、应"的系列。因为人是这个样子,所以"灵于万物"。由于人灵于万物,人跟万物就不一样了。如果我们效法刚才那个说法,"圣人主用,百姓主体",所以百姓"日用而不知"的话,那么我猜邵雍会讲,人主用,万物主体,因为万物没有办法真正地改变什么,因为它只能被局限于要么是暑,要么是寒,要么是昼,要么是夜,而人由于能够贯通所有这些东西,所以人能够发挥自己的主动性。这里再次要强调人的主动性问题。有了人以后,所有的情况开始改变了。这是我们讲的《观物内篇》第一部分。

第一部分就是走、飞、草、木。接着我们看第二部分。第二部分出现价值秩序,情况已经不一样了,已经不是从产生的角度讲了,不再是那种杂乱无章的高下无分。花花草草跟我们都一样有生命,所以没必要每天想着去把杂草给除掉,所以我们讲周敦颐的时候讲"绿满窗前草不除"。但是,并不是说所有这些都有生命,生命的等级就都一样,所有的事物都有价值,价值就都一样,不是的。所以接着讲一个价值秩序,皇帝王伯。这个等级是怎么来的?来自于昊天和圣人。注意从这个部分开始天时的重要性慢慢地引入进来了,所以后面一整串的变化都跟日月星辰有关,都跟春夏秋冬有关:

> 夫昊天之尽物,圣人之尽民,皆有四府焉。昊天之四府者,春夏秋冬之谓也。阴阳升降于其间矣。圣人之四府者,《易》《书》《诗》《春秋》之谓也。《礼》《乐》汙隆于其间矣。春为生物之府,夏为长物之府,秋为收物之府,冬为藏物之府。号物之庶谓之万,虽曰万之又万,其庶能出此昊天之四府者乎?《易》为生民之府,

《书》为长民之府,《诗》为收民之府,《春秋》为藏民之府。号民之庶谓之万,虽曰万之又万,其庶能出此圣人之四府者乎?昊天之四府者,时也。圣人之四府者,经也。昊天以时授人,圣人以经法天。天人之事,当如何哉?①

"夫昊天之尽物",包括万物,也有约束和整齐所有万物的意思,就好像"圣人之尽民",圣人能够包络万物。圣人包络万物当然不是身体的角度,圣人的身体跟我们的身体差不多,而是说他的智慧,他对道的理解包括万物,所有的人都包含在圣人的理解当中。昊天和圣人的出现使得整个世界的情况变化了。昊天尽物有四府,圣人尽民也有四府。昊天尽物的四府对应的是春夏秋冬。春夏秋冬一引入,也就引入了秩序,引入了阴阳消长的秩序。圣人尽民的四府是什么呢?这是邵雍一绝大发明。他说,《易》《书》《诗》《春秋》是圣人的四府。五经或者六经出来了。《礼》《乐》跑哪儿去了?《礼》《乐》升降于其间,《礼》《乐》如阴阳。春夏秋冬为什么形成?因为阴阳升降于其间。《易》《书》《诗》《春秋》为什么能够形成这样一个秩序?是因为《礼》《乐》升降于其间。这就太有意思了。《礼》《乐》对阴阳,所有的地方都是发明,但是所有的地方都有根据。《礼》《乐》对阴阳,一点问题都没有,《乐》对阳,《礼》对阴。阴阳这两个字也不能简单看,阴阳这两个概念在邵雍这样的哲学家的哲学系统中去看,是何其复杂的概念。春夏秋冬意味着生长收藏,《易》《书》《诗》《春秋》就对应了生长收藏的秩序。昊天的四府生物、长物、收物、藏物,圣人之四府生民、长民、收民、藏民。昊天强调的是时,时强调的是不可逆转的必然性,所以他讲到治理的发展秩序的时候,我们看到有一种不可逆转的必然性在里面,凡物必有春夏秋冬。有人一看,这不就是佛教的成住坏灭嘛!于是就说这是受了佛

---

① 邵雍:《邵雍集》,2010 年,第 11 页。

教的影响。中国古来就有春夏秋冬的传统,用成住坏灭干吗?凡是这种都是多余的见识。一般大师都会留下一些根本解决不了的庞大问题,比如陈寅恪。陈寅恪天天讲宋明理学发端于佛教,所以大家应该先研究佛教,再去研究宋明理学。但你看,凡研究佛教再研究宋明理学的,普遍都研究不通,佛教和理学不是一回事儿。所以有时候读大师的书一定要注意,凡大师说这个题目很重要但却又不去做的,就说明不靠谱,要重要早就做了。

昊天讲的是时,圣人讲的是经。经是以经法天,用经来效法天。注意以经法天这个方面人的主体性、人的主观能动性已经出来了,人的主观努力已经出来了。没有这个努力的话,你可以不法天,可以背天,背离天时,到了春天用冬天之道,到了夏天用秋天之道。到这一步,他又做了乘四的变化。生、长、收、藏从生生、生长、生收、生藏到藏生、藏长、藏收、藏藏。从生生到生藏对应的是皇帝王伯。从生生到生藏是一个递降顺序,是阴阳消长的一个递降顺序,总体趋势是下降的,所以对应皇帝王伯这样一个治理的下降顺序。藏生一直到藏藏对应的是秦、晋、齐、楚。生生这个阶段一定是万物最蓬勃兴盛的阶段,藏藏这个阶段一定是一片寂寥的阶段,基本上接近于空无,所有万物都销毁了。注意秦、晋、齐、楚没有一个能对应王的,没有一个能对应帝的,没有一个能对应皇的。皇帝王伯,这是治理之道的衰退。藏生到藏藏的阶段仅仅对应伯的阶段,这里体现了一个治理之道的递降过程,注意是治理之道的递降过程,其实不是说一个实际治理必然要这样递降,中间的俯仰变化复杂多了,但是总体上治理之道,或者叫治理的原则是有这样一个递降的过程。当然这样一个递降的过程通常会跟历史的发展顺序一致。这个在某种意义上也算逻辑与历史的统一。这样一个递降的顺序就仿佛春夏秋冬一样有其不可逆转的必然性。

邵雍思想中很多地方体现出他受到老子某些方面的影响。这个地方显然有老子的影子:"所谓皇帝王伯者,非独三皇五帝三王五伯而已,但用无为则皇也,用恩信则帝也,用公正则王也,用知力则伯也。"①
比如说他讲到皇帝王伯的时候,他说不是三皇五帝、三王五伯,他讲过
一个原则,凡用无为就是皇,用恩信就是帝,用公正就是王,用智、力就
是伯。这很像老子:无为是最高的原则,接下来恩信,"大道废有仁义,
智慧出有大伪","失道而后德,失德而后仁,失仁而后义,失义而后礼,
夫礼者,忠信之薄而乱之首也。"这个治理之道的下降过程在某种意义
上是有其合理性的。在这个地方我们可以看到对待《春秋》的态度。
邵雍对待《春秋》的态度跟我们之前讲的宋初三先生里孙复的态度是
非常不同的,他有一段材料直接就在批评孙复。孙复说《春秋》是有贬
无褒,邵雍说怎么能这么看呢?谁说五伯没功劳?五伯当然有功劳,孔
子哪能那么不通情理呢?所以他说,"《春秋》尽性之书",②《春秋经》
是真正通情达理的,能理解在这种局面下的不得已。这在某种意义上
也能在《论语》中得到印证。《论语》里面孔子的弟子,像子路、子贡等
人,提到管仲都极为不屑,天天在那儿找管仲的茬,但孔子好像有变化,
孔子到后面就讲"桓公九合诸侯,不以兵车,管仲之力也,如其仁,如其
仁"(《论语·宪问》),很了不起。在一个衰颓之世里面能够维持一个
国家的基本格局,处在递降的顺序当中不可逆转的时候,仍然能勉力维
持一个起码过得去的格局。这个地方你能看到邵雍的宽。邵雍临终前
开玩笑,跟程子。程子也不像话,邵雍快死的时候,程子就去问你这个
时候心情如何,你平时学养都体现在什么地方?邵雍说自己要"试去
观化一番",也就是去看看造化是怎么样的。程子就说:别人观你的
化,你怎么能观别人的化呢?这真是太不会安慰人了,还跟人家讨论哲
学道理呢!邵雍气息已经极为微弱了,说:你现在就是说生姜生在树上
我也由得你说。接下来跟程子说了一句话,"面前路径需放宽"。邵雍

---

① 邵雍:《邵雍集》,2010 年,第 159 页。
② 同上书,第 166 页。

在《观物外篇》里讲：你如果自己都容身不得，怎么容得别人呢？① 当然宽到了一定程度就会失去原则，好在邵雍还不是。所以邵雍对五伯是有充分肯定的。邵雍不仅对五伯是有充分肯定，甚至对五代，对那些在我们看来绝对是最混乱的政治秩序里的那些枭雄，那些最糟糕的人，也是有所肯定的，这非常难得。

我常感慨儒家在发展过程中一直有一个问题，就是缺少权力主体性。我说儒家可能不一定要从自己的思想中发展出权力主体性，但是儒家必须有一种能力，就是能够包容政治家。政治家是不能简单地用个人道德的标尺来衡量的，那样衡量相当于用温度计去量长度，你说这个桌子长30摄氏度，等于整个脑子都是乱的，这点也是我最近才慢慢感受到的。其实这倾向在《论语》里面已经有了，孔子对待管仲的态度就是包容政治家的态度。在混乱的格局里哪怕随便有一个人出来，哪怕只能安顿一小片土地，甚至那个安顿是一种刻厉之政，也是好的。在某种程度上，恢复秩序本身就极为重要，秩序本身就是光芒。邵雍对五伯就有这样的包容。"治《春秋》者，不先定四国之功过，则事无统理，不得圣人之心矣。……故四者功之首，罪之魁也。"②他说，"治《春秋》者，不先定四国之功过"，四国就是秦、晋、齐、楚，如果你不先定下这四国的功和过，那你讲什么《春秋》呢？这四国是"功之首，罪之魁"，功有

---

① "先君病且革，乡人聚议后事于后，有欲葬近洛城者。时先君卧正寝，已知之曰：'祗从伊川先茔可也。'伊川曰：'先生至此，他人无以致力，愿先生自主张。'先君曰：'平生学道，固至此矣，然亦无可主张。'伊川犹相问难不已，先君戏之曰：'正叔可谓生姜树头生，必是生姜树头出也。'伊川曰：'从此与先生诀矣，更有可以见告者乎？'先君声气已微，举张两手以示之。伊川曰：'何谓也？'先君曰：'面前路径常令宽，路径窄则自无着身处，况能使人行也。'"邵伯温：《易学辨惑》，文渊阁四库全书本。另参见朱熹：《名臣言行录》，见《朱子全书》（第十二册），第850页。程颢、程颐：《二程集》，2004年，第112、675页。邵雍：《邵雍集》，2010年，第159页。

② 邵雍：《邵雍集》，2010年，第166页。

多大,罪就有多大。这种解释真是了不起。我觉得邵雍的历史见识在很多方面都超越了二程。

第三个部分还是四分的,就变到元会运世。刚才我们特别强调了日月星辰的重要性,日月星辰是有顺序的,日月星辰意味这一个光的等级的顺序,日光芒最强,月光芒其次强,星光芒就比较微弱了,辰无光。邵雍的辰的用法是非常独特的,一般我们讲辰都是指行星,但是他讲的辰是天的黑暗背景。这是我的学生陈睿超读出来的,我在这里不敢掠美。日月星辰构成了一个光芒的等级,这就构成了日月星辰的复杂变化,就构成了一个阴阳消长的变化。"日经天之元,月经天之会,星经天之运,辰经天之世。"①"经"在这个地方是掌管的意思,元会运世分别对应着日月星辰,注意一定不要把元会运世当成时间的不同观念。元会运世由于对应的是日月星辰,一定是跟光芒有关,跟亮度有关。接下来又乘四,于是有了元之元到世之世的顺序。元之元是一,元之会是十二,元之运三百六十,元之世四千三百二十。即先乘一,再乘十二,然后乘三十,最后再乘十二。会之元是十二,运之元三百六,世之元四千三百二十。关于元会运世有几种算法,这几种算法历史上争议也颇多。从皇之皇到伯之伯意味着不同的治理原则,对应日月星辰实际上是日日到辰辰这样一个过程,日日就是光芒强到不能再耀眼的地方,辰辰就是光芒暗到不能再黑暗的地方。元里面分元、会、运、世,会里面又细分出元、会、运、世,这样依次往下,是一个分的过程。元之元是一个大时间单位,元之元包括世之世,到元之元结束之后一个新的周期就开始了。如果你把元、会、运、世当成时间的段落的话,那皇之皇对应元之元,也就意味着皇之皇统治的时间是最长的。但是邵雍明确地讲,皇帝王伯是"祖三皇,宗五帝,子三王,孙五伯",以三皇为祖,以五帝为宗,

---

① 邵雍:《邵雍集》,2010 年,第 35 页。

以三王为子,以五伯为孙,接着他感慨"何祖宗之寡而子孙之多耶!"①这个世界治世常少而乱世常多,所以在这个地方我们一定要注意,皇帝王伯不是治理时间之长短,而是皇帝王伯治理原则之恒久性。"皇之皇"与"伯之伯"并非治理时间之长短,而是指治理效果之差别和治理原则的适用范围之大小。"伯之伯"已经暗到不能再暗的时候,他在某些方面也是日用而不知地运用到"皇之皇"的道理。虽然不能充分运用到无为,但是无为从来在任何的治理里面都是有的。

> 三皇春也,五帝夏也,三王秋也,五伯冬也。……唐季诸镇之伯,日月之余光也。后五代之伯,日未出之星也。自帝尧至于今,上下三千余年,前后百有余世,书传可明纪者,四海之内,九州之间,其间或合或离,或治或堕躚,或强或赢,或唱或随,未始有兼世而能一其风俗者。吁,古者谓三十年为一世,岂徒然哉?……惜乎时无百年之世,世无百年之人,比其有代,则贤与不肖,何止于相半也?时之难不其然乎?人之难不其然乎?②

治世常少而乱世常多,又有一个必然递降的过程,那么怎么办?为什么这么难治理?他说,从帝尧到今(北宋),三千余年,百有余世(一世是三十年),"四海之内,九州之间","或合或离,或治或躚,或强或赢,或唱或随",一会儿治,一会儿乱,一会儿分,一会儿合,"未始有兼世而能一其风俗者",兼世就是连续两代。治世常少,真是这样,加起来没几年,武帝上来,一团乱麻,昭宣中兴,没过多长时间,又一团乱麻;贞观之治,后面一团乱麻;开元盛世,后面又一团乱麻。"未始有兼世而能一其风俗者",为什么会这样呢?他深刻感慨,古人把三十年当作一世,这难道是偶然的吗?这难道是随便说的吗?为什么这么讲?他

---

① 邵雍:《皇极经世书》卷十一,文渊阁四库全书本。
② 邵雍:《邵雍集》,2010 年,第 39 页。

说"惜乎时无百年之世",如果一世能有百年该多好。实际上"世"就是我们人能够充分发挥自己作用的时间,虽然一般人可以活到七八十岁,但真正能发挥作用的时间也就三四十年。所以一世三十年,而"时无百年之世","世无百年之人"。邵雍不禁概叹:

> 仲尼曰:"善人为邦百年,亦可以胜残去杀矣。"诚哉,是言也!自极乱至于极治,必三变矣。三皇之法无杀,五伯之法无生。伯一变至于王矣,王一变至于帝矣,帝一变至于皇矣。其于生也,非百年而何?①

孔子认为,善人如能治理国家达百年之久,就可以把残、杀那种暴虐之气改掉。在邵雍看来,这意味着由极乱到极治,凡三变而成,伯努力三十年就可以变成王,王努力三十年就可以变成帝,难道不是正好百年吗?但可惜,总是三十年向东,三十年向西,三十年向左,三十年向右,后三十年不左又不右。治理的原则没有办法延续。所以祖宗常少而子孙常多,治世常少而乱世常多。

第四个部分我们要讲到的就是士农工商。士农工商这个等级讲的是治理的结果,就是在不同的治理下老百姓会成为什么样的人。最高的是士,最低的是商。其实这一点我也同意。邵雍又进一步四四相乘,从而细分为十六个等级:最高的是士士,最低的是商商。商商就是商人的平方,你想这个人得市侩到什么地步。注意讲到万物的时候,有一个细致的变化。前面是讲走飞草木,到这个部分的时候就变成了飞走木草。当然后面有飞飞一直到草草。飞飞到草草就有一个大的变化。士士就是巨民,商商就是细民,是大人跟小人的关系;飞飞就是巨物,草草就是细物。总体上讲《观物内篇》偏向于静,偏向于体。这个静和体不是说没有变化,没有衍生,没有发展,而是它更多地强调一种客观的像

---

① 邵雍:《邵雍集》,2010 年,第 32—33 页。

春夏秋冬一样不可逆转的必然趋势。这样的必然趋势在他这里是静的,是体,因为看起来好像人的能动性作用是非常有限的,人为是很难发挥作用的,这里大概只能顺应时势。这种态度跟二程有别,二程强调时势的转化,而邵雍是强调顺应的。邵雍强调的最高的主观能动性是"以经法天",①而"以经法天"就是用。

四　用因三尽

第四个部分我们要讲邵雍思想中对用的层面的思考。"用因三尽","三"这个数字就把圆引入进来了。算法里常常讲"径一围三"②,邵雍为了凑这个"三"字真是煞费苦心。

> 体者八变,用者六变。是以八卦之象,不易者四,反易者二,以六卦变而成八也。③

八卦显然是二乘四,但是邵雍把对反的两卦算一卦,震艮、巽兑,加上不变的乾坤坎离,就成了六。"体者八变,用者六变",三这个字出来了。《周易》的关系,往上是二的一次方:太极生两仪;二的二次方:两仪生四象;二的三次方:四象生八卦,三出来了;到八八六十四是二的六次方,注意三和六都出来了。把三引入进来要做什么?要我们注意文王的作用。邵雍讲不讲主体性?邵雍当然讲主体性。朱子曾说:"康节煞有好说话,《近思录》不曾取入。近看《文鉴》编康节诗,不知怎生'天向一中分造化,人于心上起经纶'底诗却不编入。"④《语类》里讲"康节

---

① 邵雍:《皇极经世书》卷十一,文渊阁四库全书本。

② "圆者径一围三,重之则六;方者径一围四,重之则八。"邵雍:《邵雍集》,2010年,第87页。

③ 同上书,第52页。

④ 《朱子语类》卷一百《邵子之书》,1986年,第2553页。

煞有好说话",邵雍说了很多漂亮的话,"《近思录》不曾取入",这是在批评吕祖谦,"近看《文鉴》编康节诗",又在指控吕祖谦,收康节的诗却不收这样一句,"天向一中分造化,人于心上起经纶",所以后来朱子的弟子说邵雍也不是完全的顺应,因为他还要讲经纶。经纶是主体性的充分调动和发挥。

　　"起震终艮一节,明文王八卦也;天地定位一节,明伏羲之卦也。"[1]按照邵雍的理解,《周易》的系统有伏羲之《易》,和文王之《易》。伏羲之《易》是先天学,文王之《易》是后天学。先天学在我看来基本上是客观的,到了后天学就有了主观人为。在用《易》《书》《诗》《春秋》建立起来的皇帝王伯顺序当中,文王处于《诗》的顺序,恰恰就是朱子讲的"二之半",就是已经开始衰了。其实在前两个阶段,没有主观人为是没关系的,再坏也坏不到哪儿去,瞎折腾没准折腾坏了,顺任着他往下走就完了,但是到了王这个阶段就需要经纶了。这个地方正应和了《易传》对《周易》的理解,"作《易》者其有忧患乎"(《周易·系辞》),《易》一定是发生于中古,发生于衰世。这个跟《易》《书》《诗》《春秋》当中的《易》是不一样的,那个《易》应该更多地指伏羲之《易》。值得注意的是,邵雍解释《周易》的时候更多的是强调用之三,即人的主体性的发挥。但是人再想发挥自己的主体性,也不能是主观的任意妄为。而拒绝主观妄为的具体方法,就在于他强调的数的作用,数的这种客观性:"太极一也,不动;生二,二则神也。神生数,数生象,象生器。"[2]讲到数的作用,他说"太极一也,不动",太极是统一的所以不动,"生二,二则神也",神就有动的意思,"神生数",到二这个阶段就开始有数的变化,"数生象,象生器",到了器物这个层面的时候一定是以客观事物作为终结。"器"这个字不是简简单单说物质,各种各样的治理工具、

---

① 邵雍:《邵雍集》,2010 年,第 139 页。

② 同上书,第 162 页。

治理方法、治理原则其实也可以叫"器"。数成为观物的基本原则和基本方法。他用数来解释《周易》的时候，强调蓍法、蓍数、卦数、策数，强调数的自然而然、没有人为掺杂于其中的客观的契合、客观的系统的时候，这里面都包含着一个最基本的前提，就是文王之《易》的作用。而文王之《易》恰恰对应的是衰世的开端，处于衰世的开端恰恰需要主观人为，而这种主观人为，或者说人的主体性，是在对天地万物客观之理的深刻洞察的前提下，才能真正发挥出来，而不是任何意义上的任意妄为。

第五讲

自立吾理:程颢哲学的精神(上)

　　上一讲我们讲了邵雍。实际上邵雍思想中的未发之蕴是非常多的,目前看起来北宋思想的研究非常兴盛,但实际上我们真正深入这些研究,会发现我们对于一些北宋历史上特别重要的哲学家,对他们思想的哲学揭示缺乏深度。包括今天这一讲的主要内容——程颢。我们读关于宋明理学的书会发现程颢的地位非常高,后来的哲学家或多或少受到程颢的影响,程颢是所有人都要回溯到的一个点。对于程颐还有很多争议,有的人认为程颐的思想太过支离,分析性过强。比如牟宗三先生认为程、朱都违背了儒学的正统,但是他把程颢放在非常重要的位置。程颢到底有多重要?你真正去读宋明理学史的时候会发现好像他的思想非常简单,甚至会觉得他的思想的基本逻辑结构还不如周敦颐严谨,还不如邵雍详密,所以,如何进一步挖掘中国古代思想家的哲学中真正深邃的东西,不仅涉及到哲学思考的深细程度,还涉及到哲学品味的调整。我们在研究哲学的时候总有一种哲学的趣味,这种趣味在所有哲学史写作中都能体现,比如冯友兰先生的《中国哲学史》和张岱年先生的《中国哲学史大纲》都有他们的哲学趣味。不同的哲学趣味会影响一个学者面对中国哲学史上重要人物的理解角度。

　　上一讲我们讲到邵雍的时候主要还是发挥《观物内篇》的思想,因为它从总体上讲比较有条理。我上一讲也强调了,《观物内篇》主要是讲体,《观物外篇》是讲用的。用我的话来总结就是"体以四立""用以三尽"。当然也可以倒过来讲,"体立于四,用尽于三"。三这个数字的引入,就带入了邵雍对《周易》的理解。整个《观物外篇》复杂多样的计算系统中,邵雍试图看见所有数字关系的妙合自然、不假安排的特点。他强调在数的安排中体现的理,所以他的算法非常复杂。而且,因为文体是笔记,所以恐怕还需要做细致的文本校勘。当然我们读《观物外篇》时要注意几个基本的数:一为策数。策数就是在揲蓍占卦的时候,50 根蓍草,去掉 1 根,中间分开之后,然后通过复杂的操作,得出 6、7、8、9 四个数字,这个过程当中的数字就是策数。二为爻数。三为卦数。还涉及到阴阳爻的数字。所有这些数字加在一块构成一个复杂的数字关系,这点我们在本讲不做过多补充。我们在上一讲已经强调过了,邵雍特别区分了伏羲《易》和文王《易》:文王《易》是特别强调用的,三的确立特别强调的是用,强调用也就强调了人的主体性的发挥,所以朱子特别表彰邵雍的那句诗:"天向一中分造化,人于心上起经纶。"还有另外一句诗:"日月星辰高照耀,皇王帝伯大铺舒。"《易传·系辞》反复讲:"做《易》者其有忧患乎?"文王处衰世之初,不能不有所作为。当然,其中更详细的东西需要我们做进一步的研究和讨论。

接下来我们进入到对程颢思想的介绍。如果你去看陈来老师的《宋明理学》,他的顺序是:周敦颐、张载、程颢、程颐,邵雍放在最后。我还没问过陈老师为什么这么排序,因为从年辈角度讲,邵雍当然是在二程前面的。张载从年辈的角度讲也在二程前面,因为张载比程颢大11 岁,而且他是二程兄弟的表叔,他们之间的亲缘关系是非常近的。所以从年辈角度讲,张载应该放在前面。但是从思想成熟的先后看,张载显然应该放在程颢后面。在思想的产生这方面,张载是受到二程,特别是程颢的启蒙的。如果不是年辈问题,张载在某种意义上甚至一度可以算作二程的弟子。程颢的弟子吕大临在写张载《行状》时讲:张载见到二程后，"尽弃其学而学焉"。① 这是一个非常明确的记述，而且像吕大临这样的人能这样写，应该是不无根据的。我们之所以把程颢放在张载前面，强调的正是思想的发展过程。

整个唐宋儒学复兴运动，到了周敦颐、邵雍，一些基本的规模已经被建立起来的，但是最大的突破还没有真正出现，儒学思想发展的明确方向还没有真正确立起来。你去看周敦颐和邵雍的思想有很大差别，也就是说，这个时候宋明道学传统的基本概念架构、基本逻辑结构、基本思想共识还没有确立起来。所以我们从唐末开始讲起，可以看到儒学复兴的曙光一点一点地展现出来，它有一个发展过程，不是突然出现的东西。宋明理学和唐宋儒学复兴运动真正确立方向、基本概念架构、基本逻辑结构和思想共识，是到了程颢才真正完成的。

当然，读《二程集》非常麻烦，因为里面有大量语录，语录中很多"二先生曰"的部分不知道是大程子还是小程子说的。我曾经让我的一个学生去做一个考证的工作，去把这些语录是谁说的考证清楚，他花了很大功夫，发现里面大部分是考证不清楚的。当然我觉得也不用那么细致，基本上《二程集》前面"二先生曰"的部分如果没有明确说"正叔曰"的，大致就可以归入程颢的名下，这是我阅读的一个整体感觉。所以我们讲程颢的时候是以《二程集》前面十卷的内容为主。你读的时候可能会问，这些材料这么散，程颢到底有没有他的哲学架构，程颢真的有所谓的哲学吗？在北宋的时候，真的有所谓儒学的第二期发展吗？如果真的有，真正的奠基者就是程颢。这是我们本节课重点要讲的。

首先简单介绍一下程颢的生平。

程颢，字伯淳，弟弟程颐字正叔。兄弟二人生来性格就不一样。程

---

① 程颢、程颐：《二程集》，北京：中华书局，2004 年，第 414—415 页。

颐天资高明,思想成熟极早,一经点拨立马就能够有深入丰富的理解。程颐相对来说比较笃实、严谨,他的思想一直在发展,到晚年才真正养出些宽厚的气象。程颢曾经讲:"随人才而成就之",即根据不同人的性格、才能,给出相应的引导,只有我能做到,而将来"能使人尊严师道",只有我弟弟能做。①他们俩的性格差别在这里就能看得出来,而且二人的天分差别也能看得出来。他们母亲很早就看出他们俩的不一样,所以在程颢的书桌旁边写了"进士及第程伯淳",说这孩子将来一定能考中进士;写到程颐就说是"处士",说这个人将来也就是一介布衣,一辈子也考不中进士。②程颢第一次参加科举就中了进士,程颐第一次参加科举没中,就不再考了。我猜他这是想向世人证明他母亲有多么地明智。程颢生于宋仁宗明道元年(1032),卒于宋神宗元丰八年(1085)。他去世时的元丰八年是关键的年份,那时候神宗刚去世。程颢的去世对整个北宋政坛都是非常大的损失,因为当时还能说得动司马光的只有程颢一个人。如果程颢还活着,司马光对王安石一党的做法可能还不会那么极端,那么北宋的历史可能会改写。程颢是河南伊川人,去世以后也葬在伊川。他去世后,朝廷没有给他谥号,当时的太师文彦博题其墓表曰"明道先生"。这是私谥,是好友给他的一个谥号。"明道"二字当然是非常高的表彰,但一般的人都认为这并不过分,接触过程颢的人都会了解这一点。程颢天资高明,胸怀洒落。平日不接触他的人,觉得他"终日坐如泥塑人",一接触他,会发现他"浑是一团和气"。③有点儿《论语》里讲的"望之俨然,即之也温"(《论语·子张》)的意思。

---

① "初明道先生尝谓先生曰:'异日能使人尊严师道者,吾弟也。若接引后学,随人材而成就之,则予不得让焉。'"《伊川先生年谱》,见《二程集》,2004 年,第 346 页。

② 黄宗羲、全祖望:《宋元学案·伊川学案》,北京:中华书局,1986 年,第 644 页。

③ 程颢、程颐:《二程集》,2004 年,第 426 页。

程颢幼年就确立了追寻圣学的目标。在父亲的引导下,他们去周敦颐那里问学。周敦颐令二程去寻孔颜乐处,所乐何事。后来程颢讲:"再见周茂叔,吟风弄月以归,有'吾与点也'之意。"①这个时候,他对儒家那种温暖的、平正的、如春天般的气息就有了深刻的把握。据记载,他几岁的时候就写过一首诗,叫《酌贪泉》,其中有"中心如自固,外物岂能迁"②的句子,从中可以看出他对儒家根本精神的体会。程颢的文章留存下来的不多,但是写得很好,他的诗也写得很好,我特别喜欢程颢的这首诗:"闲来无事不从容,睡觉东窗日已红。万物静观皆自得,四时佳兴与人同。道通天地有形外,思入风云变幻中。富贵不淫贫贱乐,男儿到此是豪雄。"③闲来无事的时候,所有的事情都安排得非常从容。大凡君子和小人的区别,一般不看他如何处忙,而看他如何处闲。睡醒了之后发现,东边的窗户已经微微泛红了,天明即起,毫无怠惰之气;静观万物,皆能自得其意,皆能有自己的体会;虽然"万物静观皆自得",虽然是个了不起的哲学家,但是再了不起,每一个季节的美好的兴致,其实和普通老百姓没有什么不同,这就是"极高明而道中庸"。儒家的道路是朴素到骨子里的道路,不故弄玄虚。用程颢的一句话讲叫"不强生事"④,这个世界的道理如此坦白,拐弯抹角说什么呢?这两句话要和《论语·乡党》篇第一句联系起来读:"孔子于乡党,恂恂如也,似不能言者",从来不觉得自己有什么了不起。这就是"万物静观皆自得,四时佳兴与人同"的意味。我了解的儒家的道理包括所有天地有形和无形的万物,思想能够深入到千变万化的形态中,说明

① 祁宽:《通书后跋》,见《周敦颐集》,北京:中华书局,2009 年,第 119 页。

② "河间刘立之曰:'先生幼有奇质,明慧惊人,年数岁,即有成人之度。尝赋《酌贪泉》,诗曰:中心如自固,外物岂能迁?'"《门人朋友叙述》,见《二程集》,2004 年,第 328 页。

③ 程颢:《秋日偶成二首》,见《二程集》,2004 年,第 482 页。

④ "禅学者总是强生事",见程颢、程颐:《二程集》,2004 年,第 1 页。

既能了解大的原则，又能了解大原则之下的丰富细致的变化。这首诗当然非常好。我越到中年就越发现，与这样的诗比较，唐人的诗失之雕琢，用字太雕琢了。朱子的诗也这样儿，比如："半亩方塘一鉴开，天光云影共徘徊。问渠那得清如许，为有源头活水来。"[①]没有一个字是经过雕琢的，没有一个字是憋在那儿冥思苦想而来的。这是程颢比程颐高明的地方，程颐的诗实在太差了，比张载的诗还差。这诗后面尤其明白，不多做解说。

我一向以为，读《二程集》是宋明理学最佳入手处，我很多学生读宋明理学我首先推荐他们去读的就是《二程集》。读完《二程集》，真正平正的东西才能树立起来。

接下来进入程颢的思想。

一　对佛教的批判

从韩愈以来，儒学复兴运动对佛教的批判我们之前已经反复在讲了。但是这个过程中我们发现仅仅批判是不够的，批判在某种意义上能确立起自我和他人的边界，能确立起儒学的传统与佛教的传统的边界，这种边界意识是自我思想的自觉，但是，仅仅批判并不能树立起自己的思想。程颢的贡献在于，他在批评佛教的过程中树立了儒学的基本方向，后来程颢讲"自明吾理"[②]，这是儒学的一个明确的号召。儒学自立后就不用再去和佛教争辩，这个道理在这里，真伪自辨。"自明吾理"是程颢对整个儒学复兴运动给出的明确方向，用我们今天的话来

---

① 　朱熹:《观书有感》，见《朱子全书》（第二十册），合肥:安徽教育出版社，2002 年，第 286 页。

② 　"惟当自明吾理，吾理自立，则彼不必与争。"程颢、程颐:《二程集》，2004 年，第 38 页。

讲就是：要为儒家生活方式找到形上学基础，为儒家生活方式奠定哲学基础。这样的意识已经贯通在宋初三先生的思想当中，但还不是很自觉；在周敦颐、邵雍那里，我们也可以约略地看出，但是都没有明确提出这一点。提出"自明吾理""吾理自立"，是程颢的伟大贡献。

程颢对佛教的批判是非常全面的。《二程集》里有这样一个记录，他去参加一个聚会，回来对弟子讲：

> 昨日之会，大率谈禅，使人情思不乐，归而怅恨者久之。此说天下已成风，其何能救！古亦有释氏，盛时尚只是崇设像教，其害至小。今日之风，便先言性命道德，先驱了知者，才愈高明，则陷溺愈深。在某，则才卑德薄，无可奈何它。然据今日次第，便有数孟子，亦无如之何。只看孟子时，杨、墨之害能有甚？况之今日，殊不足言。[1]

昨天大家都是在谈禅，让我很不高兴，回来之后还念念不忘。程颢有一种沮丧感，他说，古代佛教最鼎盛的时候，不过是一些愚夫愚妇做偶像来崇拜，这个危害还是非常小的。到我们这个时代，先把性命的道理讲了，先把有才华、天分高的人都吸引过去了，所以有一句话叫"儒门淡泊，收拾不住"，高者尽入禅门。[2] 因为儒家的道理朴素，越是天分高的人越不喜欢这种朴素的道理。所以程颢讲，才分越高陷溺反而越深。我们今天的状况也是如此。好好的北大数学系、物理系的高才生出家去了。天下有这么多事可做，学了点传统文化就说要出家。好人都出家了，这个世界留给谁？好人得坚持下来。所以，"才愈高明，则陷溺愈深。在某，则才卑德薄，无可奈何它"，我这样一个才卑德薄的人，实在是无奈何它了。他说，孟子的时代面对的不过是杨朱、墨翟的

---

① 程颢、程颐：《二程集》，2004 年，第 23 页。
② 参见陈善：《扪虱新话》，商务印书馆丛书集成初编本，1939 年，第 23 页。

思想,杨朱、墨翟的思想其害能有几何? 他们的道理根本说不通。杨朱说"拔一毛而利天下不为"(《孟子·尽心》),稍有见识的人也知道,如果人人都是这个思想那么这个社会是不能成立的。后来孟子讲"诐辞""淫辞""邪辞""遁词"(《孟子·公孙丑》),朱子在解释"遁辞"时举了杨朱的例子。杨朱说"拔一毛而利天下不为",后来又补充了一句:再说了拔一毛也不能利天下。朱子说这就是遁词,他的道理讲不下去。① 墨子讲要同等程度地爱所有人,这在道理上说不通,实践上行不通。这样的道路怎么可能长久呢? 有的人还在探讨墨家为什么到了战国末年就亡了,墨家不亡才怪,因为这个道理没法延续下去。在某些特定的机缘里,某些人坚持了这个道理,这些人,我们向他致敬,但这是做不下去的。人是生活在时空关系中的,有时间就有先有后,有空间就有近有远。有先有后有近有远,怎么可能同等程度地爱别人。有限的人只有有限的精力,怎么能去无限地兼爱呢? 所以道理讲不通。"杨、墨之害能有甚?"但程颢那个时代,面对的是佛教,这就麻烦了。程颢说今天就算出几个孟子也无奈何。但是我们现在回头去看,虽然没有出现几个孟子,只出了个程颢,风气竟然就扭转过来了,所以也不必这么悲观,悲观是文人的余习。文人习惯性地把自己的悲观表达出来,文人以玩味自己的悲观为趣味。实际上,有的时候真正要改变这个世界只需要几个人。

程颢还说:"今日卓然不为此学者,惟范景仁与君实尔,然其所执理,有出于禅学之下者。"②君实就是司马光,范景仁就是范镇,程颢说这两个人能坚守住。但是他话锋一转,"然其所执理,有出于禅学之下者",也就是说,他们说的道理反而不如禅学说的好。司马光到晚年的时候,当时一般的人是不敢批评他的,但是程颢批评司马光,司马光每

---

① 参见《朱子语类》卷第五十二《孟子》,1986 年,第 1271 页。
② 程颢、程颐:《二程集》,2004 年,第 25 页。

次都得听,因为你的道理确实不如人家看得透。司马光确实不是思想家,但是他有做思想家的野心;《资治通鉴》是仿《春秋》的,作了《温公易说》,又注《太玄》,又自己发明了一套系统,叫《潜虚》。《周易》是一个"二"的系统,《太玄》是个"三"的系统,《潜虚》直接造出了一个"五"的系统。所以你看他野心其实特别大,这些都是拟经。他作《中庸解》的时候,突然觉得,这句我好像没有读懂,就跑去问程颢。程颢说,我觉得你从"天命之谓性"那句开始就没有读懂。① 司马光读不懂《中庸》这是不用怀疑的,有些人的天分不在这儿。梁漱溟先生有一次和陈寅恪讨论某个问题,陈寅恪不答。陈寅恪是贵族出身,骨子里有一种莫名其妙的贵族气,所以我觉得他不回答,意思是说这个问题我不屑于答。梁漱溟先生后来说道:人的才分真是奇怪,陈寅恪这么大的学问,这样重要的问题竟然没有想过。陈寅恪的学问确实了不起,但在哲学上确实没有梁漱溟那样执着和深刻的思考。我年轻的时候觉得梁先生很多地方非常粗糙,但现在回头去看,梁先生大的方面的见识真是颠扑不破。近代以来,梁漱溟先生是真正诚实地面对了这个国家和文化的命运的,其他的人多多少少都有点不诚实。回到这个主题上来,程颢称许司马光和范镇能不为佛学影响,但是他们所讲的道理反而更说不通。所以程颢说:"惟当自明吾理,吾理自立,则彼不必与争。"没有必要去与争辩,因为在争辩的过程中,你会不知不觉地受到对方逻辑的影响。

程颢对佛教有尖锐的批判。他对佛教的批判,不见得就是对佛教正确的理解。但是他的很多批判,哪怕今天拿过来,研究佛学的学者,恐怕也难以回避。程颢对佛教的第一个批判:"以生死恐动人。可怪二千年来,无一人觉此。"②佛家讲四圣谛——苦集灭道。苦从何来?

---

① 程颢、程颐:《二程集》,2004 年,第 425 页。

② "佛学只是以生死恐动人。可怪二千年来,无一人觉此,是被他恐动也。"程颢、程颐:《二程集》,2004 年,第 3 页。

佛教讲八苦的时候上来就是生老病死。《坛经》里有一段,说有一个人来见六祖慧能,急匆匆地绕着他走。慧能问他,你走什么? 他说:"死生事大,无常迅速。"(《坛经·机缘品第七》)这不是以生死恐动人,又是什么? 程颢的生死观则是非常明达的。在生死问题上,最好的是孔子的态度,他说:"未知生,焉知死"(《论语·先进》),活着的事还没想明白,你想死干吗? 你想得清楚吗? 你又没有经验。现在各种说法,只要是讲死亡的都是不可验证的。你说有轮回,他说没轮回,怎么验证呢? 我愿意相信这个世界有轮回,我希望有轮回,但万一没有呢? 凡讲道理,要么可证实,要么可证伪。既不可证实,又不可证伪,那就不是道理了,是一种没道理的相信。"圣贤以生死为本分事","佛之学为怕死生,故只管说不休"。[1] 这是程颢对佛教的批判的第一个方面。

第二个方面,佛教要追求解脱。佛家最核心的目标就是解脱。有的人说佛家最重要的道理是慈悲? 你去看看书,看看吕澂先生的《中国佛学源流略讲》和《印度佛学源流略讲》,就知道了。程颢说,佛学一开始还是一个利心,一个自利的心。为什么有这个自利心,因为没有看到万物一体,而是从自己的身体出发。要利自己的身,所以要去根尘。所以,这是一个"自私自利的规模"。[2] 如果从原初佛教出发,这种批判是有道理的,当然到后来佛教是有变化的。这样一个自私独善的规模,如果枯槁山林,独一一个人在山林中不出来做事,没关系,无非是这个世界上少你一个人,但是佛家又想把这种不可普遍化的生活方式加以推广。如果按照佛教的理念去生活首先要出家,出家就意味着不用承担任何社会义务,但你出家了你父母怎么办,你兄弟姐妹怎么办,你的家人怎么办? 有人说我没家人。大家都出家了,不承担人类繁衍的义务,那人类不是要灭亡了? 为什么《孟子》讲不孝有三,无后为大? 因

---

① 程颢、程颐:《二程集》,2004 年,第 3 页。

② 同上书,第 34 页。

为我们的种群要延续，所以佛教的生活方式不可普遍化。早期的佛教徒是不事劳动，不事生产的，那么谁来养活你？这样的世界是无法延续下去的。

佛教传入中国后有一个本土化的过程，与本土的文化有一种妥协关系，其中特别重要的妥协是佛学强调自己和儒家"心同迹异"，道理讲的是一样的但是外在表现有所不同。但这是"弥近理而大乱真"，①看起来有道理，但是越接近道理反而越混淆了最根本的界限。儒佛之间的不同恰恰是迹不同因而心不同。所以程子说："心迹一也。岂有迹非而心是者也？正如两脚方行，我本不欲行，他两脚自行。"②迹是心的表现，哪有外面的表现不对心却对的呢？一边走一边对自己的心说，"我本不欲行，他两脚自行"，这个完全没道理。

程颢对佛教也不是全盘否定，他认为佛教在很多地方是有所见的。他说，佛教是"以管窥天"，你说他看到的不是天，也不对，但他看到的不是天的整体，他局限在一隅。③ 用程颢的话讲，"不识阴阳昼夜死生古今"，④不懂得这些，道理看不全。用另一句话讲，就是"有体而无用"。⑤ 在程颢看来："杨、墨之害，甚于申、韩，佛、老之害，甚于杨、墨。"⑥杨朱、墨翟的思想的危害比申不害和韩非的危害要大，佛教、道教的危害超过了杨、墨。对于佛教，程颢的态度是，你不要等研究透了佛教然后再去反驳它，等你研究透了你已经化而为佛教徒了。对于佛教，要像淫声美色一样对待，要远离它。

---

① 《朱子语类》卷第六十二《中庸》，1986 年，第 1481 页。

② 程颢、程颐：《二程集》，2004 年，第 3 页。

③ 同上书，第 138 页。

④ 同上书，第 141 页。

⑤ 同上书，第 587 页。

⑥ 同上书，第 138 页。

这学期第一讲我就说,当一种思想过分包容的时候它就会失去自我,失去主体性的自觉,边界意识和主体性意识是关联在一起的,这就是韩愈的重要性。但是韩愈的时候他还不清楚我们要做什么,所以,"自立吾理"的提出使得儒学复兴运动的真正方向得以确立。

二 道学话语的建构

第二个部分我们讲"道学话语的建构"。道学话语的建构要提到的就是一些基本的哲学概念、哲学共识的建立,在这方面的建构程颢的贡献实在是太大了。程颢不是空泛地说了一个"自立吾理"就完了,而是明确地把"自立吾理"内部的一些基本的格局都确立起来了。大的格局方面,包括概念系统、逻辑架构、理论共识都确立起来了。这是我们理解程颢在宋明理学或道学史上贡献的一个要点。

在道学话语建立这方面的贡献上,程颢非常突出。有几个方面要特别提到。第一,程颢建立起一种衡量各种思想正确与错误的判断标准。我们可以在程颢的思想中找到两条标准(这都是从儒家经典当中体贴出来的);第一条标准就是普遍性原则。凡是道,一定是普遍的,不是只有少数人能做,少数人能走的,而是普遍适用于所有人,甚至普遍适用于万物。如果说的只是一隅的道理,那么这仅仅是狭隘的一隅的道理,就像我们刚才说的,他在批评佛教的时候强调佛教的道理是不可普遍化的。你真把佛教的生活方式加以普遍化,让所有的人都按照佛教的生活道路走下去的话,那么整个社会生活、人类文明就没办法延续下去。第二条原则是"一本"的原则。一本的原则跟普遍性的原则是有关联的。"一本"这个词出自《孟子》。《孟子》里有一段墨者夷之跟孟子的对话,在那段对话里面孟子对墨家的批判就在于强调墨家"二本"(《孟子·滕文公》),其实跟孟子批评墨家"无父"是一样的。本就是根,二本就是不同的根。一种真正好的道理,按照程颢的思想,一定是从一个核心的原理出发,能够从这个核心的原理依次生发出来。比如周敦颐"无极而太极",是一本的;邵雍也是从"一"开始出发,由一生出二,二生出四,这样的一个一本的道理。程颢其实也一样。必须有一个统一的原则,这样一个统一的原则应该是在所有具体而丰富的思想展开当中都能够体现出来的。从普遍原则这个角度来讲,他特别强调"道之外无物,物之外无道",①只要是真正的道、真正的理,就一定是充分地包括所有的万物于其中的。这是程颢在道学话语或者说整个宋明理学的思想格局的建构方面的第一个贡献。

第二方面是对道学基本概念的贡献。许多重要的概念、对后世的哲学产生重大影响的概念,都是程颢确立起来的,比如"天理"。程颢讲过一句话,"吾学虽有所受",我们兄弟二人的思想虽然有继承、传承的关系,有人传授给我们,但是,"天理二字却是自家体贴出来"。② 一会儿我们会详细地来讲什么是天理,当然天理这个概念不讲到朱子,是无法落到实处的。二程在讲到天理的时候都没有明确讲天理是什么,有时候你真的要默默去体会才能知道天理是什么,要到朱子的哲学体系建立起来,天理问题才能解释清楚。但无论如何,天理这个概念的提出本身就是一个非常大的突破。周敦颐那个地方提出的原则更多地讲"太极""阴阳""体用"(体用就是始终的关系),邵雍那个地方更多也是强调体跟用的关系,但都没有明确提出天理的概念。天理这个概念不是二程兄弟的发明,目前看到的最早的"天理"一词出自《礼记·乐记》,而且《礼记·乐记》里头已经明确地提到"灭天理而穷人欲","天理""人欲"对举。在《礼记·乐记》当中"天理"的"理"更多是讲"分",固有的本分,"人欲"是逾越了自己本分的欲望。但到程颢这个地方,天理开始成为一个核心的哲学概念。天理是程颢哲学的基础,对后世

---

① 程颢、程颐:《二程集》,2004 年,第 73 页。

② 同上书,第 424 页。

也产生了非常深刻的影响。天理二字的确立,真正为儒家生活方式奠定了哲学的基础。到了宋明理学,儒家第一期,就是孔孟那个时代的儒学发展里面所包含着的那些思想内容才以哲学的方式讲出来。为什么儒学的第二期发展一定是理学,原因就在这儿。儒家倡导的是合道理的生活方式,理这个字的拈出,特别是"天理"概念的提出就是要证明儒家生活方式的合理性,这是对儒家生活方式的一种根本的论证。

此外,还有对儒家的根本价值——"仁"的深入阐发和诠释,这是程颢对道学话语、道学格局的另一贡献。陈来老师在《宋明理学》里面有一段非常精到的分析,他认为,程颢的仁说主要有三个方面(这三个方面其实可以化约为两个方面):第一,以知觉论仁;第二,以一体论仁(其实这是以知觉论仁的另一种表述);第三,以生意论仁,即以生生不已之意来讨论仁。

第四,他强调形上形下的分别。在周敦颐和邵雍的思想当中我们已经能看到无形者和有形者之间的区别,但是由于没有明确地引入形而上和形而下的分判,哲学思考的空间就没有确立。形而上和形而下的明确区别就为道学的思想发展,开辟出了一个巨大的思考空间,道跟器之间的关系、理跟气之间的关系等问题就自然而然地引入进来了。没有这样一个区别的确立,你将完全不能理解为什么朱子在理气关系上要花那么大的力气,朱子理气关系的丰富讨论也就完全无从谈起。所以这是一个非常大的思想贡献。但是程颢这个地方做得不如程颐好,这一点我恰恰是要反对牟宗三先生的观点。牟宗三先生认为,程颐的思想是分解式的,分析过强。但是恰恰是这种分解式的方式才使得哲学空间得以建立起来。程颢在这个地方有缺点。我一直觉得程颢太高明,他就怕把东西说得生硬,一说得生硬,他就觉得不开心,所以一定要说得圆融。比如他说:"形而上为道,形而下为器,须著如此说。器亦道,道亦器,但得道在,不系今与后,己与人。"①"形而上者为道,形而下者为器,须著如此说,"也就是说这个话必须这么讲,但实际上形而上跟形而下,在程颢这里讲,当然是不能分开的。因为"器亦道,道亦器",道跟器是相统一的。他讲形而上与形而下的分别,刚一讲完,就要把这个分别扫掉,实际上有一点近禅。我年轻的时候特别喜欢这样圆融的思想表述,像王阳明这样的,大概三十五六岁开始就越来越不喜欢了。我越来越喜欢张载、程颐、朱子,把所有的事情都说得清清楚楚,说不清楚的就不说。虽然强调了形而上、形而下的区别,但又马上强调形而上、形而下的无法割裂的关联、统一,这从道理上讲是正确的,但也因此使形而上、形而下这一分别背后潜藏着的巨大的思想空间一下子就消弭掉了。直到程颐的不断强调,强调虽然《易传》说"一阴一阳之谓道",但阴阳不是道,这个巨大的思想空间才出现。

最后,在修身的基本原则上,程颢也有巨大的贡献。程颢强调"敬"的重要性。"敬"这个字的拈出非常关键,这个字在宋明道学兴起以前被儒学遗忘了千年。把这个字遗忘以后,儒家根本的修养方法就丢掉了。围绕这个敬字,程颢讲了很多有意思的话,如,"诚者天之道,敬者人事之本",②它是人的行为的根本,又说:"敬胜百邪",③一个敬字,能战胜内心中所有邪恶的东西。这是我们讲的第二个方面。

三 天理

第三个部分我们要讲他的"天理"。虽然程颢的思想资料里面没有明确的材料把道跟天理等同,但是程颐在解释程颢思想的时候,明确

---

① 程颢、程颐:《二程集》,2004 年,第 4 页。
② 同上书,第 127 页。
③ 同上书,第 119 页。

地讲过,在程颢的思想里天理就是道,道就是天理。

天理到底是什么呢?"天理云者,这一个道理,更有甚穷已?不为尧存,不为桀亡。人得之者,故大行不加,穷居不损。这上头来,更怎生说得存亡加减?是他元无少欠,百理具备。"①第一点,天理是普遍的,凡天理一定适用于所有人和万物。第二点,天理是有客观性的。程颢讲,"这一个道理","不为尧存,不为桀亡",不会因为尧存在天理就存在,也不会因为桀出现天理就灭亡了,所以这个天理上面"元无少欠,百理具备",原来就没有任何欠缺的地方,所有的地方都是完备的。程颢还说:"万物皆只是一个天理,己何与焉?至如言'天讨有罪,五刑五用哉!天命有德,五服五章哉!'此都只是天理自然当如此。人几时与?与则便是私意。有善有恶。善则理当喜,如五服自有一个次第以章显之。恶则理当恶,彼自绝于理,故五刑五用,曷尝容心喜怒于其间哉?……只有一个义理,义之与比。"②"万物皆只是一个天理,己何与焉?"天理是客观的,我们的"小我"怎么会参与其中?天理的客观性又体现为没有人的主观意识、主观的好恶掺杂于其中。"天讨有罪,五刑五用哉!天命有德,五服五章哉!"对于有罪过的人要惩罚,为什么要惩罚?对于有品德的人我们要表彰他,为什么要去表彰?之所以要表彰他是"天理自然当如此",所以天理又有它的自然性,非人为的,自然而然的,顺着自然而然去做就是你应该去做的,所以天理已经包含了"应然"在里面。所以,虽然程颢没有做过多的分疏,但这里面已经有几层含义出来了:客观性,普遍性,自然而然没有人为的东西参与其中,是人应当去做的,自然而然如此。所以对于善的,你理应表彰他,"善则理当喜""恶则理当恶"。遇到善的好的,我们理当欣喜、高兴,所以去表彰他;遇到恶的东西,我们自然而然应该去

---

① 程颢、程颐:《二程集》,2004 年,第 31 页。

② 同上书,第 30 页。

厌恶它。所以有的时候用赏，有的时候用刑，这些东西都没有个人的好恶、个人的情绪、个人的喜怒掺杂于其中。这种应当的做法也符合天理。

在这个地方我们已经可以看到天理的某些具体内容。程颢特别喜欢玩味物理，比如某天在河边走，忽然看到石头上起了潮气了，他说这就是阴阳消长之道。他讲"物理最好玩"，①事物之理最值得去玩味。他的思想里已经有这样的观念：天理出自对客观物理的考察。他对客观物理的考察范围是非常广的，比如他讲，人的名字里是包含了一些信息的，邵雍看一个房子，能猜出什么时候建的，什么时候会倒，这也有道理。经典里面非常多神神鬼鬼的东西，他讲这里面都有其道理。用《周易》占卜能灵验，这也有一种客观道理在里面。理包含了人类社会的当然准则，也包含了客观的物理。程颢是把这些理都一般地当作天理来讲的，都放到了天理这个概念之下，他没有做细节的区分，但是细节的区分已经包含在其中了。

程颢曾有这样一段话，有点儿令人费解："事有善有恶，皆天理也。天理中物，须有美恶，盖物之不齐，物之情也。但当察之，不可自入于恶，流于一物。"②在这里，他强调善和恶其实都符合天理。事有善有恶，但无论善恶都是天理。而程颐则强调天理都是善的。他为什么讲"事有善有恶，皆天理也"？这在理解他的人性论的时候非常重要。"天理中物，须有美恶"，自然有美好有不美好的东西。用孟子话的说，即"物之不齐，物之情也"（《孟子·滕文公》）。所以他讲天地如两扇磨，磨盘中间滚来滚去自然就碾出很多东西来，而且碾出来的东西当然

---

① 程颢、程颐：《二程集》，2004 年，第 39 页。
② 同上书，第 17 页。

是不一致的。天地如两个磨盘,生出来的东西自然是参差不齐的。①
你不能说美的东西符合天理,丑的东西不符合天理,你也不能说善的东
西符合天理,恶的东西不符合天理。这里就有一个问题,如果恶也符合
天理,那岂不是恶也是应该的? 他说,"盖物之不齐,物之情也",但是
必须自己来省察,不要因此就真的流为一物了。人跟物的区别在于,一
般的物没有自我反省的能力,由于它不能自反,所以它不能改变,本性
如何就是如何,就好像水一样,长江就是长江,黄河就是黄河,流水不会
去分别清与不清。人就不是这样,人有自反的能力。如果人不能察自
己之美恶,就流为一物了。流为一物对人来说就是恶。《论语》讲"君
子不器",就是人不能被环境限制。物是低于环境的,人是高于环境
的。为环境所拘蔽就是流为一物,这就是恶。

---

① "天地之化,既是二物,必动已不齐。譬之两扇磨行,便其齿齐,不得齿齐。既动
则物之出者,何可得齐? 转则齿更不复得齐。从此参差万变,巧历不能穷也。"参见程颢、
程颐:《二程集》,2004 年,第 31 页。

第六讲

自立吾理：程颢哲学的精神（下）

　　上一讲我们特别表彰了程颢对于宋明道学思想发展方向的确立。他那种明确的问题意识的自觉，真正为整个儒学复兴运动确立了坚定的方向，这一方向就是"自明吾理"，"自明吾理"具体来讲就是为儒家生活方式奠定哲学基础。在中国哲学的视野中，哲学的思考始终是跟生活安排有关系的，也就是说，我们实际上要不断去探索一种好的生活安排，而这种好的生活安排背后又有其形上学的、哲学的依据。这种哲学依据首先源自对天地自然之理的观察和体会。对天地自然之理和人的本质的洞察，构成了对整个人类社会美好生活的安排方式的论证与支持。我常常在想，如果在未来儒学有第三期的发展，那么它一定指向一种中国式的现代性生活——不是复古的生活——的形上学基础的确立。这种精神的确立，须有孔孟思想的内在渊源，同时要接续儒学的第二期发展。最近因为备课，我在重读《二程集》，尤其是程颐的部分。我发现儒学的第二期发展所达到的高度其实不逊于孔孟，其细密程度甚至超过了孔孟，能够把孔子、孟子的思想真正地传续下来，同时背后又有真正的哲学论证，我觉得这非常了不起。我们讲到程颢，就进入了真正的、明晰的宋明道学体系的建构。宋明道学的哲学体系的结构之谨严，是远远超过前代的。

　　我们下面要讲到的是程颢的"生之谓性"这一命题。其中有几个方面特别重要。首先就是，"生之谓性"的思想充分地肯定了生生不已的世界。由于万物都是天地生生的结果，因此万物都有其诚性。为什么宋明道学反复讲这个"诚"字？"诚"字在这个意义上就是"实有"而不是幻妄。程颢讲"继之者善也，成之者性也"，"继之者善"特别强调了在继承天地生生之理这一点上所有的万物其存在都有充分的理由，有其存在的诚性或善性。哪怕一条毒蛇，一个小小的毒蘑菇，一根小小的野草，一只苍蝇，从它自身的角度讲，都不能说它是恶的。它继此生理而成，"继之者善也，成之者性也"。这对把握程子的"生之谓性"非常重要。① 所以我特别强调《二程集》里第一段对话，即程颢和韩持国的那段对话的重要性。在那段对话中程颢说：你说幻说妄都是不好的东西，你倒是给我换一个好的东西来。② 就像水一样，水浑浊是不好的，那么你应该去澄清它使之返归清的气质，而不是"将清来换却浊"。这一论述的真正含义是：你不能拿佛法所谓的"清净之性"换却人的朴素的本性。怎么能去换掉这个浊的性，你能不吃饭吗？你虽然不吃肉，只吃草，但难道草就没有生命吗？花花草草都是有生命的，就像《大话西游》里唐僧说的那样，应该去爱护它们。那么吃草就正确了？人不可以不吃饭，人类社会不可以不延续，我们对父母不可能没有牵挂，我们对家人、对朋友不可能没有牵挂。这种牵挂难道是幻妄的吗？可能有的人真的在自己的强力把持下可以做到了无牵挂，但是这种所谓清净的性难道是人固有的本性吗？所以程颢说不要"强生事"。"强生事"三个字，说尽了天下无聊的哲学。

虽然都讲天地生生之理，但人们对这一生生之理的理解却有着很

---

① 参见程颢、程颐：《二程集》，北京：中华书局，2004 年，第 10—11 页。

② 同上书，第 1 页。

大的差别。冯友兰先生讲天理就是"大全",①就像概念,所有的桌子都有一个统一的桌子的相或者理,柏拉图就有这样的观念,最后所有的事物朝向一个终极的、完满的善的相。在这样的理论里,事物有一个统一的相。用相或概念解释生生之理显然是不对的,说世界统一于最高的相这不是中国哲学的理路。程颢"生之谓性"的思想告诉我们,世界的真正统一在于它们承继了天地生生之理。如果有"统一",那么,在万物"实有"这个层面上是统一的。生生之理是不可见的,生生之理通过生生不已的天道所创造出来的所有事物体现出来,这种动态的生生不已的力量构成了所有事物背后的统一的力量。《周易》讲"易简而天下之理得矣"(《周易·系辞》),一种不"强生事"的哲学,是这种易简之理的具体体现。

四　生之谓性

第四方面,我们讲"生之谓性"。程颢是认可"生之谓性"这一表述的,当然他对这一命题有不同的理解。"生之谓性"是告子的一个命题,孟子对此有明确的反驳。程颢接续了告子这一命题,但做了全新的解释:

> "生之谓性",性即气,气即性,生之谓也。人生气禀,理有善恶,然不是性中元有此两物相对而生也。有自幼而善,有自幼而恶,是气禀然也。善固性也,然恶亦不可不谓之性也。盖"生之谓性":"人生而静"以上不容说,才说性时,便已不是性也。凡人说性,只是说"继之者善"也,孟子言人性善是也。夫所谓"继之者

① 冯友兰:《新理学》,《三松堂全集》(第四卷),郑州:河南人民出版社,2001年,第26页。

善"也者,犹水流而就下也。皆水也,有流而至海,终无所污,此何烦人力之为也? 有流而未远,固有渐浊;有出而甚远,方有所浊。有浊之多者,有浊之少者。清浊虽不同,然不可以浊者不为水也。如此,则人不可以不加澄治之功。故用力敏勇则疾清,用力缓怠则迟清,及其清也,则却只是元初水也。亦不是将清来换却浊,亦不是取浊来置在一隅也。水之清,则性善之谓也。故不是善与恶在性中为两物相对,各自出来。此理,天命也。顺而循之,则道也。循此而修之,各得其分,则教也。自天命以至于教,我无加损焉,此舜有天下而不与焉者也。①

"'生之谓性',性即气,气即性,生之谓也",性跟气相即不离,气跟性相即不离。这句话讲得不清楚,《二程集》里有比这条讲得清楚的话。"人生气禀,理有善恶",人之生是禀气而生,当然有善恶,有的人生而善,有的人生而恶。"不是性中元有此两物相对而生",不是说本性当中就有善恶。后面用水来讲,他说一般人讲性都是从"水之就下"的角度讲,从水的倾向这个角度讲,《孟子》论性善就是从"水之就下"的角度讲的,"水之就下"在程颢看来就叫"继之者善"。"继之者善"就是继此生理者,继天地生生不已之德的是善,天地就是一个生生不已。"天只以生为道"②,要从充塞天地之间的具体万物看到天地的生生不已之德,这样一种根源性的创造即程颢所说的"天只以生为道"。所有的万物都继此生理,继此生理就是善,你不能说天生出什么东西来是恶的。天创生出老鼠来,怎么就是恶的? 老鼠没得罪你的时候当然是善的,所有继承天地生生不已之道的都是善的。程颢认为,《孟子》讲性善,从水之就下的角度讲,是从"继之者善"的角度讲的,但是真正的人

---

① 程颢、程颐:《二程集》,2004 年,第 10 页。
② "子曰:'天以生为道。'"见程颢、程颐:《二程集》,2004 年,第 1175 页。

性应该从"成之者性也"的角度讲，就是万物自成其性以后才能谈本性。所以"'人生而静'以上不容说，才说性时，便已不是性也"，具体的有形的人和万物还没创生之前你说什么都不对。因为没有具体的万物就没有概念，你拿什么来说？才说到性时，就已经落实到"成之者性也"（具体万物的本性），就已经不是原本的"继此生理者"的性。具体万物的本性、具体人的本性都有变化，就像水一样，有的水生来就清，生来就清的水不用去加澄治之功，不用去沉淀它让它变得澄清，生来就浊的水你要加澄治之功才能变得澄清。有的水流了很远才变得浑浊，有的水本来是澄清的，稍微流了一段就变得浑浊，这些讲的都是人的气质之性。所有的万物从"继此生理"的角度讲是善，一旦到了"成之者性也"，万物自得其性这个阶段，善恶就有了分别。浊的水比喻的是恶的人的性，浊的水变清，不是用清来换掉这个浊。

上面引用的这段话说得不清楚，理解上颇有争议，因此要和《二程集》的第一章放在一块看："伯淳先生尝语韩持国曰：'如说妄说幻为不好底性，则请别寻一个好底性来，换了此不好底性著。'"①当时韩持国年纪已经很大了，但是长期向二程兄弟问学。韩持国信仰佛教。程颢在这个地方说，"如说妄说幻为不好底性"，佛教说天地万物都是妄，你说妄说幻都是不好的性，那"请别寻一个好底性来，换了此不好底性著"，你从别处找一个好的本性来，换掉这个不好的本性。程颢这里充分肯定了人作为普通人存在的合理性，普通人的欲望，普通人饿了想吃饭，渴了想喝水，这种种人的存在所需的东西，都有其合理性。在佛教看来，我们有种种牵挂，有各种东西放不下，放不下的东西都是幻妄的，都是不值得牵挂的东西。但是，无论怎么说服自己，你会发现牵挂的还是牵挂。程颢充分地肯定这一点，这也就充分地肯定了天地的生生不

---

① 程颢、程颐：《二程集》，2004 年，第 1 页。

已的创造作用。上天创造所有东西,我们首先要给它一个肯定的态度,不是一上来先给它一个否定的态度。所以他说,你不可能从外面找来一个好的本性,来换掉人的普通的本性。比如人就是这个样子,人总是有情感的,这是《中庸》"天命之谓性"。儒家对人的理解,认为人是有限的。你觉得人不够伟大,人是有限的,所以狭隘。但这不是人的错儿,人只能这样。其实儒家该狭隘的时候挺狭隘的,比如"《春秋》大复仇",该复仇的时候不复仇你就不是人了,或者说你超出了人的境界。不管怎么说,我们不能追求人达不到的境界。告诉你说人就是这个样子,充分地肯定人的这个样子,如实地去面对人的本质。正因为对人性有这种充分肯定——"元无少欠",所以不是说水浑浊了以后找来清水换掉这个浑浊的水,而是就着这个浑浊加以改变。在《二程集》里下面这段话是比较清楚的:

> 告子云"生之谓性"则可。凡天地所生之物,须是谓之性。皆谓之性则可,于中却须分别牛之性、马之性。只他便只道一般,如释氏说蠢动含灵,皆有佛性,如此则不可。"天命之谓性,率性之谓道"者,天降是于下,万物流形,各正性命者,是所谓性也。循其性而不失,是所谓道也。此亦通人物而言。循性者,马则为马之性,又不做牛底性;牛则为牛之性,又不为马底性。此所谓率性也。人在天地之间,与万物同流,天几时分别出是人是物?"修道之谓教",此则专在人事,以失其本性,故修而求复之,则入于学。若元不失,则何修之有?是由仁义行也。则是性已失,故修之。"成性存存,道义之门",亦是万物各有成性存存,亦是生生不已之意。天只是以生为道。①

"告子云'生之谓性'则可"这句话充分肯定了告子的"生之谓性"这个

---

① 程颢、程颐:《二程集》,2004 年,第 29 页。

命题，程颢认为这个命题本身讲的是对的。"凡天地所生之物，须是谓之性"，所有天地生的东西都有它的本质，但是"于中却须分别牛之性、马之性"，牛的本性跟马的本性是不一样的。告子"生之谓性"这个命题没错，但是告子的理解有问题，因为在告子的"生之谓性"这个命题里，牛之性、马之性、人之性都是一样的，这实际上也是孟子对告子的批评。所以他总体上还是站在孟子的立场上，对告子有所批评。但是"生之谓性"这个命题本身强调的是天地的生生之理，万物继承、延续了天地的生生之理，在继承、延续的过程当中，按照程颢的理解，马坚持马的性、马的本质，牛坚持牛的本质，这都是对的，这是无所谓善恶的，或者说这是善的，在这个意义上，"循其性而不失，是所谓道也"，所以马有马的道，牛有牛的道，人有人的道，每种物类按照自己本来的本质去发挥，这都是对的，都是善的。这就叫"率性之谓道"，"循其性而不失"，马不变成牛，牛不变成马，这就叫率其性而行。马按照马的路走，牛按照牛的路走，人按照人的生活方式这么走下去的话，这就叫"率性之谓道"。程颢在讲《中庸》的前三句话时，前两句"天命之谓性，率性之谓道"都是人与物通说的，不单从人的立场出发。我们理解《中庸》的原意当然从人的角度讲，但程颢是人跟物贯通地讲，只有第三句"修道之谓教"才讲到人。这里面涉及到什么？马有没有教？程颢当然认为马没什么可教化的。你不能让马自省，马教化一定不是自我教化，一定是强迫的，一定是条件反射，人一扬鞭子马就跑，但马不可能做到"修道之谓教"。"修道之谓教"是专门指人的，因为人有自反的意识。他说如果人的本性完全没有错失，人完整地秉承了天地赋予人的本质，那么就不用去修了。有的人不用去修，有生而知之者，程颢是肯定"生知安行"的。有的人"性已失，故修之"。到了人这个地方则有修养和不修养。这就是他讲的如果水浑浊了，我们就让它沉淀，但不是说换了一个性，换了一个本质。从另一个角度讲"天下善恶皆天理，谓之恶者非本恶,但或过或不及便如此",①其实所有的行为没有所谓的善恶之别,所以恶者本质不是恶,只要或过或不及就叫做恶,所以善的缺失,善的或过或不及就体现为恶。

通过"生之谓性",他把几个道理带出来了:第一,强调人和万物的本性都是继天地生生之道而来的,是对天地生生之道的某种继承和延续,所以人与万物的自我保存,其实都是在保存天地生生之道,而人有好生之德,能不杀生尽量不要杀生,这也是在保存天地生生之道;第二,所有的事物,如果从生理这个角度讲,都是善的,所谓的恶就是善的行为的过或不及,而过或不及看起来只有人才会有。一只猫会有过或不及吗?一头狮子在大草原上,它几天吃上一次东西,不会把自己吃到死撑,也不会浪费,人才会有善恶的问题。修治了过或不及,人的善恶问题就得到了解决。站在天的角度讲,天创生万物,怎么会分别出一个好和不好来呢?所有它创生的万物它自然而然认为是好的,都有一个包容的意思在里面。"继之者善也,成之者性也",是程颢讲人性的时候要反复强调的东西。

值得注意的是,程颢没有在背后预设一个复杂的东西。程子讲的这个道理,一定是简易直截的,一定不是"强生事"的。从一个朴素的角度来讲,天地创生万物,天地就是一个生生不已,天地创生的所有万物都应该是值得肯定的,没有所谓善恶之别。每一个人的出现都是重要的,不必说某一类人是可用的,某一类人是不可用的。但是人容易有过或不及,过或不及取决于"分"。程颢讲过一句话我特别喜欢,"天生一世人,自足了一世事",②上天降生下一代人来,自然就足够解决这一代的所有问题。可为什么世界上总有问题没解决?是因为有人不尽分。不尽分涉及到的问题就是过或不及,有的人做得过,有的人做得不

---

① 程颢、程颐:《二程集》,2004 年,第 14 页。
② 同上书,第 2 页。

够。这种过或不及实际上就是恶。我们看到，他不是那么曲折地要去讲像佛家讲的那样一些背后的道理，说眼前的一切都是虚幻的，所以我们要在虚幻的东西背后找一个真实的东西。儒家认为，所有眼前给我们的一切就是朴素而真实的，天下何尝有不真实的东西在？日月星辰周而复始，它有它自然的规律，天地万物生化有它自然的规律，马不会生成牛，牛不会生出马，虽然偶尔会有个别例外，但大的方面不会错乱。整个天地自然如此朴素，所以没有背后的预设，没有现象背后的真实，这是儒家要讲的。儒家的态度强调"易简"，"乾以易知，坤以简能"（《周易·系辞》）。如此朴素简单的道理，为什么要强生事呢？生生不已之道每一天都在验证，生生不已之道是无须去证明的。那么就顺着这个生生不已之道去承接它，通过天地生生不已之道，知道所有的万物都是继此生理而生的，所以都是善的，所以我们要尽可能地善待万物。每个事物有了自己的本性之后就有了自己的道路，本性是道路的基础。所有的事物沿着自己本性引导道路生活下去，这不就是善的吗？我们去思考"我们为什么要这样呢"相当于问"上天为什么把我们生成这样呢"，程颢说佛家强生事，禅学强生事，我觉得我们今天很多思想也是强生事。本来我们这个世界男的就是男的，女的就是女的，你强生事，非得去质疑，男的为什么要是男的，女的为什么要是女的。在这个地方儒家不去探寻背后的东西。

　　我去年在读《孟子》的时候突然有一点体会，我觉得儒家才是真正现象学的，没有任何背后的假设，既不假设世界有一个上帝、人格神，也不假设背后有一个"相"，而是即此实实在在生生不息的世界，由这生生不息告诉你，这是世界的本质。从这个本质生发，就形成了易简之道，而不是在"强生事"。这种"易知""简能"的朴素，易简直截的道理，在程颢的思想当中贯彻得非常充分。从这个角度上讲，我们会发现，邵雍有一点强生事，"飞飞"到"草草"，还是不够易简直截。但是易简直截不是意味着因此就不分别了、全不辨析了，程颢的思想当中是有辨析的。当然我们会发现辨析、分解的程度不够,这种辨析和分解的程度,到了程颐、朱子那里,特别朱子那样一个几何学般精美的世界观的时候才能真正地落到实处。

五　以觉言仁

"以觉言仁"是程子思想的一大发明。

按照陈来老师讲,程子讲仁,有几个方面。第一,以一体言仁,"仁者以天地万物为一体"。第二,以生意言仁,用生生不已之意来言仁。程子、朱子都有"谷种"言仁这样的说法。第三,以觉言仁。以觉言仁是核心。以生意言仁和以觉言仁是同一个思想的不同侧面。① 如果用"觉"的道理体会孔子的仁,并联系《论语》中所有言仁的段落,就会发现,道理可以完全贯通。这周我在云南大学做了一个题为"孔子的精神家园"的演讲,最后我就讲到:由礼的精神和乐的精神的恰当结合而来的"处境中的醒觉"就是仁。这样一种"处境中的醒觉"既是幸福的基础,又是爱的基础。为什么仁者能幸福? 因为在真实处境中的醒觉的基础上我们才能真实感受自己的存在,一个人能真实地感受自己的存在是幸福的前提,所以仁者能幸福。如《论语·里仁》篇第二条所说:"不仁者不可以久处约,不可以长处乐。"为什么仁者能爱? 因为在真实处境中的醒觉基础上我们才能真实地感受到他人的存在,能真实地感受到他人的存在才能知道如何去呵护和照料他人,所以仁者能爱。我这个讲法,完全是从程子以觉言仁的脉络中来的。

程子有几大贡献。"生之谓性"回归易简,回归朴素,不是试图在现象背后看到所谓的"真实",现象本身就是真实,所有的现象都是

---

① 陈来:《论宋代道学话语的形成和转变——论二程到朱子的仁说》,见《中国近世思想史研究》,北京:三联书店,2010 年,第 58 页。

"诚"的体现,都是实有,都继承了天地生生之道。另外一大发明就是"以觉言仁"。还有一大发明,就是拈出了一个"敬"字。"敬"这个字的重新拈出,为儒学在修身的方法论上找到了真正的精神核心。之前儒者的言论中,没有哪个像程子这样清晰地强调"敬"。这就是程颐那么表彰程颢的历史地位,文彦博题其墓表为"明道先生"的原因所在。我们前面说过,这本是私底下几个朋友给他的谥号,居然大家都认可。

程颢"以觉言仁",说:"医书言手足痿痹为不仁,此言最善名状。"①手足痿痹,半身不遂,高位截瘫,本来属于身体的一部分现在变得毫无知觉,这个就叫做"不仁"。这个讲法非常早,在《黄帝内经》里就出现了。他说"医书言手足痿痹为不仁",这个话说得真好。接着才有后面的道理,所谓"仁者以天地万物为一体"。所以说,"以觉言仁"是"以一体言仁"的基础。为什么人能感受到和天地万物为一体,因为你能真正地觉知天地万物的存在。这才是真正的仁,无所不包。程子又讲:"医家以不认痛痒谓之不仁,人以不知觉不认义理为不仁,譬最近。"②"知觉"是知觉什么呢?义理。所以这里讲的还不仅仅是和万物之间的通感的关系,不仅仅是说他者受到伤害时的恻隐之心,这里还涉及到知觉、体认义理的问题。这个知觉、体认义理的问题,又和刚才讲的不去寻找现象背后的本质相关联,万物从道理上讲,本身就是实有。

程子有一段话,我们一般称之为《识仁篇》:"学者须先识仁。仁者,浑然与物同体。义、礼、智、信皆仁也。识得此理,以诚敬存之而已,不须防检,不须穷索。若心懈则有防,心苟不懈,何防之有?理有未得,

---

① "医书言手足痿痹为不仁,此言最善名状。仁者,以天地万物为一体,莫非己也。认得为己,何所不至?若不有诸己,自不与己相干。如手足不仁,气已不贯,皆不属己。"程颢、程颐:《二程集》,2004年,第15页。

② 同上书,第33页。

故须穷索。存久自明,安待穷索?"①学者一定要体认到"仁"。人和万物之间都有感通关系,"浑然与物同体",再往下发展下去就难免流为"兼爱"。所以他接着说:"义、礼、智、信皆仁也",这又是一个伟大发明。仁、义、礼、智不是分开的,义、礼、智、信都是仁的不同表现,是"仁"这样一个更高的原则和道理的具体化。我们后面会看到,到朱子那里,"仁包四德"的观念是多么重要。仁义礼智看起来是四段,但是举一个"仁"字,义、礼、智就都包含在里面了。不能说生是仁,杀就是不仁;不能说爱是仁,恨就是不仁。世间万物,有春就有秋,有生就有杀,杀在这个意义上构成了生的环节。我不在这个地方发明程颢的生死观,我们讲到张载的虚气关系的时候再谈,因为结合着张载的虚气关系我们能把这个问题看得更清楚。所以在这个意义上,个体的消亡是生生不已的环节。然而,在程颢这里,他总害怕把话说得太过分离、太过分析了,他总是要说得那么圆融。他又说:"识得此理,以诚敬存之而已,不须防检,不须穷索。"这里包含了修养功夫,明白这个仁的道理后,用诚敬存之就可以,不须要提防检省,也不须要穷思探索、冥思苦想,这里就过于圆融,过于高明了。可能这是我的问题吧,我看了太多的"神话",看了太多的"神",这个世界到处都是"神"一样的大师,个个都有"天地境界"。我特别讨厌这种说不清道不明的东西,既不可证实,也不可证伪。程颢有的时候就有点太过圆融了。太过圆融就缺乏分析性,就缺乏思想的张力。程颢的思想有点儿为上根人立言的倾向,他说的话,只有资质最高的人才能正确理解。而事实上,立言应该要为中下根人立言,真正的上根人,一点就透,要立言干吗?这样过分圆融非常危险,这种危险到了陆九渊与王阳明就越来越明显,尤其到王门后学,就到了可怕的地步。

---

① 程颢、程颐:《二程集》,2004 年,第 16—17 页。

总之，程子"以觉言仁"非常重要，仁这样一个价值在这里变得非常具体。孔子言仁，每一处都不一样，如何才能有一个统一的认识？大家要体会这个"觉"到底是什么意思？一是"知觉"，知觉万物之痛痒；一是知觉、体认义理，这点特别重要。

六　定性

这是讲程颢思想时必然要讲到的。《定性书》是程颢的作品中很著名的一篇。《定性书》的写作背景是张载写信向程颢求教，他求教说："定性未能不动，犹累于外物"，安定自己的心，而未能不动，仍然被外物所牵累。按照我对张载思想发展阶段的分析，这个问题应该是张载在见到二程以后"尽弃异学，淳如也"[①]的阶段。张载和二程论学主要是在嘉祐元年到嘉祐二年之间，写这封信的时间大概在嘉祐三年左右，那个时候张载的思想基本上受到二程的笼罩性的影响，基本上是在追随二程学习，那个时候张载自己的思想体系还没有真正建立起来，张载的思想系统真正建立起来是他晚年在横渠镇的七年。

我们知道，张载是二程的表叔，那个时候大家求学气氛是如此活泼，没有觉得一个长辈向晚辈求教有什么可耻。张载写信过来，语气很客气。当然程颢回得也客气，因为毕竟是长辈，不敢自居师位。什么叫"定性"？就是心不扰动。"定性"的经典指向应该是孟子的"不动心"。什么叫"不动心"？一些佛教念多了的人，一看"不动心"就说这是讲我佛的嘛。"不动心"之境是怎么达到的，孟子讲"告子先我不动心"（《孟子·公孙丑》）。写这封信的时候张载接近四十岁了，所以他的焦虑就是孟子的"我四十不动心"。但是程颢那么年轻，你看他的回

---

① 吕大临：《横渠先生行状》，见《张载集》，北京：中华书局，1978 年，第 382 页。

答，这个话看起来近于佛老，但仔细看并不是那么回事。其中有几段话是我们在讲《定性书》时常引用的："夫天地之常，以其心普万物而无心"，这个心是指"天地之心"，《周易》讲天地无心，天地之心普遍地体现在万物身上而无心，因为实际上天地是无好恶之情的。"圣人之常，以其情顺万物而无情"，"常"是恒常不变的常，这个表面上看起来很像魏晋玄学，有点像王弼，我们知道"圣人有情无情"的问题在魏晋时期有很多的讨论，真正的圣人是让天下万物都显发出自己的情感来。这个非常有意思。像嵇康《声无哀乐论》里讲："托大同于音声，归众变于人情。"[①]这也是《声无哀乐论》最重要的观点。什么意思呢？音乐本身不包含哀乐，内心中有哀，听着音乐就泪流满面；内心中有愉悦，听着音乐就面无表情。这点特别有意思，《声无哀乐论》里说，哀的程度越高在外面的表现越明显，乐正相反，乐的程度越高在外面的表现越不明显。小小的一个快乐你哈哈一笑，而真正拥有最高的快乐时却什么表情也没有。音乐没有哀乐的品质，但却能让所有内心藏着不同情感的人表达出他们的情感来。"顺通万物而无情"与此有点儿近似。看起来他是讲圣人无情的，但其实不是。他说，"圣人之喜，以物之当喜"，这事值得我高兴，"圣人之怒，以物之当怒"。所以，圣人喜其所当喜，怒其所不得不怒。所以，圣人是有喜怒的，但这喜怒不是主观的。"是圣人之喜怒，不系于心而系于物也。"物本身可喜则喜之，可怒则怒之。那么，圣人应不应物呢？圣人是否应接事物呢？圣人当然是应事接物的。但是应物为什么不是一种"累"？由于"累"而带来内心的扰动。为什么"定性不能不动，犹累于外？"张载的问题就是由于这个"累"导致内心的扰动、不安定。只要应物，就有这个"累"。程颢在这里讲，你之所以"犹累于外物"，是因为你犹有内外之别。这里以觉言仁的一

① 嵇康：《声无哀乐论》，见《中国哲学史教学资料选集》，北京：中华书局，1981 年，第402 页。

体义又出来了。有内外之别，就说明你有一种"自我"的限制。如果没有"自我"的限制，你会发现，所有的天地万物都是与你有感通关系的。虽然我们的爱有一个由近及远的等级，我们承担责任有一个由高到低的程度，所以"爱有差等"。但"爱有差等"，并不意味着爱有边界。哪一件事不是你分内之事，哪一个人的安顿不是你分内之事，那么哪里有"外"呢？由于你把它视为"外"，由于你把自己的责任看得小了，所以你"犹累于外"，所以你为外物所扰动。如果你内外两忘，则"澄然无事矣"，就没有拖累了，这样就能定。① 程颢还有一段话是讲"定"的。他说："知止则自定。"②到这里，他就讲得更具体，比《定性书》还具体。知道自己的分限就自然能定，而不是用"定"帮助你"止"。一方面，我们对天地万物都有爱，另一方面，我们又是在具体的社会生活中面对、实践这个爱。在具体的社会生活中，我们都有自己的分位，我们能安于自己的分位，自然而然就不扰动。这样的结果，一定是"动亦定，静亦定"。不是说你躲在一个角落里什么也看不到，在那里静坐的时候，就叫定，而是"动亦定，静亦定"，动静无非自己分内之事。这样，自然而然就能不动心。这就是程颢的分析。

然而，这样的分析仍然导致南宋学者叶适的批评，他批评程颢是禅学的主要根据就是《定性书》，当然我觉得这是因为叶适确实没读懂程颢。这个没有办法，哲学家确实不是谁都能懂的。所以海德格尔讲，只有大哲学家能够理解大哲学家，也只有大哲学家才能误解大哲学家。现在回头看，在评价北宋思想家的时候朱子还是最为公正的，因为朱子是真正能明白这些思想家的真正贡献的。

程颢的思想我们就讲到这里。

---

① 参见程颢：《答横渠张子厚先生书》，见《二程集》，2004 年，第460—461 页。

② "知止则自定，万物挠不动，非是别将个定来助知止也。"见《二程集》，2004 年，第30 页。

第七讲

气本与神化:张载的哲学建构(上)

这节课我们讲张载。

我特别喜欢张载。虽不能至,然心向往之。张载的一切我都喜欢模仿,比如张载喜闻驴鸣,我不喜欢也得觉得自己喜欢才行。有一次上课,下面传出公鸡叫的铃声,于是我停下来问那学生:你有驴叫的铃声吗,改天发给我,那家伙还真给我发过来了。张载这个人,我越读越觉得朴素、实在。王夫之在自拟的墓志中曾说:"希张横渠之正学",①由此可见他对张载的钦仰,他认为北宋五子里只有张载是正学。虽然我并不同意这样的观点,但无论如何,张载的笃实、恳切极深刻地影响了我。他的思想极具内在张力,所以能结构出一个严谨清晰的哲学体系,北宋五子中最体系化的哲学家是张载,其体系化程度甚至超过了程颐。程颐的思想如果没有后来朱子的阐发恐怕也未必能真正地体系化,或者其思想的内在固有结构无法完整地揭示出来。所以,有的时候需要后世的某位大哲学家的出现,前辈哲学家的价值才能得到真正的突显。你看海德格尔的《尼采》,一般人认为尼采是格言式的哲学家,是诗化的哲学家,是一个诗人,偶尔有些哲学观点都在诗里面,所以不是体系

---

① 王夫之:《自题墓石》,见《船山全书》(第十五册),长沙:岳麓书社,2011年,第228页。

化的哲学家,海德格尔说:尼采怎么可能不是体系化的哲学家,这么伟大的哲学家怎么可能不是体系化的哲学家?读海德格尔的《尼采》,你会看到海德格尔维护了尼采作为一个哲学家的尊严。王弼对老子也同样,王弼的《老子注》真正赋予了《老子》这一文本以哲学的品格。二程的哲学如果得不到朱子那种深刻的体系化,那么它是否能构成一个完整的哲学体系,或者它的哲学体系的内在价值能否得到真正的理解,至少是不无疑问的。张载是个例外,张载哲学本身就是一个完整的哲学体系。

下面简单介绍一下张载的生平。张载生于公元 1020 年,去世于1077 年。张载原本是河南开封人。河南籍的同学一定不要因近些年来妖魔化河南的言论而沮丧,河南历代是出大哲学家的。二程是河南人。邵雍虽然祖籍是河北,但父亲那代已经移到河南,而且死后埋在洛阳伊川县。因为张载的父亲在涪州做官,卒于任上,张载兄弟二人在扶柩归乡的过程中,没盘缠了,钱不够了,就落脚在了陕西,陕西凤翔府眉县横渠镇。张载兄弟二人都不得了。张载的弟弟叫张戬,当时的地位比张载还高,也是北宋名臣。其实旧党和新党之间的分化就是从张戬开始的,有一天张戬大闹中书,因此闹得旧党和新党之间根本没法谈。两党之间本来还是可以沟通的。

张载生平有几个重要的转折点。第一,他 21 岁的时候上书谒见范仲淹。张载年轻的时候倜傥豪爽,常以军功自任,老想去打仗,曾经想纠结义兵取洮西之地。据说,范仲淹一看就知道此人不凡,"一见知其远器","远器"也就不可近用。范仲淹对张载印象如何我们不知道,但见范仲淹这件事本身在张载自己的思想发展历程中非常重要。因为范仲淹"一见知其远器",所以就赠送给他一本《中庸》,说:"儒者自有名教可乐,何事于兵!"儒家应该关注名教,关注打仗算怎么回事?张载回去就读《中庸》,读了觉得很好,但觉得好像道理没讲透。于是"访诸释老",研读佛教、道教的经典。研读了很多年之后,"知无所得",又反归六经。这是他成学的一个非常重要的阶段。

张载有一段时间已经有了自己的思想系统。据记载,嘉祐元年的时候,他在开封,准备第二年的科举。那个时候,张载常常在一个寺庙给人家讲《周易》,而且是坐虎皮之上讲《周易》。这个形象我很喜欢。"听从者甚众",听他讲的人很多,讲得好。结果,某天晚上二程兄弟来了,来看表叔。和二程兄弟聊了聊之后,张载意识到自己的问题,见到厉害的了,于是第二天撤去虎皮,跟听者说:我平时跟你们讲的都是瞎说,你们去跟二程兄弟学。这是他成学的第二阶段。我相信,如果不是因为亲戚上的年辈关系,张载会真正成为二程的弟子。吕大临写张载的《行状》中有一句话:"尽弃其学而学焉",①即张载完全抛弃了自己的学说追随二程兄弟学习。这个话吕大临没有根据是不会写的。当年程颐就跟吕大临说:你这个不像话,"表叔平生议论,谓颐兄弟有同处则可,若谓学于颐兄弟则无是事",说你赶紧给我删了。后来程子又读到《行状》的这个版本,非常愤怒,说我当年就嘱咐他删掉,怎么就不删呢?这几乎是"无忌惮"了!② 吕大临这样写难道是要取悦二程吗?我们知道,张载去世之后,他的弟子基本上都追随二程学习,吕大临也是这样。吕大临是什么样的人呢?你去看《二程集》中程颐和吕大临的辩论。程颐评价吕大临:凡是张载没说过的,我一跟他说他就懂,就接受;只要是横渠说过的,此人就不改了。③ 可见吕大临对张载的服膺。所以,一定是张载本人亲口这样说过,否则吕大临不会这么写。由此可见当时道学初兴的阶段,这些人物虚怀若谷的人格。年辈什么的在真理面前都不算什么。这是张载成学的第二阶段,这

---

① 吕大临:《横渠先生行状》,见《张载集》,北京:中华书局,1978 年,第 382 页。

② 程颢、程颐:《二程集》,北京:中华书局,2004 年,第 414—415 页。

③ "先生云:'吕与叔守横渠学甚,固每横渠无说处皆相从,才有说了,便不肯回。'"见《二程集》,2004 年,第 265 页。

个阶段也很重要。

张载于嘉祐二年(1057)中进士第。1057 年的科举考试是我多年来反复提到的,了不起的一次。怎么会有这么一批人!考官是欧阳修,进士及第的人中仅最出名的就有二苏、曾巩、程颢、张载。人才鼎盛,到了这种地步!有相当一段时间张载和二程的思想是很接近的,直到张载晚年《正蒙》出来以后,这种情况才发生了根本的变化。熙宁九年张载复出到开封做官又见到程颢,两人议论不合,于是张载写信给程颐,希望他做个评判。由此可以看出双方的思想分歧已经非常大了。现在《二程集》中有一卷《洛阳议论》,这是张载晚年与二程最后的交往记录,因为在从洛阳回陕西的路上张载就去世了。在《洛阳议论》里,张载和二程基本上已经不谈哲学问题了,没法谈了,只能谈点井田、封建方面的细节问题。双方的哲学系统差别已经很大,虽然指向的方向——为儒家生活方式奠定哲学基础——是一致的。张载哲学系统的这种改变应该不是在嘉祐二年到熙宁三年之间发生的,从嘉祐元年见二程一直到熙宁三年这段时间是张载思想的初步成熟期,其思想与二程基本是一致的,还没有真正形成自己的思想。据说,程颢和张载常常在一个寺庙里面讲论终日。程颢就讲:不知什么人曾经在这儿讲到这个地步,此前没有人能讲到这个地步,也就我们俩能够议论到这个高度。① 这股子自信!后面朱子和陆九渊也说过这样的话。俩老头在一块划船,说:"自有宇宙以来已有此溪山,还有此嘉客否?"②这股子气派!我特别喜欢两宋人的气派,一群人活着的时候就知道自己注定不朽,那是一种什么感觉?这真是文化兴盛的气象。

张载真正的思想成熟期是熙宁三年至熙宁十年,整整七年。张载

① "伯淳尝与子厚在兴国寺曾讲论终日,而曰:'不知旧日曾有甚人于此处讲此事。'"见《二程集》,2004 年,第 26 页。

② 参见《陆九渊年谱》,见《陆九渊集》,北京:中华书局,1980 年,第 492 页。

晚年有一首诗是写给邵雍的,其实也有点伤感,因为当时他的好朋友都在洛阳,就他一个人在陕西。其中有两句:"顾我七年清渭上,并游无侣又春风。"①这句话既有一股子落寞,又有一股子自己独得之见的喜悦,这是张载诗中最好的、最像诗的两句。据记载,张载在这段时间"俯而读,仰而思,有得则识之",每天"左右简编",身边都是书。② 张载的思考方式很特别,他的思考方式与程颢完全不同。程颢主要靠说的,张载主要是靠写。张载写作的方式是"立数千题",定几千个思考的题目,在那儿不断地想,"有得则识之"。比如,先立个题目:比如,天地的本质是什么? 下面写几条心得,然后不断地修改。他的理论是:"改得一字,即是进得一字。"《正蒙》一书,他长时间不拿出来给学生看,一直在那儿写。"或中夜起坐",有的时候半夜突然想起什么来,"取烛以书",赶紧就写。③ 程颢听说了以后说:"子厚却如此不熟",④子厚怎么道理没想明白啊,这么不熟,生怕自己忘了。程颢的意思是忘了就忘了,忘了说明没价值。所以这个地方,两个人的径路已经不一样了。明道思想成熟太早,他一向资质高明。张载是一个鲁钝的思想家,他讲自己:我这个人不行,屡年所得,也就好像"穿窬之盗",⑤像是穿墙去偷东西一样偶然偷到一点儿。但到了晚年却是非常地自信,他曾说:近几年来,常常一两年间一个字都没改,看起来是没什么问题了,道理已经完全想明白了。所以后来虽然与二程不同,他还能持守住自己的思想。张载评价自己说:我这个人不是高明的人,"明者举目皆见","昏者观一物必贮目于一"。昏者就是近视眼,眼睛不近视的人一抬头

① 张载:《诗上尧夫先生兼寄伯淳正叔》,见《张载集》,1978 年,第 370 页。

② 参见吕大临:《横渠先生行状》,见《张载集》,1978 年,第 383 页。

③ 参见《宋史·张载传》,见《张载集》,1978 年,第 386 页。

④ 程颢、程颐:《二程集》,2004 年,第 427 页。

⑤ 张载:《张载集》,1978 年,第 288 页。

就看得清清楚楚,眼睛近视的人,看东西时,眼睛得死盯着一个东西才能看明白。他知道自己并不是一个根器极高的人,很知道自己的缺点。他讲到自己的不足时说:"某就是太直无隐。"①自己的性格太直,没有回护的地方,容易伤人,多年也改变不了,所以他说"变化气质"。但他又讲,变化气质是极为困难的。由于他笃实,所以他思想的力量很强。

我们知道他著名的《西铭》,"乾称父,坤称母;予兹藐焉,乃混然中处"。《西铭》我一般不讲,我写张载哲学那本书对《西铭》一句都没提到,我不大喜欢讲境界,山脚下的人说不得山顶上的事,还是朴实一点。但是,二程门下入门功夫就是先读《西铭》。程子对《西铭》非常表彰,他认为是《孟子》以后,一篇而已。也就是说,《孟子》以后,力量这么大的文章除了《西铭》其他的还真没有。程颢又讲,《西铭》的道理我早就懂,"我却无他笔力",没有如此有力的文笔。程颢说,"有这一篇,省去多少言语"。② 这就是张载的力量。后来张载写信向程颐印证自己的所见,程颐给他回信说:表叔您这个思想,"有苦心极力之象,无温柔敦厚之气"。③ 在我看来,这段评价有两点值得注意:第一,程颐看到他苦心极力,恰恰是两者之间思想的巨大分歧所在;第二,这种苦心极力,恰恰是思想的内在张力的一种体现。以二程对高明境界的追求,对此当然是不满的。

我们可以用一句话概括张载的一生:思学并进,德智日新。张载去世后,朋友们想给他一个私人的谥号:明诚夫子,这就是在讲张载是

---

① 张载:《张载集》,1978 年,第 282 页。
② 程颢、程颐:《二程集》,2004 年,第 39 页。
③ 程颐:《答横渠先生书》,见《二程集》,2004 年,第 596 页。

"自明诚"(《中庸》)。二程讲张载是"勇于造道"①,造是造诣之造,是
达到之义,但并没有让道在自己身上充分地体现出来,这里有赞扬,也
蕴涵着批评。张载"思学并进,德智日新",他有一首诗,这首诗实在是
不成体统,但这诗确实也是他力量的表现。我现在想想,如果你让我把
这首诗改写一遍,我会发现一个字都动不得,他的写作都是经过认真修
改的,这是张载的特点。这首诗是讲芭蕉的。你看《爱莲说》讲莲花
"出淤泥而不染",多多少少有点出尘的意思。但张载用芭蕉为喻象:
"芭蕉心尽展新枝,新卷新心暗已随。愿学新心养新德,旋随新叶起新
知。"②芭蕉中间的心是卷着的,长成了、张开了后叶子就是平的。一片
枝叶展开,说明道理明白了,"芭蕉心尽展新枝",就是刚想明白一个道
理。"新卷新心暗已随",刚展出一片枝叶,里面又卷起了一个新的心,
卷起的这个部分看不见,道理就不明了,就暗了。刚想明白一个道理,
新的疑惑又出来了。"愿学新心养新德",想要学习芭蕉的新心,去培
养我的新德,明白新的道理,"旋随新叶起新知",随即又跟着新的枝
叶,明了新的道理。这就是《大学》里讲的"日新","苟日新,日日新,又
日新"。这里特别重要的是张载翻转了芭蕉这个喻象。其实芭蕉和葱
都是典型的佛家意象,葱管剥开来以后里面是空的,外面实,里面空,说
明本质是空。芭蕉心也是如此,芭蕉的枝叶是实的,里面的心是空的,
空心为本,实的枝叶为末。所以你看张载的力量有多大,一翻转过来,
一个佛教的喻象变成了儒家强调的生生之理的象征。所以这诗不好,

---

① "问:'《西铭》如何?'明道曰:'此横渠文之粹者也。'曰:'充得尽时如何?'曰:
'圣人也。''横渠能充尽否?'曰:'言有两端:有有德之言,有造道之言。有德之言说自己
事,如圣人言圣人事也;造道之言则智足以知此,如贤人说圣人事也。横渠道尽高,言尽
醇,自孟子后,儒者都无他见识。'"见黄宗羲、全祖望:《宋元学案》,北京:中华书局,1986
年,第771页。

② 张载:《芭蕉》,见《张载集》,1978年,第369页。

但又真好。

我希望大家有时间多读读《张载集》,特别是其中的《正蒙》。张载特别强调"写","写"是一种功夫。他一直认为心跟文字是分不开的,一个人道理说不通、文字有问题,一定是因为心有问题,一个心没问题的人,文字一定没问题,这是他的基本理念。这个观念在宋明理学的传统中非常独特。你看程颢讲:"《西铭》某得他意思,却无子厚笔力",我就是文字的力量达不到。他不觉得文字的力量达不到是思想的问题,文字和心是割裂的。就这一点来说,我当然觉得张载说的是对的。如果沿着张载的脉络下去,朱陆之辩可以休矣,陆九渊那种成圣贤要不要读书的问题本身在张载这里根本就不成立。这个我们后面再讲。

关于张载的简单的生平,以及他这个人,我们就讲到这里。接下来讲张载的思想。

张载思想是一个气本论的架构。我们现在研究张载基本有两条路线:张岱年先生、陈来老师,我们这是一脉,即中国哲学史北大学派的脉络,这个概念是陈来老师提出来的。我们上一辈学者中特别重视张载的是张岱年先生,因为张先生继承的是唯物主义的传统,所以特别重视气本论。可能张载和张先生气质也特别像,你看张岱年先生的照片,可能会觉得张载或许就是这个样子。我原来对唯物主义有很大意见,不认同张载是唯物主义,因为我认为唯物主义是破坏道德的,直到有一天我看到张岱年先生晚年的照片,就是这个季节,秋天的一组照片,那照片拍得真好,在黄叶的背景下,老先生一头银发在那里坐着,从哪个角度看,都了不起,看那个照片真是让人生起信心。当时一瞬间就蒙了,觉得我原来的判断一定是不对的。谁说唯物主义不能建构起道德来的? 张岱年先生讲了一辈子唯物主义,老先生往那儿一坐,你有什么不服的。我们且不用唯物主义这个概念,只强调张载是气本论,这是一个路径。另一个非常强势的脉络就是牟宗三先生的脉络。牟宗三先生坚决否认张载是气本论,因为气本论就意味着是唯物的,这是他绝对不能接受的。大家如果有兴趣可以看牟宗三的《心体与性体》，这本书是一定要读的，虽然错误太多。而且牟先生都是故意错，他不是不经意读错。最近大陆学界出的关于张载哲学的书里，陕西师大的丁为祥教授的《虚气相即》是牟宗三系，我那本书是张岱年先生这一系下来的。我当然不会过多地去批评别人，虽然我觉得我们的这一系是对的。

其实《心体与性体》是每一个做中国哲学的人都要去面对的，这本书最大的好处就在于它确实坚守了哲学，它不是思想史。思想史有利于我们疏通一个观念的来龙去脉，以及这种思想与当时社会的关系等等。但是，思想史不具原创的动力。你要真想为一种生活方式、生活安排提供背后的哲学理由，是不可能通过思想史来实现的。无论如何，我们要坚守哲学史。不管怎么说，一个思想家真正的重要性源于他内在的哲学品质，在这个地方我是要向牟宗三先生致敬。虽然他写作的体裁和风格，还有点过分传统的学案体色彩。其实冯友兰、张岱年以降，有一个特别大的贡献，就是体系化中国哲学。我们中国哲学家的写作一般都是非体系化的表达，但这并不意味着它没有体系、没有结构。从冯先生的两卷本《中国哲学史》开始，汤用彤先生的《魏晋玄学论稿》、张岱年先生的研究、陈来老师的研究以下，特别重要的一点就是体系化的研究。关于张载研究的两个路径，我们已经讲清楚了，大家有时间可以自己去看。

接下来我们进入张载思想的具体介绍。

一　虚与气

虚与气的关系中又扭结着形与象的分别，所以这两组概念我们结合着来讲。

张载认为，实存的世界是由两种存在形态构成的：一种是太虚，一种是气。太虚不意味着不存在。张载讲："太虚无形，气之本体。其聚其散,变化之客形尔。"①对"气之本体"的解读非常重要,我认为张岱年先生的解读是唯一正确的解读,张先生《中国哲学大纲》讲得很清楚:"体"不能读成"体用"的"体",这里是"本来样子"的意思。② 太虚没有形,注意,"无形"不能说"无形无象",否则是语言的滥用,哲学家用语言得有诗人一样的苛刻。举个例子,我们讲到周敦颐的动静问题时,我说"动静互为条件",你要注意这个表达,用别的表达是不对的。不是"动中含静,静中含动"。"动中含静,静中含动"在某种意义上还是含糊的。我的态度是:哪怕是错的,也得把话说具体。所以我们一定要注意语言问题,因为我们是用语言来工作的。虽然我对西方哲学中分析哲学这一脉并不是特别心仪,但是分析哲学中用语言分析这一点我觉得非常重要。"太虚无形,气之本体",太虚是无形的,这是气的本来状态。"其聚其散,变化之客形尔","其"指什么? 是气的聚散,还是太虚的聚散? "其"是太虚吗? 太虚可以聚,但它可以散吗? 张载对气有两种使用方式:一为有形的气;二为包括太虚无形状态的宇宙间恒久存在的统一的气。所以,这句话的意思是,天地万物的存在,不过是气的不同形态。张载又说:"太虚不能无气,气不能不聚而为万物,万物不能不散而为太虚。"③在陈来老师的书里画了一幅图:太虚到气再到万物,万物再回到太虚。最早的版本,即辽宁教育出版社的版本和现在通行的版本不一样。现在这一版,万物消散的时候有一个气的阶段。④ 从材料上看,我觉得还是前面一版是对的,万物直接返回太虚,这是虚气循环的过程。

这里有几大要点:第一,太虚和气是并存的,无形的太虚与气是并

---

① 张载:《张载集》,1978 年,第 7 页。
② 张岱年:《中国哲学大纲》,北京:中国社会科学出版社,1982 年,第 44 页。
③ 张载:《张载集》,1978 年,第 7 页。
④ 陈来:《宋明理学》(第二版),上海:华东师范大学出版社,2004 年,第 46 页。

存的。第二，由于太虚也是气的一种状态，所以太虚不是"无"。张载说："大《易》不言有无，言有无，诸子之陋也。"①大《易》的传统是不讲有无的，所谓的有无就是幽冥，也就是可见还是不可见，幽即不可见，明即可见。这讲的是实存的问题，太虚一定是和万物的聚成状态，以及气的中间状态同时并存的。所以才说："知太虚即气，则无无。"②张载哲学的根本指向还是在对治佛老。张载破除"无"的理论思维方式与郭象破除"无"的理论方式是一样的。郭象破王弼的"无"是对王弼哲学的发展。我认为，从王弼到郭象是从"本无"到"释无"，而不是从"本无"到"独化"，郭象是对王弼的发展而不是对王弼的反对。郭象的意思是，你王弼讲无还是不对，无不是个东西，无不是存在，无就是没有。对于"知太虚即气，则无无"这句话，关键在于对"即"字的理解。张岱年先生这一系和牟宗三先生这一系，非常关键的不同便在于对"即"字理解的不同。牟宗三先生把"即"读成"相即不离"，③张岱年先生则读成系动词"是"，太虚就是气。④ 太虚和气相即不离与太虚就是气哪个对？当然"太虚就是气"是对的。你去读《正蒙》，有太多明确的证据。比如张载在解释天象的时候说，日月星辰的背景就是太虚，"无以验其牵动于外"⑤，由于看不见太虚的形状，所以你不知道太虚是运动的。所以太虚和万物、大地、日月星辰是同时存在的。由于是同时存在的，也就是说，它不是相即不离的。如果是相即不离，那么太虚就永远在所有万物当中，离不开有形的万物，但是在张载的哲学话语里面，太虚显

---

① 张载:《张载集》,1978 年,第 48 页。

② 同上书,第 9 页。

③ 参见牟宗三:《心体与性体》(上册),长春:吉林出版集团有限责任公司,2013年,第 394—401 页。

④ 参见张岱年:《中国哲学大纲》,1982 年,第 45 页。

⑤ 张载:《张载集》,1978 年,第 11 页。

然是可以脱离具体的事物而独立存在的。所以才能理解张载讲的"昼夜"，夜对应的就是太虚；"幽冥"，幽就是太虚；"聚散"，散就是太虚；"清浊"，清就是太虚。总不能说清浊相即不离吧，总不能说聚散相即不离吧？尤其不能说昼夜相即不离，昼夜当然是昼完了之后再夜，夜完了之后再昼。所以，这里我们要明确，"知太虚即气则无无"，太虚就是气的本来状态，是无形的状态，聚起来就是有形的状态。这样的一个图示针对的还是佛老，分别从两个方面针对佛老。

一个方面是佛老的宇宙论。张载说："若谓虚能生气，则虚无穷，气有限，体用殊绝，入老氏'有生于无'自然之论，不识所谓有无混一之常。若谓万象为太虚中所见之物，则物与虚不相资，形自形，性自性，形性、天人不相待，而有陷于浮屠以山河大地为见病之说。"[1]"虚无穷"，虚没有形体，因此对虚是没有任何具体限定的，也就是说太虚是没有任何具体的象状、性质的。"气有限"，气是有限定的。其实在某种意义上，张载所讲的宇宙应该是一个有确定的量的宇宙，不是一个无限的宇宙，气在一定的量中轮回，这也是后来二程批评他最多的地方。"体用殊绝"，体和用之间被隔断了，道家这样一种有生于无的观念在哲学上显然是错的。接着他又讲佛教的问题是什么。"若谓万象为太虚中所见之物"，带来的结果是"物与虚不相资"。佛家为什么说空？因为世界万物都是虚假的，因为不真，所以空。"若谓万象为太虚中所见之物"，也就是说，实际上万物都是虚假的，是不真实的，背后的太虚才是真实的。而张载认为气的不同状态都是真实的，在这一点上张载和程颢一样。"物与虚不相资"带来的结果是"形自形，性自性"，形体归形体，真实的本性归真实的本性，所以形体和真实的本性之间是打断的。这样一个"形自形，性自性"的思想导致的是"以山河大地为幻妄"。所

---

① 张载：《张载集》，1978 年，第 8 页。

以张载的虚气结构对抗的是道家和佛教的世界观,这是一种哲学上的批判。总之,张载说,你们对世界的理解是错的。

第二个方面,虚气关系指向一种生死观。这里张载犯了一个小小的错误,他在哲学上批判的是道家,在生死观上批判的却是道教。他认为,佛教和道教在生死观上的问题是:"彼语寂灭者往而不反,徇生执有者物而不化。"[①]为了自己有限的形体而执着于自己狭小的有,是只知道物,不知道物的变化消长的过程。道家那么留恋长生吗?道家不是这样的。道家的生死观最典型的体现是庄子和陶渊明。《庄子》里有一段,几个人相与为友,其中一个生病了,另外几个人去探望他,探望的时候也没拎点什么东西,也没安慰他,而是倚在门口唱歌。唱的大意是:哎呀你生病了,哎呀你要死了,上天会把你变成老鼠的肝呢,还是虫子的手臂呢?想象力真是丰富!躺在病床上的那个人就说:你们也太不达观了。天地就好像炉子,造化就好像炉子旁边的工匠,我们就好像炉子里的铜和铁。如果炉匠在炼铁的时候,铁在炉子里喊:"我一定要做干将莫邪!"也就是要做锋利的宝剑,那炉匠肯定会认为这块铁不祥。如果人在回炉的过程中,高喊"我要做人,我要做人!"造化也一定会以为不祥。(《庄子·大宗师》)贾谊《鹏鸟赋》也用了这段典故:"且夫天地为炉而造化为工,阴阳为炭而万物为铜。"当然贾谊的《鹏鸟赋》里面,更多些沉痛的意思。这样的一个道家生死观,再往下讲,就是陶渊明的"纵浪大化中,不喜亦不惧。应尽便须尽,无复独多虑。"[②]这诗实在太好了,你不得不觉得这个好,也是一个字都不能改的。显然,道家不是"徇生执有"的,不是留恋有限的形体的,留恋有限形体的显然是道教,张载在这里有一个知识上的混淆。执着于有限的形体的,这个

---

① 张载:《张载集》,1978 年,第 7 页。

② 陶渊明:《形影神赠答诗》,见袁行霈:《陶渊明集笺注》,北京:中华书局,2003 年,第67 页。

叫"物而不化"。批判佛教生死观的话是："彼语寂灭者往而不反"，那说死亡就是寂灭的，叫"往而不反"。这里张载到底在说什么？后来朱子讲，张载是讲"死而不亡"的，张载破了一个小轮回，造了一个大轮回。[①] 他认为佛教的生死观里，最荒谬的不是轮回，而是寂灭。我们可以看到张载读佛教的书确实不太认真。也许以儒学为根本的人，读佛教的书确实不能太认真，读得太认真思想结构就不知不觉地变了。

那么，张载的生死观是什么？张载认为，形体是有消散的，我的真常本性却永远存在。"散入无形，适得吾体；聚为有象，不失吾常。"[②]消散了无形了，恰恰反而得到了我的身体，破除了小的身体后，我们就融入了天地造化的大的形体。"聚为有象"，这里的象和形不能分开，这里显然是书写的时候为了文体的优雅而使用了"象"字，它的意思还是"形"。这里的"吾常"就是我的真实本性。按道理讲，聚为有象之后，我就有了"小我"，有了肉身，我就开始从肉身出发，开始有了自私自利的念头。然而，有了狭小肉体的人，仍然能够有真实的本性。在这个地方，我们看到，张载的生死观比较接近道家生死观，其实还是不够儒家。所以二程对张载的生死观是有批评的，他们的批评和朱子的不同。朱子讲"大轮回"，对张载还是有点误解，但是二程的批评，是非常深刻准确的。二程说，你这样的一个虚气循回，带来的结果是，造化在创生万物的时候，要资于既毙之形，既返之气。万物散而为太虚，太虚就是万物的尸骸，这就是"既毙之形，既返之气"。如果这样，那么造化的生生不已就不是绝对的，而是相对的。天道的生生不已显然受到了限制，这怎么可能呢？[③] 这是二程不能容忍的。在《近思录》里有一条讲：道就在鼻端。按照张载的讲法，你吸进来的气就是刚才呼出去的，因为气是

---

① 《朱子语类》卷第九十九《张子书》，1986 年，第 2537 页。

② 张载：《张载集》，1978 年，第 7 页。

③ 参见程颢、程颐：《二程集》，2004 年，第 148 页。

有限的。在这个地方，二程讲天道自然生生不已，①是强调绝对的创造。

既然二程不同意张载的生死观，那他们的又是怎样的呢？在解释《论语》的"未知生，焉知死"的时候，程颢说："死之事即生是也"，②死亡这件事说的其实就是"生"，个体消亡是生生不已得以实现的逻辑环节。如果每个个体都不消亡，未来的新生命在哪里创生？如果长出来的每一株草都是不死草，第一年能长，第二年还能长，那第三年的在哪儿生，哪儿有空间长草呢？如果个体是可以不消亡的，也就意味着天地生生之道就是可以停止的，也就是天地之道"或几乎息矣"（《周易·系辞》）。所以，程颢要破的佛教的生死观不是寂灭，而是轮回，他认为寂灭是对的，轮回才是错的。这个世界，人消亡了，就是往而不返，个体的灭尽无余是天道生生不已得以完成的逻辑环节。所以你能体会到，在程颢这里天地就好像一团活的火，跳动不息，我们每个个体就是天地这团活火中跳动的小火苗，一闪而灭，是新的火苗诞生的条件。从这个角度上讲，二程兄弟在一个新的哲学高度，建立了真正属于儒家的生死观，这里可以看出二程兄弟的伟大。所以，从新生命的角度讲，个体的消亡当然是充满欣喜的事情。这样，就没有必要有过多的对生命的留恋。这里，我们就能明白二程兄弟对张载生死观的批评。

"死之事即生是也"这句话告诉你，生自身饱满，我们过好自己每一天的生活就好了。死亡意味着根本性的失去，由于我们必然会失去，所以我们珍惜，因为人能珍惜，所以人才能饱满。这在某种意义上也是海德格尔讲"向死而在"③的用意所在。我一直觉得海德格尔的"being onto death"翻译成"向死而在"是不对的，正确的翻译应该是"在死的可

---

① 参见张京华：《近思录集释》，长沙：岳麓书社，2010 年，第 88 页。

② 程颢、程颐：《二程集》，2004 年，第 17 页。

③ 〔德〕海德格尔：《存在与时间》，北京：三联书店，2006 年，第 271 页。

能性之上的在世",我们人就是在死的可能性之上的在世。如果我们规定每个人到 70 岁才有可能死,那么在 70 岁之前我们就玩儿命地作,或者我们规定,每个人注定不死,那我们还珍惜什么? 你根本不会失去,那还珍惜什么? 正因为人有失去的可能,所以我们才会去珍惜;正因为我们珍惜,所以我们才牵挂;正因为我们牵挂,所以我们的生命才饱满。这是真正儒家的道理。

第八讲

气本与神化：张载的哲学建构（下）

上一堂课讲了张载的两个概念：虚和气。张载显然是构造了一个气本论的传统，但是我们要注意，气本论并不等同于我们今天讲的唯物主义，当然我们也不必刻意地把它和唯物主义区别开来。实际上，中国古代哲学中"气"的概念和西方传统的"物质"的概念是不同的。我在《气本与神化》一书中用亚里士多德的"四因说"做了一个比较。如果从"四因说"的角度讲，我们知道亚里士多德的四因是说所有的事物都有它的质料因、形式因、动力因和目的因。当然更根本地只要说两因就够了，也就是质料因和形式因，因为形式作为一种目的也是根本的动力。如果对比张载的哲学你会发现，他的气不是质料。在亚里士多德那里，质料是没有定形的材料，没有动力因在里面。而中国哲学的传统则强调，气本身就内涵了能动性。① 你去读张载《正蒙》第一段："太和所谓道，中涵浮沉、升降、动静、相感之性，是生絪缊、相荡、胜负、屈伸之始。"②你不用具体地知道每一个字的意思，直接感觉就知道，这个哲学的传统是极尽"动之义"的，动力是内含在质料当中的，如果你把气当

---

① 参见杨立华：《气本与神化：张载哲学述论》，北京：北京大学出版社，2008 年，第65—67 页。

② 张载：《张载集》，北京：中华书局，1978 年，第 7 页。

成物质质料的话。所以天地自然是绷缊不息的。这样一种极尽动之义的对于世界的理解和四因构建的对世界的理解是不同的。在我看来，中、西方哲学之间最重要的区别之一，就在于是否强调"形"。我们后来翻译成"理念"的词，陈康先生指出，按照希腊文的本意应该是"相"的意思。所以说是否重视"形"非常重要。中国哲学的传统里，有形存在的存在等级是比较低的，无形的才是高的，这也就是形而上与形而下的区分。而西方哲学传统中，"形"本身就是一个追求的目标。所以在这个地方，中、西哲学传统的区别非常大。所以我们不能简单地说气本论就是唯物主义。但是你看张载哲学中强调的虚气之间的相感，世界存在就是气的不同形态，就是有形之气与无形之气这两种状态。无形之气的状态就是太虚，有形之气的状态就是气和万物。

上一次课我讲到，在虚气循环的过程当中，张载的理论实际上针对两方面问题：一个方面是针对佛教和道教的宇宙论或者本体论的传统，另外一个方面针对的是佛教和道教的生死观。当然这里面会有一些疑问，比如有的同学会问：虚聚成气到底是一个什么样的过程？这里必须注意的是，张载不能接受这样的宇宙模式：世界有一个太虚的无形的阶段，然后再有一个太虚聚为气的有形的阶段，然后再由有形的万物返归无形的阶段。不是整齐划一的，"虚"一下子就完全转成了气，而是虚与气并存，可见的与不可见的并存。所以没有有无，只有幽明，只有可见不可见。通过张载的很多分析我们可以看到，太虚是与万物并存的，所以这个世界没有一个太虚的阶段，也没有一个万物的阶段，这个世界真实的变化是太虚与有形的万物和气的相感的关系。这样一个相感的关系所构成的绷缊不息的世界，在张载的哲学里面叫做太和。所以我在我的书里分析说，"太和"根本就不是结构性概念，太和是一个整体的对世界的描述的概念；不是构造张载哲学体系的不可或缺的结构性概念,而是一个整体哲学气质的表达。① 所以当我们太过强调"太和"这个概念的时候,会忽略张载哲学的整体架构。张载的哲学是一种有着清晰结构的哲学。

这是我们对上节课讲的太虚与气这一部分的补充。

太虚和气不是相即不离的关系,而是同时并存的两种状态的关系。所以我在上次课讲到关于张载哲学研究的两个重要的脉络,牟宗三先生这一脉络的根本问题就在于把"太虚即气"读成了太虚和气相即不离,这显然是错误的。牟宗三对张载的解读,很多地方都不能成立。比如"兼体而无累"的"体"字,牟宗三先生认为是一个名词,②而实际上显然是一个动词,"兼体"就是同时贯通的意思。所以"兼体无累"就是说真正的"神"是贯通在两体之中的。

二 形与象

从程颢开始,《系辞》中的"形而上者谓之道,形而下者谓之器"就开始真正进入到宋明理学的体系建构当中,形而上与形而下成为至为关键的分别。当然我在讲到程颢的时候说,程颢在讲到"形而上"和"形而下"的区别时,他太怕把两者分得太开,所以反而把形而上与形而下的区分所包含的内部的思想张力消解了。张载的哲学在成学之初受到了二程兄弟的影响,所以形而上与形而下的区分在张载的思想中也非常重要。但是张载的区分非常复杂,后来二程兄弟特别是程颐对张载哲学的批判里面,其中一个重要的批判就在于强调张载的哲学没有严格区分出形上与形下来。

---

① 参见杨立华:《气本与神化:张载哲学述论》,2008 年,第 68 页。

② 参见牟宗三:《心体与性体》(上册),长春:吉林出版集团有限责任公司,2013年,第 387 页。

关于这个问题,我们先从形与象的区分讲起。如果我们去仔细阅读《正蒙》里面谈到的形与象,会发现形与象是有严格分界的:有形一定有象,反过来,有象不一定有形,形比象低一个层次。所以在这个意义上,我们在读张载的时候,有有象而无形的阶段,比如太虚,无形而有象——后来二程批评张载的形上学时说他以"清虚一大"为本,[①]而"清虚一大"其实就是太虚之象。比如"湛一",也是对太虚之象的描述。但无论如何不能讲"太虚之形"。此前的张载研究完全忽略了这一区分,把形与象混为一谈。一说就说"有形有象",而实际上在张载那里形和象不是一个概念。其实这个区别在《易传》里面就有:"在天成象,在地成形。"(《周易·系辞》)象属天道,形属地道。我们眼前的桌子、椅子、草、树、苍蝇,这些都是有形的,都是"在地成形",所以地道对应的是形质这一方面,而天道对应的是象。那么象和形在哲学上到底怎么区分?我们中国哲学的研究一直以来都有一个问题,就是分析问题总是"点到即止",使用含糊的古代概念而拒绝把它讲透。形很清楚,就是有形体的,那么它有没有变化?比如说桌子,它的本质就是分子的某种振动的形式而已,暂时的形态。从这个角度讲,桌子也是在随时变动的。但是,它毕竟有一个暂时的稳定的形状、性质,因此有一个暂时的稳定的功用。当然在哲学上更强的稳定性就意味着更强的被动性。被动性更多的是"阴",所以形体更多的是属阴的,当然不是纯阴之气。中国古代以阴阳的区分观察世界,比如道教里面的仙和鬼,在阳光下都是没有影子的;那么二者有什么区分呢?鬼没有影子是因为它都是阴气,仙没有影子是因为它是阳气。所以纯阴纯阳之气都是没有具体的形体的。而人落实在具体的形魄方面,都是属阴的;而魂气都是属阳

---

① "横渠教人,本只是谓世学胶固,故说一个清虚一大,只图得人稍损得没去就道理来,然而人又别处走。今日且只道敬。"程颢、程颐:《二程集》,北京:中华书局,2004年,第23页。

的。苏东坡有一个讲法,说这个世界上当然有神了,普通人只有魄没有魂,所以人一死魄就散了,这个人也就没了;只有那些伟大的人才有魂,这些人死了之后魄散了但魂是在的。我很喜欢这个说法。所以有形的是属阴的,是被动的,而象这个层面是积极的。"在天成象",那么象是什么?这里面涉及到一个问题:有形一定是感官可以把握的,这叫"有形"。问题在于,风这样的东西我们能感知到,但是它有没有形?云的变化有没有形?再比如说晚霞,它看起来没有定形,却又是我们的感官可以把握的。虽然是感官可以把握的,但不是任何一种单一的感官能把握住的。比如说,有形的东西我们用眼睛可以看到它,用手可以摸到它;但是象是什么呢?据我的理解,"象"有点接近孟子的"气":"夫志,气之率也;气,体之充也。"(《孟子·公孙丑》)象是通过可感的、可直接看见的、物的某种形态的变化,体现出物与物之间关系的变动,而这种物与物之间关系的变动意味着难以用单一感官把握的整体氛围的变化和变动。

举个例子,我现在在这里上课,特别嚣张,现在如果我的旁边坐着另外一位老师,那我说话的时候就得客气点儿,甭管是谁,我都得给他留点儿余地。这样我的表现就有变化。你们看到的是我的表现,但是整个氛围变了。再比如说,《赌神》大家都看过吧?周润发一出场,那周围的人都是小弟,连刘德华都是小弟。如果换别人往那儿一站,那就镇不住了。后来周星驰模仿了一番,周星驰往那儿一走,整个形势全变了。所以说,象是物与物之间关系的某种感性化的结果,但这种感性化的结果又绝不是任何单一的感官可以把握的;但是它又是可见的,你可以通过个别事物的形的变化感知到象的变化。比如说晚霞,晚霞是阳光和云层以及气的某种折射关系造成的我们可以看到的某种东西,但这是一种趋势,一种时空当中的关系。所以"在天成象"讲的是这种东西。象一定要通过有形的事物体现出来,离开了有形事物的变化,这种象你是体会不到的。但是它又不能被等同于有形的事物;你把所有有形的静态的事物全部加到一块,也构不成这种象。这就是象和形之间的关系。

太虚是有象无形的,气和万物是有形有象的。这是我们讲的形和象的关系。那么现在涉及到一个问题就是,到底形而上和形而下的分界在哪里? 太虚是形而上的还是形而下的? 为什么二程对张载有那样的批评? 一个重要的原因就在于,张载认为,有象而无形的太虚已经是形而上者;所以张载那里的形而上和形而下就是无形和有形的区别。凡无形者皆是形而上者,但是形而上者是分层的。太虚这种有象而无形的存在虽然已经是形而上者,但不是最高的形而上者。他的分层非常有意思,有形有象的气和万物,无形有象的太虚——它们两者是相对立的关系。而在这两者之中有一个贯通的东西,在张载这里叫做"神"。神是贯通在对立的双方之中的。

三　参两

"参两"就是"叁两"。张载哲学是强调三的。

首先我们来看一和两的关系。张载有一段话讲天道为神,地道为物,天道和地道相区别:

> 大和所谓道,中涵浮沉、升降、动静相感之性,是生细缊、相荡、胜负、屈伸之始。其来也几微易简,其究也广大坚固。起知于易者乾乎! 效法于简者坤乎! 散殊而可象为气,清通而不可象为神。不如野马、细缊不足谓之大和。①

天道为神,对应的是"清通而不可象",神是最高的存在者,是连象都没有的;地道对应的是物。但是又有一句话说"顾有地斯有天,若其配然

① 张载:《张载集》,1978 年,第 7 页。

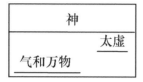

尔"。① "顾"是转折的意思。看起来有地才有天，天反而是地之配，是配合地而有的。这个讲法是在讲"两一"之间的关系，实际上在讲张载的心目中可接受的宇宙论图式。"两"和"一"的关系，张载有一句话说："若一则有两，有两亦一在，无两亦一在。然无两则安用一？"②"若一则有两"，是说在时间上先有一再有两，在逻辑上会形成一种情况，即"有两亦一在，无两亦一在"，"一"是永远可以存在的；有两体对立的情况下"一"也可以存在，没有两体对立的情况下"一"也可以存在。接下来张载反问了一句，说"若无两焉用一？"如果没有两体的对立，要那个"一"干什么？这句话听起来很奇怪，在之前的研究里没有被重视。这句话实际上非常重要，它揭示了张载真正能够接受的世界图景是什么样子的。第一，有一种世界图景是张载不能够接受的，就是没有对立的两体存在的、没有分化的、一团死寂的"一"，因此是僵死的、不分化的、不运动的、没有分别的世界，张载认为这样的世界是不可能存在的，没有这样的一个宇宙阶段。就像当年黑格尔讽刺谢林说，我们把一头黑牛牵到黑夜里，只是一团漆黑而已。像这样的僵死的、一团漆黑的世界是不能理解的。③ 第二，如果仅仅有"两"无"一"，就会形成一个分裂的世界，热的就是热的，冷的就是冷的，亮的就是亮的，暗的就是暗的，阴阳、动静、虚实、昼夜都没有相互转化的关系，完全分裂的世界。因此无论是只有"两"没有"一"还是只有"一"没有"两"，这两种世界图式张载都不能接受，他认为这两种世界图式都不能真实地反映这个世界的真实存在，这种僵死的世界或者分裂的世界都是不能接受的。所以张载讲："一物两体，气也；一故神，

---

① 张载:《张载集》,1978 年,第 11 页。

② 同上书,第 233 页。

③ 〔德〕黑格尔:《精神现象学·序言》,先刚译,北京:人民出版社,2013 年,第 10 页。

(两在故不测。)两故化,(推行于一。)此天之所以参也。"①这个"叁"有的地方是写做"参"的。我们知道在《中庸》的第二十三章就是写作"参",天地生物人能成物,"参赞化育"的"参"实际上就应该读作"叁"。这两句话中间讲"一故神",这句话完整的解释应该是"本一故神",因为分化的万物中间有统一的神贯穿于其中,所以"本一故神","神"是神妙不测的意思。"不测之谓神",就是无论如何你都不能够去摹状、描述和把握。张载自己的小注说:"两在故不测"。他怕人家把"一故神"误解为单一的世界,所以他同时又讲两体的存在。接下来是"两故化",小注为"推行于一"。所以在这个地方就形成了"一物两体"的关系,两体就是我们第一个部分讲的太虚与气的二分,按照张载的讲法就是虚实、动静、聚散、清浊,这都是分化的两体。这两体中始终贯通的就是"一",就是"清通而不可象"之神。正是因为神的这种贯通作用,所以虚实、动静、聚散、清浊这两体才能相互感通、相互转化。到这里,"参两"的关系讲清之后,张载哲学的基本架构就确立起来了。总结一下:首先,这个世界永远只有可见和不可见两个部分,但可见和不可见又不是截然对立的,而是始终相互感通、相互转化、相互作用、绷缊不息的。而之所以会有这种相互感通、相互转化、绷缊不息,原因是中间有"神"的作用。

张载哲学里面除了讲神这个概念之外,还有另外一个概念叫"化"。神和化又是张载哲学中特别难把握的一组概念。张载说:"神,天德,化,天道。德,其体,道,其用。"②首先,神和化对应的是体和用的关系,神为体,化为用;也就是说,神是完全无法把捉的,化是能够点点滴滴感知到的。"化"在张载那里就是万物之间虚实、动静、聚散、清浊、昼夜这类两体之间的相互感通、相互作用的细微的变化关系。

---

① 张载:《张载集》,1978 年,第 10 页。
② 同上书,第 15 页。

但是在这里又有另外一个概念就是"变"。张载哲学讲"变""化",这两个字是从《易传》来的。但是如何理解"变化"却构成了张载和程朱的不同。张载讲变化说:"变则化,以著显微也。化而裁之谓之变。"①张载认为,世界是一个连续的"化"的过程,化积累到一定程度达到某种显著的阶段时就是"变",所以"变则化"。化是这个世界永远的、不显著的、不可察觉的变化的积累;到了变这个阶段就是化积累到了显著的阶段,可以察觉出来。但是在程朱那里,变和化是正相反的。到底是什么原因,我还在思考。程朱讲化是高于变的,变是一个巨大的"影响",化是巨大的"影响"之后人在其中的慢慢的、习焉不察的、润物无声的改变,这叫化。这是张载和程朱之间的不同。在张载这里,世界始终有一个化的过程,变是人为的裁断,"变"成了"化"的不同阶段。那么最典型的裁断体现在哪儿?"吾十有五而志于学,三十而立,四十而不惑,五十而知天命,六十而耳顺,七十而从心所欲,不逾矩。"(《论语·为政》)他说,一般人对自己每天的变化不自知,圣人却不一样,圣人变到一定阶段就能够知道,所以变是化的不断积累。这是变和化的关系。

张载讲到神和化的关系时说:"神为不测,化为难知。"②一个是难测,一个是难知。神和化结合到一块,神是化的背后的推动力,化是神的推动所带来的两体之间相互作用的结果。神构成了作为虚实、动静等等两体之间相互作用的背后的推动力。为什么会有这种推动?因为"本一故神",神是万物之间相互作用的背后的源动力。张载的哲学极尽动之义,他在解释《易传》"鼓之舞之以尽神"(《周易·系辞》)的时候甚至讲:为什么有时候巫师能与天地相通呢?巫为什么能通神?因

① "'变则化',由粗入精也;'化而裁之谓之变',以著显微也。"参见张载:《张载集》,1978 年,第 16、208 页。

② 张载:《张载集》,1978 年,第 16 页。

为巫在入神的状态中"极尽动之义",巫不再是一个简单的个体,而是被作为动力源的神所掌控。① 这里要注意,神没有我们今天讲的人格神的意味,而是万物背后的动力因。所以"神为难测,化为难知",神推动化,化体现神。神和化构成了虚实、动静、聚散、清浊之间不断相互作用、相互转化的原因。所以张载说,实际上这个世界,真正存在的只有神化;所以他说:"凡天地法象,皆神化之糟粕尔",②这句话是理解张载哲学的关键。糟粕就是酿酒之后剩下的渣滓,把粗的、残迹的部分去掉,留下的是精华;"天地法象"都是粗的渣滓,真正的精华是神和化。这里的"法象"与佛教的"法相"显然不同。我们稍微熟悉一点《易传》的都知道,"在天成象,在地成形","成象之谓乾,效法之谓坤"(《周易·系辞》)。这里的"法"就是"形"的意思。在这个意义上,无论是无形有象的还是有形有象的存在,都是神和化的残迹,神和化的粗糙的痕迹而已。所以天地法象真正体现的是神化的作用,离开了粗糙的痕迹我们将不能看到神化的作用。但是不能把虚实动静等同于神化的作用。我们透过虚实、动静、聚散、清浊两体之间的相互作用看到背后的神和化,所以说"凡天地法象,皆神化之糟粕尔"。

再来回顾一下整个结构:"虚与气"—"形与象"—"叁两"。"叁两"这个地方我们谈地道和天道,地道为两,天道为叁。但有时候我们也讲天道为一,讲一与两的关系,逻辑上讲天道为体地道为用,这个没有问题。但在逻辑上,如果是先有一再有两,那么不管有没有分裂的两,一都是存在的。这就会导致这样一种可能的世界图式:整个世界是一个混沌的不分化的一。由一个混沌的不分化的一,分化出现在这样的世界,这是张载不能接受的观念。这种世界观最不可理解的地方就在于,本来静止的一、不分化的混沌,有什么必要分化出现在这样一个

---

① 张载:《张载集》,1978 年,第 205 页。
② 同上书,第 9 页。

世界来？它有什么内在的动力要变成今天这个样子呢？静止的、不分化的一当中，没有分化的动力，所以张载说不可能有这样一个阶段。同时也不可能有另外一种世界，即完全分化的、没有统一性的世界。两体中贯通了一，就构成了张载说的"天道之叁"。这就是一物两体的关系。再具体地说，就是我们刚才讲的"天地法象"，法象就是两体；虚实、聚散、动静、清浊，两体都是神所引发的变化的具体体现，所以说"皆神化之糟粕尔"。到这个地方，我们前三个部分就已经讲得比较清楚了。而这个结构实际上也已经蕴涵了张载哲学中很多重要的道理。

四　感

张载哲学这么一个复杂的概念系统，这么一个严谨的宇宙图式，它到底指向什么，它要论证什么？在这个过程里面特别重要的一个中间环节就是"感"。所以你就能明白张载为什么要强调两体，为什么要强调差异的普遍存在。张载讲"天地万物，无一物相肖者"，[1]天地万物没有任何两个是完全一样的，强调这种差异的普遍存在就是要安顿这个字——"感"。如果没有差异的普遍存在，这种"感"从何而来呢？比如说《咸卦》上泽下山，山是少男，泽是少女，以少男下少女，所以是感，一定是男女之间有感。而且爻位之间的相互对应，初和四，二和五，三和上都是阴阳相应。所以古人常常说男和女在一块才有感，"二女同居则无感"。[2] 差异是感的逻辑环节；如果相同就无所谓感了，所以张载特别强调感的普遍存在。张载哲学中看似不经意的概念，其实在他的哲学体系中都是有它的结构位置的。比如他强调两体，两体是根本差异；但是万物之间还有很多具体的差异，比如由动静、聚散、清浊、幽明

---

① 张载:《张载集》,1978 年,第 10 页。

② 同上书,第 125 页。

等等所构成的具体的差异,所以"天地之间,无一物相肖者",普遍的差异是"感"的逻辑前提。但这种差异又不能绝对化,一旦绝对化所带来的结果就是分裂的世界,而分裂的世界又不能安顿"感"。那个时代的伟大哲学家,不仅张载讲"感",程颐也讲"感",程颐甚至说过这样的话:"天地之间,只有一个感与应而已,更有甚事?"①万物之间不断地感应,除此之外还有别的事情吗?

在张载那里有三种"感"。第一种叫"天地阴阳二端之感",这就回到我们刚才说的两体,这种感就是两体之感,这种感都是正感。对应《易传》里面的话就是"屈信(伸)相感而利生焉"(《周易·系辞》),天地间只有一个屈伸相感。张载对"利生焉"的解释非常有意思,"利生焉"就是只有利没有害,天地阴阳二端之感、屈伸相感,只有利没有害。② 这里的"屈"和"伸"又把中国哲学传统里面的另外两个字都带进来,这两个字就是"鬼"和"神"。"屈伸相感"在这个地方就是"鬼神相感"。那么什么是鬼神?"鬼者,归也",鬼是消散;"神者,伸也",神是生长。所以张载讲:"鬼神者,二气之良能也。"③在《孟子》的原文里,"良知""良能"不是好的知、好的能,而是固有的知和能;"良"是固有、本有的意思。这里的"二气之良能"就是屈伸相感,天地间只有这样一个屈伸相感。所以有时候你想想阴阳的变化,其实这个世界,按照邵雍的讲法,大的历史时代是有阴阳消长的,小的环节里每一年有阴阳消长,从我们个人来讲也有阴阳消长。像你们就是正在往上长,我们这个年纪的人就在往下消。

另一种感是"人与物蕞然之感"。"蕞"就是小的意思。"蕞然之

---

① 程颢、程颐:《二程集》,2004 年,第 152 页。
② 张载:《张载集》,1978 年,第 232—233 页。
③ 同上书,第 9 页。

感",是人与物之间比较狭隘的感;它对应的是"情伪相感而利害生焉",①不再仅仅是利,而是利害相杂了。读张载的哲学,处处能够看到"诚"与"妄"的对立:凡诚的,都是正面的;凡伪妄的,都因不诚所以是恶的,糟糕的。所以只有"诚"与"妄"的分别,也就是"情伪相感"。情是实,伪是人为,实际也就是"诚妄相感"。到了人与物的狭小之感就有诚与妄的分别,有真实的部分,有伪妄的部分。正因为有伪妄的部分,人生才如此地迷惑和茫然。

比如说生死的问题,如果你真能明达生死,像明道一样明白"死之事即生是也";或者如郭象讲的"夫死者独化而死耳,非夫生者生此死也",②不是活着的东西生出了死,而是生就是生,死就是死,按照他的"自生"的观念,二者是完全独立的,这种讲法就对应一种生死观。很多人对生死问题很茫然,对死有各种各样的虚妄的想象,搞得自己活着的时候都很不开心。由于有了各种对世界的不真实的看法,所以有了各种伪妄的东西,导致我们把自己搞得非常不舒服。我最近在讲儒家的修身时,特别强调明达事理是第一步,道理不明,你事儿都没想明白,人生就是颠倒错乱的。现在很多人日子过得挺好,但是很不开心,为什么呢?四个字——庸人自扰。再加四个字——患得患失。为什么不快乐?因为自我意识太强。自我意识太强,得失心就重,就会患得患失。失了当然不快乐,得了也不快乐,这一切都是由于见理不明所致。由于人有了狭隘的躯体,我们所有的出发点就容易从这个躯体出发。比如饿了当然就要吃饭,但是饿了是不是就什么饭都能吃?"紾兄之臂而夺之食,则得食,不紾则不得食,则将紾之乎?"(《孟子·告子》)我觉得兄长这个例子在今天不那么明显。如果把这场景换成邻居家五岁的孩子,你饿了五天,他也饿了五天,现在他手里有一块饼,你抢还是不抢?

---

① 张载:《张载集》,1978 年,第 232—233 页。

② 郭庆藩:《庄子集释》,北京:中华书局,2012 年,第 759 页。

这才是人跟禽兽的分野。因为"人与物蕞然之感",所以我们才会有各种情与伪出来,有时候我们会被各种东西所影响。再回到《大学》的"正心"章讲"有所忿懥则不得其正",本来该愤怒就愤怒,但是人很容易迁怒,怒于彼而迁于此,所以孔子夸奖颜回"不迁怒,不贰过"(《论语·雍也》)。"有所恐惧则不得其正",人可以有恐惧,但是不要"有所恐惧",不要成了某种恐惧症;比如有的人怕黑,有的人怕高,有的人怕独自居住一个大房子。"有所好乐则不得其正",孟子说:"饥者甘食,渴者甘饮"(《孟子·尽心》),凡是一个人对某个东西有饥渴的时候,也就会丧失对他喜欢的东西的正确判断力。"有所忧患则不得其正"。

我近来发现我以前讲《大学》这一段讲错了,我讲人的心里不能凝滞任何东西,这种讲法近禅,还是受了王阳明的影响。《大学》其实就讲愤怒、恐惧、好乐、忧患这四者不能凝滞在心里,不能做随意地推广。有些东西是必须凝滞在心里的,比如有人上午父亲去世,下午他就去唱卡拉 OK,心里没一点儿悲痛,这还是人吗?对父母的牵挂,对我们所爱之人的爱,这些东西我们可以没有吗?不能。这种牵挂,是"正感""正执"。这个世界上有些"执"是正执,比如对父母、爱人、儿女、朋友,这些感情都是正执。"人与物蕞然之感"当中有真实和伪妄的分别。

第三种感是圣人之感。虽然圣人也是普通的人,按道理讲,他也有"人与物蕞然之感"的;但是他能够超越"蕞然之感"回复到"天地阴阳二端之感",也就是正感,所以他能够感天地万物。按照张载的讲法,圣人是真正能通天地万物之情的,正因为他对天地万物有真正意义上的感通关系,所以能够呵护天地万物。这是第三种感,实际上就是"人与物蕞然之感"向"天地阴阳二端之感"的回归。

为什么张载强调"感"的重要?我们前面提到程颐也讲"天地之间,只有一个感与应而已,更有甚事?"细读《正蒙》,我们会发现他真正的目的还是针对佛教,还是要破佛教。他有一段话讲:释氏无感,皆以为幻妄所致，①为什么说释氏无感呢？关于佛教的书里面我特别喜欢吕澂先生的两本书：《中国佛学源流略讲》和《印度佛学源流略讲》。吕澂先生讲到佛教的时候，用特别简洁的话就把握住了佛教的核心思想。按照吕澂先生的讲法，佛教最核心的两个字就是"解脱"。这就涉及到一系列问题：为什么要解脱？从哪儿解脱？解脱到哪儿去？以及怎么解脱？那么为什么要解脱——因为苦；从哪儿解脱——集，苦集；解脱到哪儿去——灭，灭苦的地方；怎么解脱——道。这样"四圣谛"——"苦、集、灭、道"就出来了。那么为什么说一切皆苦呢？因为人有八苦，即生、老、病、死、怨憎会、爱别离、求不得、五取蕴；而五取蕴的核心就是我们刚才讲的执，要么是"我执"，要么是"法执"，要么执着于我，要么执着于对象。我是执着的主体，对象是执着的客体；因此要想破除执着，就要破掉执着的主体和执着的客体。你要看到"无我"，"我相本空"，这就破掉了执着的主体；"法相亦空"，这就破掉了执着的客体。等到这两项都破掉以后，烦恼也就没了来由。没有了执着自然也就没有烦恼了。因此佛教破除烦恼的方式根本上来讲是一个割断。所以要出家，要断根尘，要六根清净，要把所有带来烦恼的牵挂、贪著都打掉。②你要把贪著都打断这也就罢了，但是有些牵挂是可以打断的吗？如果这些牵挂也打断了那还算是人吗？所以我上次讲，孔子是人的边界。"自有生民，未有孔子也"，我越来越体会到这不是夸大其辞。孔子是人的边界，如果你没有达到孔子，你还得努力；而如果你高过了孔子，那也就超出了人的境界。在哲学上证明了感的普遍性，也就证明了人与人、人与物之间的普遍的关联性；这种普遍的关联性，从根本上证明了儒家强调的伦常关系的合理性。为什么强调伦常关系，因为感是遍在的，感是真实的，感不是伪妄的。你把感视为幻妄，所以你要破除

---

① 张载：《张载集》，1978 年，第 126 页。

② 参见吕澂：《印度佛学源流略讲》，上海：上海人民出版社，2005 年，第 18—22 页。

感;但是儒家认为感是真实的,这种感的真实性就为儒家的伦常关系奠定了哲学基础。在以前的文章中,我曾指出有三个字揭示了北宋士大夫的精神,这三个字分别是范仲淹的"忧",程颢的"仁",张载的"感"。这三个字构成了北宋士大夫真正的精神根柢。正因为这三个字,北宋士大夫对天下国家才有那样的情怀。当然其中最具哲学意味的是张载的"感"。

五　人性论

讲到人性问题的时候,张载区分了天地之性和气质之性。这一点到底是张载先发明还是程颐先发明,我们就不知道了,或许两者互相影响。但我们看到程颢讲天地之性和气质之性比较少,他主要讲"继之者善也,成之者性也"。他说孟子性善论是在"继之者善也"这个层面上讲的,其他的人比如扬雄等是从"成之者性也"的层面来讲。① 这样的论述当中,隐含了天地之性和气质之生的分别。但他毕竟没有把它明确表达出来。

张载认为人性有两个方面,一个方面是气质之性,一个方面是天地之性。这个区分是对孟子人性论的一个重要的调整和安顿。孔子讲"性相近也,习相远也"(《论语·阳货》),他既没讲人性的来源,也没讲人性的善恶,所以后来苏东坡说孔子是善于立论的,因为不容易带来别人的反弹。接下来孟子就讲性善。苏东坡批评孟子说,如果孟子不讲性善,怎么会引得荀子讲性恶呢?② 由此可见,东坡真正不能容忍的是荀子,但是他认为荀子的性恶论是孟子刺激出来的。这样讲也不是全无道理。孟子性善论,是有其内在逻辑的:人的本质倾向是善的,后

---

① 参见程颢、程颐:《二程集》2004 年,第 10—11 页。

② 苏轼:《子思论》,见《苏东坡全集》(下册),北京:中国书店,1986 年,第 771 页。

天的习染导致了人的种种变化。孟子讲:"人无有不善,水无有不下。今夫水,搏而跃之,可使过颡;激而行之,可使在山。是岂水之性哉? 其势则然也。"(《孟子·告子》)孟子引入了"势"这个概念,势就是客观环境、客观条件。所以孟子说:"富岁子弟多赖,凶岁子弟多暴"(《孟子·告子》),"赖"字在这里是褒义,朱子解为"藉",有规矩的意思。①年景好的时候出生的孩子比较规矩,就像你们一样。所以我经常说我的学生们身上一点摇滚的精神都没有;像我们这一代多多少少还有一点"凶岁子弟多暴"的意思,当然我们比六十年代早期出生的那一代还是要好很多,六十年代早期出生的那批人普遍是破坏性大于建设性。"富岁子弟多赖,凶岁子弟多暴,非天之降才尔殊也,其所以陷溺其心者然也",不是上天降下的人才有这么大差别,而是环境使然。孟子的人性论还是孔子"性"和"习"的结构。但是张载引入了另一个字,这个字就是"气"。"性、气、习"的结构能够解释一个现象,就是有的人生而恶,有的人生而善。这种现象可以用"气"来解释。"性、气、习"这三个概念,使得我们对人性的把握更加完整和准确,也对经验事实的解释更加完整和准确。

张载讲气质之性和天地之性的区别,"天地之性"是纯善无恶的,"气质之性"是有善有恶的。"气质之性"的善恶在张载那里具体地讲,体现为几个方面。张载讲"气"讲的是厚薄、清浊。有的人禀气厚,就比较厚道;有的人禀气薄,就不太厚道。当然厚薄还有另外一方面,就是福分。另外一种区别是"清"和"浊",就体现为聪明和不聪明,有的人理解力就强,有的人理解力就差。厚薄清浊主要是气,是从构成的材料来讲的。同样的材料做成的人,结构也不一样;同样都是一堆肉,有的肉就比较有结构,有的肉就不太有结构;有结构的肉就清通,没有结

---

① 朱熹:《四书章句集注》,北京:中华书局,1983 年,第 329 页。

构的肉就浑浊闭塞,闭塞到了极点就变成了物。所以人跟物的区别就在于禀得气质之厚薄清浊的不同。

张载有一段话是讲他对四个哲学概念的界定,他说:"由太虚有天之名,由气化有道之名,合虚与气有性之名,合性与知觉有心之名。"[1]"合虚与气有性之名",这是什么意思呢? 有的人解释说,把虚与气结合起来就有了人的本性,好像太虚的性质和具体的气的性质结合起来就构成了人性。这都是从"质性"的角度来讲的。你用"清气之质性"来讲"天地之性"一定是讲错了。那这到底怎么解释呢? 从整段的句式看,"由……有……之名"的句式显然是王弼式的表达。王弼讲道是本体,从不同的角度看会有不同的称谓,比如"由物无不由也"把它命名为"道",由不可见把它命名为"无"等等。[2] 现在看起来,魏晋玄学——不能简单地说道家,像王弼和郭象这种高品质的哲学家,对宋明理学的哲学建构影响非常大。按照这样的句式,这段话里的后面两句都应该加一个"由",所以应该是"由合虚与气有性之名",因此重点在于"合"字。由贯通虚和气的作用来讲,这个贯通的作用是性。为什么这个是性? 张载有样一个重要的论断:"感者性之神,性者感之体。"[3] 感是性的神妙的作用,性是感的内在动力和结构,因此感发动出来就是性。这种对人性的理解就不是静态的,而是动态的,是一种倾向、趋势。这样的表达在张载讲到性命关系的时候特别突出。我们汉语里没有动名词,所以得用比较复杂的表达,才能表达出动态来。张载讲到"命"

---

① 张载:《张载集》,1978 年,第 9 页。

② "夫道也者,取乎万物之所由也;玄也者,取乎幽冥之所出也;深也者,取乎探赜而不可究也;大也者,取乎弥纶而不可极也;远也者,取乎绵邈而不可及也;微也者,取乎幽微而不可睹也。然则道、玄、深、大、微、远之言,各有其义,未尽其极者也。"见王弼:《老子指略》,见楼宇烈:《王弼集校释》,北京:中华书局,1980 年,第 196 页。

③ 张载:《张载集》,1978 年,第 63 页。

这个概念时说"天所命者",讲到"性"这个概念时说"天所性者"。从这种表达可以看出张载遇到的表达的困境,因为仅仅用"性""命"这样的概念表达就很容易变成静态的东西。为了防止"性"和"命"被理解为某种静态的东西,所以张载用"天所性者""天所命者"这样的表达。张载还说:"性通乎气之外,命行乎气之内。气无内外,假有形而言尔。"①"气之外"这样的说法其实是有问题的,好像气是有边界的。但是张载马上就告诉我们这种表达是不得已的,他接着讲"气无内外",不过是假借形体来说而已。所以,"性通乎气之外,命行乎气之内"这句话的意思是:性通乎形之外,命行乎形之内,命是"一受其成形,不亡以待尽"的。所以张载说,气质方面有不可改变的,比如"死生修夭"。②一个人的寿命之长短在张载看来是不可变的,大德也不会延命,即使颜子也不过四十二岁而已。"命行乎气之内",有些东西是不可改变。"性通乎气之外"的确切含义是性通乎形之外。"感者性之神,性者感之体",把感和性结合在一起,意思就非常清楚了:"性"是人向外关联感通的倾向。这样一种向外关联感通的倾向,如果没有"蔑然之感"的遮蔽,没有气质的遮蔽,应该是无所不感的,应该能够感知天下所有事物的痛苦。但是现实中人有气质,气质就有清浊,清的人向外关联感通就远,心胸就大,包括的就多,所以能够感知到天地万物一体之仁。

但是一直这样"感"下去,会有流于兼爱的危险。张载是明确讲过"爱必兼爱"③的。当然,这里的"兼爱"实际上是说我们对天地万物都有同样的感,看到远方之人受到伤害我们心里也会多多少少有些不舒服,但是问题是我们能做的有多少。《论语》里面子贡问孔子"如有博施于民而能济众,何如?"孔子说"尧舜其犹病诸"(《论语·雍也》),尧

---

① 张载:《张载集》,1978 年,第 21 页。

② 同上书,第 23 页。

③ 同上书,第 21 页。

舜也不一定能做到,再伟大的圣人也有他的边界。"五十衣帛,七十食肉",程子说,孟子不是不希望四十岁的人就能衣帛食肉,而是物力不够,所以必须得有这个规定。① 爱是普遍的,感通是普遍的,但是在具体的实施上还是有差等的。禀气清的人能够体会到天地万物一体之仁;比较清的人感受得比较远,这就是贤人;比较浑浊一点的人只能够感受到身边的人,再浑浊一点的人就只能感受到自己的家人,再浑浊一点的就只能感受到自己,再浑浊一点的人对自己也没感觉了。我们今天很多人的情况是比我说的"再浑浊一点"还要浑浊的,对自己的生活都没有了感受能力,好日子都不会过,不仁之至。再浑浊下去就是禽兽、草木,浑浊至极就成了土块、石头这样没有生命的东西。感通的等级秩序决定了人的等级秩序。这个结构告诉我们,修养就是使气由浊返清的过程。由浊返清,原本不通之处就慢慢通了。

六　性与心

张载特别强调发挥心的主动的功能。因为按照张载的讲法,性是一种结构,一种结构性的倾向,它是必然的,你是没有办法去除的,但是它没有灵明,没有主体性,没有主动性,不能够造作,这是性跟心的最大区别。所以在解释《论语》"人能弘道,非道弘人"这句话的时候,张载说:"心能弘性","性不知检诸心"②。"人能弘道"这个"弘"是使动用法,使之扩大、使之博大的意思,也就是说心能够使性的作用博大。"性不知检诸心",但是性没有主体性,没有主动性,所以它不能够"检诸心",不能够检点我们的心。也就是说人之所以能够修养和提升自己,最重要的就在于发挥心的作用,即张载所说的"大其心则能体天下

---

① 程颢、程颐:《二程集》,2004 年,第 169 页。
② 张载:《张载集》,1978 年,第 22 页。

之物"。① 我们要让心的功能真正地充分发挥作用、发挥出来,那么接下来的问题是:怎么让心的这个功能真正发挥出来,怎么让心的功能真正地发挥作用? 这就涉及到一个具体的问题:怎么样才能大其心,大其心到底能起到什么样的作用呢? 心的主动性到底怎么发挥呢? 这就涉及到具体的修养工夫了。张载的心性论是与修养工夫紧密结合的。

修养工夫的第一步是要变化气质。有的人把变化气质作为张载修养的目标,其实不对。张载讲:"为学大益在自求变化气质。"②首先要努力地去改变人的气质。什么叫"变化气质"? 张载说:"变化气质与虚心相表里。"③"变化气质"同时也就是"虚心"的过程:外面是变化气质,里面体现为虚心。"虚心"是什么意思?"虚心"就是不能有自己的主观成见,没有个人的主观成见就叫虚心。为什么说变化气质是修身的起点? 又为什么说"变化气质与虚心相表里"? 张载明确指出:一般情况下,什么样的人最不容易进步? 自强自是之人,就是总觉得自己特了不起的人。自强自是之人很难进步,这样的人缺少自我反省的能力,这样的人就需要变化气质。怎么变化? 先改变他的身体形态。张载说对于自是自强的人,第一步就是要"下其视",④就是把他的目光从高处移下来,这种身体形态的调整可以改变人的内心。虽然变化气质是修身的入门功夫,但又是特别困难的。气与习相成,几十年累积成这个样子,不自觉地就流露出来了。《论语》里曾子临终前跟孟敬子说"动容貌""正颜色""出辞气"(《论语·泰伯》),儒家的修养从不落在虚处上,儒家修养一直都是内外交养,一方面通过身体的变化改变自己的内心,另外一方面通过内心的变化来改变身体,这两方面都要讲。变化气

---

① 张载:《张载集》,1978 年,第 24 页。
② 同上书,第 321 页。
③ 同上书,第 274 页。
④ 同上书,第 268 页。

质以后，人心里面潜藏着的各种成见就会有所松动，开始学会用一种平和的、公正的态度来看待自己、看待他人。通过变化气质，我们就有了进一步向道理开放自己的可能。今天人的麻烦就在于道理听不进去，你跟他说多好的道理，他都能给转变回自己那糊涂的见识。我常常口干舌燥讲一天，下来之后就有学生跟我讲，说杨老师你说的这个道理跟那个道理特别像。前两天还有人跟我说，杨老师你今天说的这个道理跟太极拳的道理完全一样。我当时就不会了。有一回朱子的某个弟子说：老师你说这个道理好像跟庄子说的道理有点像。朱子就说：你就着这个道理好好体会不行吗？非得说这个道理像那个道理，那个道理像那个道理，像了一圈，完全没明白丁点儿道理。这样在不同的观念间胡乱联系，我们可以称之"思想的不及物"：你看所有的观念都是关联到一块儿的，但所有的观念都没有一点指向这个真实的世界，没有一点指向你真实的自我，指向你人生真实的体验。在这个意义上，宋明道学意味着一种没有幻想的目光，这种没有幻想的目光并不因此把这个世界看成是绝望的，而是在没有幻想的目光里看到这个世界温暖、蓬勃的生机。程子当年就感慨：怕就怕那资质好的人，天资越好越容易被抖机灵的学问给带走，特别容易被抖机灵的学问、那种讲得好像特别高妙的学问带走。① 而实际上这类抖机灵式、玄妙的学问，对人的觉解程度没有一点点添加。专事捕风捉影，山脚下说山顶上的事。我们今天大多数人都有这毛病，连半山腰还没到呢，就说山顶上的风光如何好，为什么不能朴实一点儿呢？一个道理想明白了，我们才能再往前走一步。第一层道理就没明白，下一步怎么推？虚心才能朴素平和，才能让真实的道理进来。

"虚心"打开了一扇门，接着就要去面对道理了。"大其心"在张载

---

① 程颢、程颐：《二程集》，2004 年，第 23 页。

那儿的真正含义其实就是"穷理"。他批评佛教说："释氏便不穷理,皆以为见病所致。"①又说："万物皆有理,若不知穷理,如梦过一生。"②"大其心"就是要研究天下万物的道理。在理解世间万物的道理的基础上,我们才能建立起对事物的真实感通。上学期我讲《四书》的时候,我跟大家讲过抽象的同情心与具体的同情心。抽象的同情心和具体的同情心的区别就在于,能不能通过对事物的具体的认知,把这同情心落到实处? 通过变化气质和虚心,我们就为穷理创造了基本的条件。

我们要面对各种各样的知识。张载讲了两类知识,一类知识叫"闻见之知",一类知识叫作"德性所知"。当然,并不是说"闻见所知"不重要,但要以"德性所知"来统领"闻见之知"。张载说："见闻之知,乃物交而知,非德性所知,德性所知,不萌于见闻。"③闻见之知也就是通过物与物相感得到的知识。比如我们的感官认识,我们对一个事物的颜色、形状、温度、大小的认识,这些都属于"闻见之知"。另外一种知是"德性所知",张载说："德性所知,不萌于见闻",德性之知不是从人的所见所闻当中萌发出来的,那么什么是"德性所知"? "德性所知"能超越我们的"闻见之知"吗? 有的人说德性所知超越了经验认识,跟经验认识无关,这恐怕是不对的。为什么说"德性所知,不萌于见闻"呢? 大家想一下就知道了。比如对待父亲,我们说对父亲的孝。你不能说父亲可爱我们才孝,父亲不可爱我们就不孝了。所以对父亲的孝不是源自于对象,父亲可爱不可爱你都得孝。对待君王也是这个道理。但武王杀纣这样的事怎么理解呢? 有人问孟子:武王杀纣难道不是弑君吗? 孟子说:这怎么能叫弑君呢? 这样的残贼之人,就是独夫。所以,孟子说："闻诛一夫纣矣,未闻弑君也"(《孟子·梁惠王》)。后世

---

① 张载:《张载集》,1978 年,第 321 页。

② 同上。

③ 同上书,第 24 页。

有些学者批评孟子,说孟子为千古杀父弑君之人找到了理由。在孟子那里君臣有一种对等的关系,这种对等关系的强调确实蕴涵着某种颠覆的可能。德性所知强调的是道德行为的出发点,道德一定是源自于自己内心的价值取向,而不是源自于对象自身的经验品质。国家值得我们爱我们才爱,那所有乱臣贼子就都有了借口!父亲值得我们孝、值得我们对他好,我们才对他好,那你就会有一万个理由不孝顺父亲。我小时候他打我来着,我小时候他一根儿冰棍给了我哥三分之二,只给我三分之一,那我凭什么要孝顺他?"德性所知不萌于见闻",德性源自于我们内在本性当中的一种固有的倾向,这种固有的倾向是我们所要觉知的最根本的东西。我们首先要觉知出自己对他人的那种感通的关系,觉知到我们内心中的天地之性,有了这种天地之性,然后我们意识到自己的气质之性对我们的天地之性的遮蔽,然后通过穷理,一点一点地充扩出去,扩充到极致,就是《西铭》里所讲的境。《西铭》我不讲了,我一般不讲境界方面的东西。为什么不讲?山脚下别说山顶上的事儿。我当然不是说我还在山脚下,这个有点故作谦虚。我大概在半山腰了,但半山腰也别说山顶上的事儿。在我的研究里,几乎不讨论境界,境界这东西没法讲。我看到了就是看到了,没法说与你听;没看到的,我不能装作看到了,就这么简单。通过"大其心",通过"穷理",通过"尽心",通过发挥心的作用,对"德性之知"有了真切的理解,然后再用"德性之知"去驾驭和引领自己的"闻见之知"。将自己对天地万物的体贴落到实处。

张载强调读书。他所说的读书,就是去读六经,"六经循环"[1],至于别的书,在张载看来就不要读了。比如历史,张载说你读它干吗?学成个权谋诈智,有何必要?这确实有点极端了。程颐那么严厉的人,也

---

[1] 张载:《张载集》,1978 年,第 277 页。

还说史书是要读的。程颐读史书,一般是读到一段,就合上书去推想后果,如果实际的结果与他推想的不合,他就会去想其中所以不合的道理。张载甚至认为医书都不用读。读医书干吗呢?"会得不过惠及骨肉间,延得顷刻之生",①没必要!所以,六经反复循环着读就行了。由于张载只是六经反复循环,所以他的诗写成那样子我们是可以原谅的。

① 张载:《张载集》,1978 年,第 278 页。

第九讲

形上定体：程颐的思想（上）

这节课我们讲程颐。

程颐，字正叔。生于宋仁宗明道二年（1033），去世于宋徽宗大观元年（1107）。程颐一生经历了仁宗、英宗、神宗、哲宗以及徽宗朝的初期，亲历了北宋中后期的历史，所见所闻极为丰富。所以，《二程集》是研究北宋思想和历史的人必读的书。

程颐一生不喜为官，认为做官夺人志。五十多岁才因司马光、吕公著等人的推荐做了崇政殿说书，负责教育年少的哲宗皇帝。程颐做皇帝老师的时间不长。我们知道，神宗去世以后高太后掌位，起用司马光等旧臣。在司马光的主持下，朝廷尽逐新党，王安石所用之人一概斥逐，北宋的党争达到了空前的高度，这也埋下了北宋亡国的种子，北宋之亡，司马光有相当大的责任的。一个作《资治通鉴》的人，历史见识如此狭隘，读史读成这个样子，令人感叹。神宗去世以后，年少的哲宗即位，司马光等人在那种情况下居然始终围着太后转，完全推翻了神宗多年来一直推行的新政，这样的做法导致十四岁即位的哲宗对这批旧党深恶痛绝。后来哲宗回想他们这批人时曾说：我当年只能看到他们的臀和背。你要知道在中国古代，太后专权，无论什么样的太后，都是要反对的。一个真正的大臣往往要不断上疏要求太后归政，归政于皇帝。王夫之在《宋论》里感慨"北宋无人"①也不是全无道理,至少北宋后期无人这大体上是对的。关于哲宗,有这样一则小故事。哲宗一直保留着一个小凳子,大臣就跟高太后讲,说您看哲宗用的凳子怎么那么旧啊?高太后便问哲宗。哲宗说:这是我父亲留下来的。一句话大家心都凉了。对比范仲淹,我们就能知道司马光等人的做法是多么的不妥当了。其实宋仁宗并不喜欢范仲淹,要是喜欢早就大用了。仁宗是个不喜生事的人,他知道一用范仲淹必定生事,天下从此不宁。所以他只在不得已的情况下才起用范仲淹,而且不用其所长,反而用其所短,让范仲淹去对付西夏。因为范仲淹不善带兵,所以谨小慎微,反而维持了一个稳定的格局。而一旦用其所长,就难免有各种兴作,天下从此多事。虽然仁宗不喜欢范仲淹,但一生都在维护范仲淹。原因何在?因为当年仁宗二十岁的时候,朝政还在太后手里,范仲淹累章上疏要求太后归政。就这一件事,就够仁宗信任他一辈子的了。范仲淹做过很夸张的事情。在陕西带兵的时候,他想通过跟李元昊的沟通,令其归附。结果李元昊回一封信,信中极有侮辱朝廷的言语,言辞极为不逊。范仲淹居然就当众把这信给烧掉了,没给任何人看。当时的宰相说这个不得了,这是里通外国了,甚至提出要杀掉范仲淹。但你杀得了他?宋仁宗太知道他是多么忠直的人了。有时候历史的转折是那么地偶然:神宗去世以后,司马光就多活了一年!

程颐为人端严。明道还有很多妙趣,伊川则直是谨严。读明道的诗,你就知道在他身边是多么生动有趣。严归严,但不是一个严法。程颢有个弟子叫谢良佐,早期是追随程颢,后来又追随程颐学习。谢良佐一说话就引经据典的。有一天,又跟那儿掉书袋,程颢就说:"贤却记得许多"②,你还记得真多啊。谢良佐当时汗就下来了。程颢真是善于

---

① 参见王夫之:《宋论》,北京:中华书局,1964 年,第 42、131 页。

② 黄宗羲、全祖望:《宋元学案·明道学案下》,北京:中华书局,1986 年,第 576 页。

教化,不用声色俱厉,随便一句话,就能警醒他人。小程子终生不开玩笑,直是一个谨严,以至于会抱怨邵雍临终开玩笑。人家临终开个玩笑怎么了呢?他觉得这不行,这个时候你应该严肃地跟我们谈谈哲学。这种谨严也一定程度上导致了他对哲宗教育的失败。

举个例子,皇上要放暑假,一放三个月。放暑假不是应该的吗?程颐说那不行,三个月不亲近大臣、不亲近儒生,接触的都是什么嫔妃、宫女、太监之类的,都是小人,接触久了怎么行呢?程颐最初上课的时候,宫女、太监们都在旁边听,很仰慕的,等听到程子总是说太监、宫女这类人都是小人的时候大家就散了,这些人有了敌对的情绪整个氛围就变了。为什么不能多些同情和包容呢?你非得让小皇帝多亲近儒生。难道不知道距离产生美?你让他少见,他就想见;你让他天天见这些大臣、这些君子,他就烦了。重要的是见面的时候你怎么去教。

苏东坡也算小皇帝的老师。当然也没有起什么正面的作用。而旧党内部,还产生了很大的矛盾。矛盾的起因都是些细枝末节的事儿,比如吃不吃肉之类的。大家都知道,东坡酷爱吃肉,有一次国家祭奠,祭祀活动结束以后该吃饭了,东坡说"上肉",东坡都饿了好几天了,就等着这顿肉吃呢,程颐主持仪式,说:这不行,"忌日,丧之余也"。祭礼是丧礼的延伸,你怎么能吃肉呢?东坡气坏了,当时就翻脸了,说:"为刘氏者左祖",意思是同意吃肉的到我这边来。于是,朝臣立刻分成两拨。于是,秦少游、黄庭坚等人跟着东坡吃肉;范纯仁等人就跟着程颐吃素。① 正统儒学一般对苏东坡都持批评的态度,王夫之是个典型,王夫之斥三苏为纵横家,极度不屑。② 但实际上,他的很多观点与东坡是很相近的。东坡虽然文人气重了点儿,但我们不能简单地目之为文人。苏东坡的历史见识在有些方面是很深刻的。而且他一旦知道自己错

---

① 参见程颢、程颐:《二程集》,北京:中华书局,2004 年,第416 页。
② 王夫之:《宋论》,1964 年,第174 页。

了,是真的会悔改的。比如他早年认为王安石的青苗法之类的都是错的,所以激烈反对。但到后期,元丰末年的时候,他跟王安石和好如初。那段故事特别动人。王安石因为推行新法几乎得罪了所有当年的朋友,等到退休下来,老想给朋友写信,常常写到一半就揉掉,不知道该怎么办。王安石作为退休的宰相,住在金陵,每天去哪儿都骑着头小毛驴。有一次苏东坡途经金陵,事先就通信,说要来看望王安石。王安石高兴得不行,跑到渡口迎接。东坡还故意做出一副潇洒的样子,穿着特休闲的服装下船,说:哎呀,荆公你是做过宰相的人,怎么好让你来迎接我呢?其实心里很得意。两人相见甚欢。二苏到后来已经清楚地认识到,青苗法在施行多年以后,就不应该简单废除掉,取息的比例上略作调整就可以了。这是一种讲道理的态度,尽废新法就有些意气用事了。

程颐与苏轼之间的破裂,也不全是东坡的问题。邵雍临终前跟程颐说的话还是对的,"面前路径须令宽"。小程子气质上不无偏狭之处。比如苏东坡、黄庭坚等人身上有一股文人气,程颐当然看不惯,他说:"某平生不喜为诗,也不善为诗。"诗写得再好,能比杜甫写得好吗?即使杜甫又怎样呢:"'穿花蛱蝶深深见,点水蜻蜓款款飞'。如此闲言语,道出作甚?"[1]洛、蜀党争的结果是两败俱伤。有的时候君子之争,比小人之争还可怕。在教育小皇帝的时候,程颐是真不会教啊!小孩儿你应该这么教么?有一天小皇帝正听课,突然一时高兴,就起来折了一根树枝。程颐见了,立刻训斥:"方春发生,不可无故摧折。"[2]估计小皇帝烦都烦死了。当然,程颐不是光对别人严厉,对自己也格外严厉。程子一生谨于礼。有人问他:你每天如此严谨,是不是活得很累啊?程颐说:"吾日履安地,何劳何苦?"[3]程颐讲自己禀气弱,小的时候身体一

---

[1] 程颢、程颐:《二程集》,2004 年,第 239 页。

[2] 同上书,第 342 页。

[3] 同上书,第 8 页。

直不好，到三四十岁的时候气开始完聚，而越到年纪大，身体越健康，这就是长期谨于礼的结果。到晚年的时候，他的精神境界也有了非常大的提高，但是从宽容、博大的角度上看，始终是不如程颢。所以程颢说："异日能使人尊严师道者，吾弟也。随人才而成就之，则予不得让焉。"[1]我们知道尊严师道方面，最著名的一个故事就是程门立雪。有一天杨时跟游酢两个人陪着程颐，程颐瞑目静坐，游、杨二人侍立在旁不敢擅动。不久天降大雪，雪深将近一尺的时候，程颐才睁开眼睛，说：怎么还不离开啊？两个人才敢离开。这时游、杨二人都已经进士及第了。程子的严厉可见一斑。

接下来，我们讲程颐的思想。

一　形上形下

程子哲学的第一大贡献在于严格区分了形上、形下。其实从宋初三先生到周敦颐，再到邵雍，都有形而上、形而下区分的意思，但他们并没有把形而上、形而下作为严格的概念强调出来。到程颢那里，形而上、形而下才开始被强调出来，作为一个结构性的哲学概念，这当然是非常大的贡献。所以在前面讲到程颢的时候我曾经讲，他在道学话语建构方面的贡献非常大。很多问题、很多概念都是他提出来的，基本的大的结构，包括理论的基本判准都是他提出来的。

程颢虽然讲形而上、形而下，但由于他过于圆融，这一区分所蕴涵的内在的哲学张力未能充分地彰显，本应具有的哲学空间被极大地削减了。这里所说的哲学的空间，其实就是一个思辨的空间。太过强调圆融的思想家，一般都不太有思辨性。有学生跟我做硕士论文，说老师

---

① 程颢、程颐:《二程集》,2004 年,第 346 页。

我想研究陆九渊。我当时看着他,默默地看着他,充满了同情。我说你做陆九渊?写一篇硕士论文?你得往里面加多少废话?陆九渊的那个思想不客气地讲,几千字完全可以写清楚。当然你要非得以绕来绕去的方式写也不是不行,但里面可思辨的内容太有限了。他太过简易直截。我们上几讲也强调了简易直截,但那种简易直截跟心学的简易直截是不一样的。我们说的简易直截是不"强生事",而不是以圆融为借口拒绝分析。我们现在很多人都爱讲圆融这个词,圆融有的时候是一种境界,但更多的时候我觉得就是糊涂。关于形而上、形而下,明道说:"形而上为道,形而下为器",分得挺清楚的。但他接着又说:"须著如此说",也就是说之所以要分形上、形下,只是因为必须这么说而已。显然,在程颢看来,形而上、形而下是不能这么严格分开的。只是在思辨的层面上,可以讲形而上、形而下。你思考这个世界的时候,可以分形而上、形而下。但实际上,形上、形下是不能割裂开来的。所以他讲:"器亦道,道亦器",形而上跟形而下是始终结合在一起的。[①] 这个道理本身你不可能说他是不对的。道跟器始终是相结合的,理跟器始终是相结合的,这个没有问题。如果没有器,理在何处安顿?如果没有理,那器岂不成了无源的东西?或者一方面无源,一方面成了无秩序的东西。我们现在只能分析到这个程度。因为不到朱子那样一个详密的哲学系统当中,理这个概念是没有办法得到准确理解的。理无成灭,理是无始无终、无成无毁的,道这个层面是无始无终、无成无毁的。所有的器物层面的万物都是有始有终、有成有毁的。在这个意义上,形而上、形而下虽然始终结合在一起,但又有它自然的分际。形而上、形而下的分别在程颢那儿只是一个勉强的区分,是思辨层面的东西。实然的世界不是这个样子。道离不开器,器离不开道。

---

① 程颢、程颐:《二程集》,2004 年,第 4 页。

程颐在这个地方与程颢有很大的不同。程颐说:"一阴一阳之谓道。道非阴阳也。"①"一阴一阳之谓道"这句话,我们知道是《易传·系辞》里的话。这句话容易让人误解,以为阴阳就是道。但是阴阳已经落入到器这个层面,已经是有分别的了。有阴有阳就不再是一,是二了。一旦是二,就有分别;一旦有分别,其实就已经不能是形上层面的了。有了阴阳,就有刚柔,有阴阳、有刚柔,终始、聚散、幽明也就出来了。进一步地,消长、生灭、成毁也就产生出来了,就不再是形而上的了。所以他说:"道非阴阳也,所以一阴一阳道也。"程颐认为理、道或者说形而上者,是一阴一阳的所以然,也就是一阴一阳背后的根据。通过"所以一阴一阳,道也"这样的分析和强调,程颐构造出了明确的形上、形下的分别。

形上者是不是空洞、无内容的,是不是一个纯粹的无? 当然不是。实际上程颐特别强调天人一理,特别强调形上、形下的一体,所以他有一段话是这么讲的:"冲漠无朕,万象森然已具。"②他特别喜欢强调这个"冲漠无朕",即没有任何的象状、征兆。虽然"冲漠无朕",但"万象森然已具"。作为一阴一阳的所以然,它显然是无形无象的,是真正的形上者,但是其中"万象森然已具",其实万象已经在其中。"万象森然已具",这个地方特别强调了一点:形上者不是没有内容的空无。因为如果形上者是没有内容的空无,那也就意味着形而下的事物的那些丰富的层面就完全没有了形上的根据。所以他说:"不可道上面一段事,无形无兆,却待人旋安排引入来,教入涂辙。"③"涂辙"是什么? "涂辙"其实就是道。不是说形上者是空洞的、没有内容的。如果形上者是完全空洞、没有内容的,也就意味着形上者没有内容,到了形下者才

---

① 程颢、程颐:《二程集》,2004 年,第 67 页。

② 同上书,第 153 页。

③ 同上。

有了具体的内容。如果说"上面一段事，无形无兆"，那么形下者的种种内容就要"待人旋安排引入来，教入涂辙"。"旋安排"的"旋"字，就是忙忙碌碌的意思。人忙忙碌碌地去安排万物，让万物进入到"涂辙"，赋予万物以秩序和道理。程颐这段话里有几点需要特别强调：第一，这个形上者虽然不可见，"无形无象"，但是这个形上者内在一定有它自身已含的道理，它不是空洞的、无内容的；第二，这个道理跟万物的所以然、和万物的秩序是一致的，这样才算"一本"，如果不一致，也就成了"二本"了；第三，程颐特别强调，这不是人为的安排，而是自然的东西；第四点，由于不是人为的安排，所以这又是易简之道。这里的"旋"字特别重要，不能读漏了，"旋"就是手忙脚乱，不是由"人旋安排"，也就是简易自然的意思。

现在很多人都在谈重建价值观的问题。但怎么重建？我们可以出各种补丁版的价值观。什么叫补丁版的价值观？就是把自由派的、新左派的、传统文化派的，各种各样的"政治正确"拼接在一块儿，补缀起来，形成一套所谓的共识。然后在这个共识的基础之上，大家讨价还价，你加一点我加一点，构成一套伦理的原则或者价值观的系统。这在我看来，就可以叫做"人旋安排引入来，教入涂辙"。如此忙忙乱乱的，道理都难以归一。凑合出来的道理，逻辑一定是缺少贯通性的，一定要找"遁辞"。孟子真是了不起，那么早就指出了各种错误思想的类型和根源。一种道理，自己讲不通就必然要找遁辞。什么叫遁辞？就是要给自己的理论开后门。

宋儒讲穷理，当然把明道理放在第一位，所有的事情你道理明白才能做对。今天很多人做得糊涂，其实不光是道德上的问题，很多人做错都是智力上的问题。大多数人犯错误的原因，就在于不明道理。道理想不明白，你往哪儿走都是死结。在我看来，我们今天的生活方式的最大矛盾是：首先，今天人与人之间有极高程度的相互依赖关系。马克思讲"社会化大生产"。什么叫"社会化大生产"？在我看来，所谓的"社会化大生产"其实讲的就是今天的生产生活方式,不再是自给自足了。在传统的社会里,人与人之间的相互依赖关系可以降到很低的程度。一家人,有几亩薄田,三五间草房,基本上可以做到"死徙无出乡"。但今天不行了。举个例子,最简单的,这水(指讲台上的矿泉水)能不能喝我是真不知道啊,它的所有生产过程我都不知道,有没有人在里面洗臭袜子我都不知道。但我渴了,我就只能喝这个。我们生活中 99.99% 以上的部分都是不由自己掌控的。人与人极高程度的相互依赖关系,就要求有更高程度的相互信赖。这是我们今天生活的一个方面。而另一个方面,我们今天的世界又是以资本为核心逻辑的。资本的核心逻辑要求的是利益最大化的原则。在我看来,利益最大化是一个无比荒谬的逻辑。如此荒唐的逻辑居然堂而皇之地大行其道。整个社会倡导利益的最大化,你不觉得这事特荒唐吗?一个有点儿起码健康意识的社会,应该引导人们追求合理的利益吧。普遍地以利益的最大化为原则,其结果必然是:我追求我的利益的最大化,就必然在某种意义上妨害你利益的最大化的实现。最终必然导致人与人之间永恒的利益冲突,而人与人之间永恒的利益冲突又必然导致人与人彼此无法相互信赖。人与人极高程度相互依赖要求彼此之间更高程度的相互信赖,而以资本为核心逻辑的社会又必然导致利益的永恒冲突,以及由此而来的无法相互信赖。这难道不是人生最大的死结吗?道理讲不通,就只能以遁辞来闪躲。

真正的自然不是由人来安排的,因此也就是易简的。易简意味着什么?就是我们在讲程颢第一句话的时候,我反复强调的不"强生事",不必要的观念枝节一概扫除。这个世界就是这个样子,人就是这个样子,我们朴朴实实地按照人可能的样子来构想人应该的样子,不能离开人可能怎样来讨论人应该怎样。人可能怎样、应该怎样的根据何在?在程颐那里,这根据就在于"上面一段事",也就是所谓的形而上者。形而上者无形无象,但其中已具万理。也就是程颐说的"冲漠无朕,万象森然已具"。

形上、形下的问题我们只能讨论到这儿,更细节的问题要到朱子那儿才能讲清楚,就现有资料看,我们在程颐的著述中找不到更细致的分析。对形上与形下做强调性的区分是程颐的一大贡献,正因为程颐的谨严造就了一个格局,这个格局使得一种真正思辨性的、一个巨大哲学的空间被打开了。如果没有这样的努力,一味地圆融下去,那么宋明道学的理论建构和哲学发展无论如何都不可能达到结构严谨、深细详密的程度,朱子的集大成的哲学体系也就无从谈起了。

二 体用一源

"体用一源"是《程氏易传》中的论述。在《易传序》中,程颐说:"至微者,理也;至著者,象也。体用一源,显微无间。"①这个论述显然是在讲道器关系。在程颐那里,"体用一源,显微无间"这个论述是对道器关系的最准确的表达。"至微者,理也","微"就是难以察觉;"至著者,象也",最明白显著的是象。程子在象与形之间不做区别,所以在他那里象与形往往是混着说的。"理"为体,"象"为用。"体用一源",不是讲体用相同,也不是讲体用合一。程子用这样一个表达显然是经历了非常细密的思考。相较而言,"道亦器,器亦道"这样的表达显然太过粗糙了,一味地讲"道器合一",但具体怎么合一的?有很多人在读程子这几句话的时候,就简单地说体用相结合,就没下文了。这样一来,就把里面蕴涵的各种思想表达的可能性全都湮灭了。朱子的《太极图说解》成篇以后,受到了非常多的质疑,而对《太极图说解》的众多质疑都是以程子的"体用一源,显微无间"作为理据的。他们认为

---

① 程颐:《易传序》,见《二程集》,2004 年,第 582 页。

朱子的分析性的解说和思考违背了"体用一源"的基本原理。用含糊的"道亦器,器亦道"这样的表达来理解"体用一源,显微无间",实际上是完全没有意识到这个论述本身所可能产生的思想的张力和理论表达的张力。程子说出"体用一源,显微无间"这八个字以后,他的弟子都以为是泄天机太甚。在我看来,这并非过誉之辞。

三　生生之理

我们下面来讲程子的生生之理或者生生之道的思想。其实生生之理或生生之道,是北宋道学的普遍共识,无论是程颢还是张载都讲这个道理。但是比较起来,还是程颐讲得更为精准。生生之理的观念根源于《易传》,即《系辞》里讲的"生生之谓易"。其实汉语当中一直有对生意的强调。比如,《史记·货殖列传》,也就是司马迁为商人写的传记系列,这里的"殖"字就有生的意思。从事商业就是做生意,这里面也讲生生之道。所以我们都说"做生意",没谁说"做死意"的。再比如劳动,我们日常语言里说是"干活儿",不能反着讲。这里面透露出中国人最基本的世界观。这个世界只有一件事是真实的,那就是永恒的生生不已,我们唯一能确定的就是这个世界的生生不已。

天地万物有没有统一性?当然有。二程认为万物的统一性就体现在所有事物都是"继此生理"①而生的。"生生之谓易","继之者善也","继此生理者"就是善的。所有的事物都"继此生理"而生,在这一点万物是统一的。二程门下弟子多以生意言仁,程子也曾用谷种讲仁,这可以跟我们的日常语言相互印证。程子的弟子谢良佐在讲到"仁"字的时候,就将这个字与日常语言中的果仁儿、核桃仁儿、花生仁儿的

---

① 程颢、程颐:《二程集》,2004 年,第 29 页。

说法联系起来。仁儿就是植物种子最核心的那个地方,保存生机、保存生意的地方。

在讲天地生生之理的时候,程子首先针对张载的那种循环论的、气本论的思想进行了批判。张载的气本论其实是一种循环论,实际上是在强调宇宙间有总量固定不变的气。张载的气本论预设了固定不变的、不可消灭的质料。当然,张载哲学当中的气与西方哲学里面的质料是有区别的。我们这里为了说明问题方便,忽略了这中间细致的区别。二程之所以不能接受张载的哲学体系,根本原因就在于不能接受不可消灭的或者永恒的质料这个观念。为什么说在张载的哲学里,有质料永恒的观念呢? 我们可以想一下,在张载那里,太虚还能再分解吗? 到太虚就不能再分解了。太虚不是无,而是有。这是张载反复强调的。太虚只是幽,只是不可见。太虚既是有,而太虚又不可能再消散为别的。所以,我们说太虚和气都是永恒的。只有形态的变化,没有真正意义上的彻底的消失。所说,在张载那里,质料是永恒的,或者说材料是永恒的。程颐觉得质料或材料怎么可能是永恒的? 如果质料是永恒的,那也就意味着造化是有限的,造化是受限制的。上次课我们讲张载的时候也讲过,虚气之间的反复循环,也就意味着万物的创生是"资于既毙之形、既返之气"①的。"既毙之形",已经死掉了的尸骸,在这个尸骸的基础之上再创造出新的事物来,二程认为这是完全不能接受的。所以程颐讲"道则自然生万物"。② 而"道则自然生万物",不是"将既生之气,后来却要生长",③而是气本身就是相继不已的,气的消长是一个相继不已的过程。以我们人来说,不是说你现在的气跟你出生时候的气是一样的,这是不可能的。而是我们身体的气也在阴阳消长的过

① 程颢、程颐:《二程集》,2004 年,第 148 页。
② 同上书,第 149 页。
③ 同上。

程当中不断地在生长、也不断地灭尽无余。因此,不是在一个不可消灭的、永恒质料的基础上再创造出世间的万物来,而是在绝对的虚无当中纯粹地创造。

二程这么讲,不是又变成了无能生有吗?这个地方我们可以回过头来看看郭象。我常常讲魏晋玄学对宋明理学的理论思维有很大的启发和影响。郭象讲"自生",①那什么叫"自生"?对"自生"的解释,我读过的最荒唐的讲法就是:自己创生自己。看到这种解释直接就崩溃了:您这还没出生呢,又怎么自己创生自己呢?郭象又讲:"独化于玄冥之境",②关于"自生"和"独化于玄冥之境",目前一般的理解都是错的。我认为,正确的理解是:"自生"就是不知其所以生而生,"独化于玄冥之境"就是在不可知之域里的创生、神秘的创生。这个创生观念与程颐的创生观念是基本一致的。也就是说,我也不知道这个气是哪儿来的,但是天地自然生生不已,它就能凭空创造出来。由于这个世界永远有理,所以这个世界是在不断的创生的过程当中,所以这个世界没有虚无的阶段。二程讲的当然不是无能生有,不是说先有一个绝对虚无的阶段,然后在下一个阶段才产生出万物,而是说这个世界永远在气的生生不已的生长和消灭当中,而且这个消灭,就是彻底的灭尽无余,而不是像张载那里,万物散而为太虚,太虚就不能再分解了。前两天一个学生跟我谈,说老师,张载的气是波还是粒?我当时就不明白了,这个张载没讲啊。我也不知道张载的气是波、是粒,还是场。用现代物理学的观念去理解哲学,根本是方法的误用。所以我们不去管它。总之,在张载那里,质料是永恒的。而在程子这儿,质料,也就是构成万物的气作为一种材料是灭尽无余的。天地生生之理、天地生生之道是无条件的、绝对的、永恒的创造。理是永恒的,生生之理是永恒的,而所有的

① 参见郭庆藩:《庄子集释》,北京:中华书局,2012 年,第 51 页等。
② 同上书,第 118 页等。

气、作为材料的气,都是创造出来的,因此最终也会灭尽无余的。所以程子讲:"凡物之散,其气遂尽",它的气就彻底消尽了,"无复归本原之理",不会再回来。"天地间如洪炉",天地间像个大熔炉一样,"虽生物销铄亦尽",即使是具体的生物也会消尽,何况是稀薄的气?①

四 道无无对

二程强调:"无独必有对"②,"万物莫不有对"③。实际上,"道无无对"这个观念在程颢那儿就已经有了,程颢常常讲:"天地万物之理,无独必有对。"④世间没有单独的事物,没有任何事物是单独的,无独必有对。朱子讲程颢的思想受到了周敦颐思想的影响是有根据的。"皆自然而然,非有安排也。""安排"就是人为的造作。凡物皆成对待,不是人为的安排。程颢"每中夜以思",兴奋得"不知手之舞之,足之蹈之也"。⑤

"道无无对"强调了如下几个方面:第一,这里面强调了一种均衡的世界观。第二点,强调了对立,也就强调了彼此之间感应的无处不在。这与张载论感的道理是一致的,都在强调感与应的无处不在。第三个方面,感应的无处不在又在强调天人之间的感应。最近重读《二程集》,感觉二程显然是要讲天人感应的,在这一点上他们跟汉儒一致。但二程认为汉儒讲的天人感应不对。汉儒讲天人感应的中介是数,数字的数。汉代,特别是西汉的思想根本上指向的就是一个大一统

---

① 程颢、程颐:《二程集》,2004 年,第 163 页。
② 同上书,第 121 页。
③ 同上书,第 123 页。
④ 同上书,第 121 页。
⑤ 同上。

的意识形态的建构，要形成一个包罗万象的、对当时世间所有的事物都有明确解释的一个大一统的理论，这个理论得能够发挥帝国意识形态的功能。而要发挥这个功能，就要把各种理论、各种知识进行拼接。将各种理论和知识拼接起来的媒介就是数字：五行对五常，五行对四季等。二程、张载等人并不反对天人有感应之理，只是觉得以数字为媒介难免牵强。但在他们看来，天地间自有一个感应之理，感应的普遍存在、感应的真实存在是无可置疑的。北宋儒者倡导一种理性的世界观，但这种理性的世界观必须安顿如下几方面的事情。第一，占卜的有效性。北宋道学以《易》为基础，所以不能不面对占筮的有效性问题。二程长期与邵雍交游，占筮的效验对他们而言是非常直接的，理性的精神不能不面对身边的真实经验。第二，天人感应。强调人君的行为对天地的影响。君主做得不好就会有灾异，地震、洪水、干旱之类。这种天人感应的观念指向的是对君主的约束。在中国古代，对君主的行为构成约束的除了现实的权力关系外，还有天人感应和祖宗之法。有一次久不降雨，仁宗在庭院当中祈雨，不一会儿下雨了，宋仁宗站在院子中间一动都不敢动，生怕一动雨就没了，索性淋着算了。由此可见天人感应对古代君主的影响。至于祖宗之法或家法对君主的影响，可以参考邓小南教授的《祖宗之法》一书。两宋道学的理性精神，必须面对占卜、感应和灾异这些现象和经验，在他们看来这不是什么迷信，而是天地自然之理的体现。"无独必有对"的世界观，使得一种均衡的世界观成为可能。"道无无对"的思想，直接导向了朱子那几何学般精美的世界观。

第十讲

形上定体:程颐的思想(下)

我们上一次课讲了程颐的思想,主要是着眼于程子的哲学思想。重点是如下几个方面:第一个方面主要讲了程子对形上形下区分的强调,这样一个分解的态度,这样一个分析的态度,使得我们对儒学思考的内在张力得以建立,这种张力建构起了巨大的哲学思想空间。过分圆融的思想往往缺乏分析性,以至于非常多的重要问题根本没有办法伸展。我这些年越来越远离心学路向的原因就在于太多的道理根本没有办法谈清楚。我们前面讲过,两宋道学的根本目标是为儒家生活方式奠定哲学基础。本着这样一个目标,如果我们始终用圆融的、不具分析性的立场来看问题的话,哲学论证本身必然是缺乏说服力的。正因为程子强调形上形下的分别,强调"一阴一阳"不是"道","所以一阴一阳者"才是真正意义上的道,才直接引申出了后来朱子那里那样一个规模宏大的讨论。朱子哲学的整个空间实际上还是在这样一个思想的基础上建立起来的。当然程颐并不是朱子思想的唯一来源,朱子对北宋五子的思想有一个完整的吸收,他把北宋五子的思想都结构性地纳入到了自己集大成的思想系统当中,其哲学品质是极高的。其后强调了"生生之理""道无无对"。"道无无对"这个观念,对朱子的那样一个几何学般精美、对称、均衡的世界观的建立有着至关重要的影响。

五　公与仁

　　程颢的思想中尤其重视"仁"的知觉义,所以我说"以觉言仁"可以算是程颢的一大发明,在被人们长期遗忘的含义中,他重新拈出了"觉"的含义,进而以"天地万物一体"来讲仁。程颐在这一点上,至少从表面上看是与程颢有很大的不同的。在讲到仁这个字的时候,程颐说:"仁之道,要之只消道一公字。"①只一个"公"字,仁之道就已经包含在其中了。如果说程颢更多的是"以觉言仁",那么程颐更多的是"以公言仁",强调这个"公"字。张载和程颐都强调公。"人心不同如面",②就是"私"。而"公"就有了超越一己之私的普遍性,所以说"只消道一公字",就可以把握住"仁"这个概念。

　　当然,我们不能直接说"公"就是"仁",程颐说"公只是仁之理",③也就是说"公"是"仁"背后的所以然,而"公"之理落实在人身上就体现为"仁"。而有了这个"公"字,以"公"字为核心,就能够"物我兼照"。既能够看到对象的特性,也能够深刻地理解自己。在"物我兼照"的基础上,既能够深切地体认到自己,也能够深切地理解他人。在这一基础上,才能够做到"恕",才能够"爱"。以"公"作为仁之理,由此出发,能够同时看到自我和他人,"恕"以此为根基,"爱"也以此为根基。在这一点上,程颐"以公言仁",也可以算是对程颢思想的一个重要的补充和修正。我多年来大体上接续的是"以觉言仁"的思路,我常常讲《论语》当中有两个字是贯通在"仁"的概念当中的,一个是"乐",一个是"爱"。《论语·里仁》第二条说:"不仁者不可以久处约,不可以

---

① 　程颢、程颐:《二程集》,北京:中华书局,2004 年,第 153 页。

② 　同上书,第 144 页。

③ 　同上书,第 153 页。

常处乐。"也就是说不仁之人不管在什么条件下都不可能幸福。为什么仁者能够幸福？仁者能真实地感受到自己的存在。由于能真切地感受到自己的存在，所以真正知道自己是谁，知道自己从哪儿来，知道自己人生的意义和价值，所以仁者能感受到幸福。他知道自己真正要什么。仁者对于自身有深切的体会，不至于在岁月的磨损当中迷失自己，这是幸福的基础。同样也是在"觉"的基础之上，我们能真切地感受到他人，具体地感受到他人的疾苦，能够知道如何照料和呵护他人，所以仁者能爱。而实际上，既能觉醒到自己，又能清晰地觉醒到他人，"公"的意义就涵括在其中了。所以，程颢"以觉言仁"的路向再进一步发展，是能够衍生出"公"的道理来的。

六　人性论

程颐的人性论中有两个重要的概念——"性"与"才"。其基本结构还是"天地之性"和"气质之性"的结构，所以后来朱子说最早讲"气质之性"的是张、程，但张载和程子谁在前，谁启发了谁，谁影响了谁，似乎朱子也分不出来。但一般来说我们还是认为二程影响了张载。当然，张载的哲学表述是十分精彩的。在讲到"天地之性"和"气质之性"的时候，张载说："形而后有气质之性"，又说"气质之性，君子有弗性者焉"。① 也就是说"气质之性"，君子是不以之为人的本性的。人们对于人性的理解，往往从不同的角度讲，有些人以"天地之性"为本性，有些人以"气质之性"为本性。后来朱子在总结"气质之性"的提法时，特别讲到了张载和程颐的贡献。先秦儒学讲人性主要是讲"性"和"习"。而没有这个"气"字，"性"和"习"这两个字对于理解现实的人性来说

---

① 张载:《张载集》,北京:中华书局,1978 年,第 23 页。

是不够全面和充分的。孟子的"性善论"在哲理上是能够成立的,但是在现实中往往缺少常识的验证。因为据经验观察,的确有生而性恶的,也的确有生而性善的。比如,程颢就自幼聪慧稳重。有这样一则故事:程颢还不会说话的时候,有一天他的叔婆抱着他,不觉间头上的簪子掉了,过了两天再找就找不到了,程颢就指着簪子掉落的地方,他叔婆在那儿一找就找到了。人和人的差别是很大的。有的人生而性善,有的人生而性恶;有的人生来资质就高,有的人生来资质就低;有的人开口说话早,有的人开口说话晚。所以,只讲"性"和"习",不讲"气",有些现象是解释不通的。所以程子说:"论性,不论气,不备;论气,不论性,不明。"①只有通过"性""气""习"三个方面,对人性才可能有全面的理解。宋儒继承了孟子的性善论,但对孟子的性善论有重大的补充和发展。这里的发展就在于"气质之性"这一概念的提出。

程颐在讲"性"的时候说:"性即理也。"②我们知道"理"就是万物之所以然,所以"天理"两个字在二程的理论中非常重要。程颢说:"吾学虽有授受,然天理二字却是自家体贴出来。"③"天理"二字具体讲的是什么,要讲到朱子的时候才能详细讨论。但如果我们一般地说"天理"是万事万物的所以然,在二程那里应该是没有问题的。我们在程颐的论述中看到,理更多的是"万事"的所以然——人之所以如此做事的根据。他对"万物"的所以然这个层面讲得并不多。天理主要是在讲人类行为背后的依据——我们为什么要这样安排自己的生活,为什么要这样做事。二程认为理是万事万物的所以然,而"性",也就是人的本质,也是"理",所以才说"性即是理"。这个"理"对于所有人都是统一的——"理则自尧舜至于涂人,一也"。不论是尧舜这样伟大的圣

---

① 程颢、程颐:《二程集》,2004 年,第 81 页。

② 同上书,第 292 页。

③ 同上书,第 424 页。

贤,还是一般的路人、普通人,他们的"理"都是一样的。有了这样一个统一的"理"作为人的本质和本性,但是人又有他天生禀得的气质(我们可以说是人的质料),这个气质就有清浊。程子说"性即是理"而"才禀于气",这样看来他好像把"气质之性"与"才"等同起来了。但实际上,在他那里,"才"和"气质之性"的关系是比较复杂的。但总体说来,他强调"才禀于气",气有清有浊,而"禀其清者为贤,禀其浊者为愚"。① 清浊这个概念在张载那里更多着眼于通与不通。在讲张载的时候,我们特别强调张载的"性"和"命"的概念的动态性。他在表达上就非常不同,比如讲"天所命者""天所性者",我们能看出他特别强调"性""命"作为一种动态的倾向的特质,这是张载哲学特别重要的一个特点。但是在程子的表述当中"性"好像又变成了一个简单的名词,但这并不意味着程子简单地把人性当成了一种客观的物质属性。其实我们在讲朱子人性论的时候会发现,朱子有很多表述中"性"好像也是名词性的,就好像我们说一张桌子、一辆汽车的物理属性、水的物理属性、火的物理属性一样,但实际上我们仔细体会,就会发现他依然是从动态上理解人性的。

"气质之性"和"才"这两个概念,看起来一致但实际上不一致。程颐有一个说法很有意思,他说:"才犹言材料。"就像一段木材一样,这段木材当然是源于气质的。这种材料"曲可以为轮,直可以为梁栋",如果是曲的可以用来做车轮,如果是直的可以用来做栋梁。这里,程颐是在强调"才"是"气禀"的某种"用"的可能性。所有的"才"都无所谓好坏,好或者坏都是人为的"毁凿坏了,岂关才事"。比如说一个曲的木材本来可以做轮子的,结果被人为地破坏了,这不是"才"的问题。② 在这个意义上,"才"更多的是在说"气禀"所带来的人的一种潜在的可能

---

① 程颢、程颐:《二程集》,2004 年,第 204 页。

② 同上书,第 207 页。原文标点有误。

性,这种潜能有其固定的方向,比如弯曲的不见得是不好的,但是用弯曲的东西去做栋梁就用错了地方,直的东西不见得是好的,明明应该做栋梁,你却用它去做轮子,这就违背了材质的特性。由此可见,气禀或气质之性本身是有善恶的,而才虽出于气,却是无所谓善恶的。

在程颐这里"天地之性"(也叫"天命之性")是"理"的性,所以程颐有一段话说:"性即理也,所谓理性是也。"①这个"理性"就是"理"的性,基本上相当于张载所讲的天地之性。这是一个方面,另一个方面是气禀。气禀有的时候是从清浊的角度上讲的,有的时候是从它的用的可能性上讲的。从用的角度讲叫"才",从清浊的角度讲叫"气"。程子在这个方面的概念比较复杂,这种复杂是出于对经典解释的固有需要。程子他们的思考从来都不是一种悬空的思考,他们要接续上第一期儒家的思想。而要接续孔孟的思想,他们就必须在自己的思想和孔孟的理论概念和表述之间构成某种关联。中国哲学有一个特点就是通过经典解释来发挥和创造,在解经的过程中展现出自己的思想来。冯友兰先生在两卷本《中国哲学史》中把中国哲学史的时代分成两个阶段,一个是子学时代,一个是经学时代。子学时代就是秦以前的先秦诸子的原创的时代。经学时代是汉代以后通过阐发经典来进行思想创造的时代。汉以后的中国哲学家基本都不是"横出的",一定是"纵出的"。所谓"纵出",就是再伟大的思想家也一定要承接前代的伟大经典,这是中国哲学的一大特点。程子在"气禀"与"才"这两个概念上虽然讲的比较复杂,但其人性论的基本架构是清楚的,就是我们讲的"理的性"和"气的性"的分别。"论性,不论气,不备;论气,不论性,不明。"程子对人性的理解是比较周详的。

---

① 程颢、程颐:《二程集》,2004 年,第 292 页。

七 主敬

"主敬"还是得从程颢说起。我们在前面讲到程颢的时候说过,程颢在道学基本话语的建构方面贡献极大。后来宋明道学的展开,基本上是延续着程颢的架构。比如在修养工夫上程颢特别拈出一个"敬"字,这确实是儒学史上的又一大发明。"敬"这个字在《论语》《孟子》里并不是那么突出,但"敬"这个字隐含在其中的很多段落当中。比如《论语·颜渊》:"仲弓问仁,孔子曰:'出门如见大宾,使民如承大祭。'"其实这一章,孔子说的就是一个"敬"字。《中庸》里面讲到"慎独",《大学》里面也讲"慎独","慎独"所要强调的也是"敬"。《中庸》第一章讲:"是故君子戒慎乎其所不睹,恐惧乎其所不闻。"里面也有敬畏的意思。但是从汉到唐,却没有哪个思想家强调了这个"敬"字。直到程颢出现,这个"敬"字才真正被拈出。程颢说:"敬胜百邪。"①"敬"可以点化所有虚妄邪恶的东西。对于我们今天这个时代,"敬"这个字尤为重要。《论语》里有句话是讲敬的,主要讲交友的原则:"晏平仲善与人交,久而敬之。"(《论语·公冶长》)"久而敬之"这一点尤其难做到,一般人与人交往时间长了,大家熟了以后自然而然就轻慢了,过分的轻慢最终带来的结果实际上是某种友谊的损毁,因为这时你不再能看到对方可敬的东西,一旦不再能看到对方可敬的东西,再美好的友谊都会因此而慢慢沦落下去。

那么"敬"是什么意思呢,为什么"敬"在修养工夫里具有根本的重要性?程子说"敬是闲邪之道",②"闲"就是防卫的意思。我最近对儒学的一大体会,就是在讲程颢时提到的,儒学从来不"强生事"。人是

---

① 程颢、程颐:《二程集》,2004 年,第 119 页。
② 同上书,第 185 页。

怎么样的,人可能是怎么样的,儒家是有着最完整的把握的。儒家从来不矫情地看人。儒家对人的本质的理解这样的——人是怎样的一种存在呢?人是始终处在与他者之间内在本质关联当中的,所以杨朱错了;人是有限的,所以墨翟错了。墨翟总把人当成无限的存在,所以要兼爱——爱所有人,这怎么可能呢?爱无差等怎么可能呢?人处在时间、空间的关系里,有时间就有先后;有空间就有远近。有了先后、远近,爱必然就有差等。所以孟子讲:"见牛未见羊"——同样都是杀生,但我们看到一头将死之牛的哀恐之象,就会心生恻隐之情,"见其生,不忍见其死;闻其声,不忍食其肉"(《孟子·梁惠王》)。但人总是要通过否定其他的生命,来维持自己的生存,这怎么办呢?除非我们打算把自己毁掉,否则就要通过否定其他的物类来维持自己的生存,那怎么办?于是就有了"见牛未见羊"的原则。我对羊也有同情心,但问题是我没看见它,所以我对它的同情心是抽象的,这头牛我看见了,我对它的同情心是具体的。具体的同情心一定大于抽象的同情心,具体的同情心要转化为行动,抽象的同情心可以不转化为行动。所以如果问题是"能不能吃狗肉?"那对于中国人来说当然能吃狗肉。你问孔子,孔子也肯定会说可以吃狗肉。在中国古代"士"是可以吃狗肉的,但是不能坐狗皮;"大夫"是可以吃羊肉的,但是不能坐羊皮。这真是厚道到了骨子里!你都吃了它的肉了,还要坐它的皮,"食其肉"又"寝其皮",你跟它得有多大仇啊?所以"大夫不坐羊,士不坐犬"(《礼记·坊记》)。吃狗肉没问题,但是不是谁家的狗都可以吃呢?大家去读《礼记·檀弓》篇。孔子家养的狗死了,孔子可没说咱们把它炖了?孔子对子贡说:你去帮我把它埋了吧,古人讲埋狗要用车的旧盖子。旧的车盖子破了不扔,就是用来埋狗的。我孔丘穷,没有旧的车盖,所以你帮我弄个草席子,不要让它的头陷到土里。同样的道理,孔子的马在路上死了,甭管境遇有多艰难,孔子也是不吃的,而是用破旧的帐子把它围起来埋掉。这就是具体的同情心。所以什么样的狗不能吃?自己家养的狗不能吃,那个基本跟你家人差不多了,相当于吃人了。所以儒家讲的这些道理都是不强生事的,强生事的道理都讲不通,也没有办法讲通。回到这里,我们谈人的存在,儒家看到的人的存在就特别朴素,"易简而天下之理得矣"(《周易·系辞》)。人是这样一种存在:人是始终处在和他者的内在本质关联之中的、有限的、有情感有情绪的、终有一死的、牵挂着的存在。这是我通过儒家历史上与其他学派的辩论中总结出来的。在我看来,儒家这种对人的本质的理解,可谓"颠扑不破"。

"敬是闲邪之道","闲邪则诚自存"。这也就是程子讲的"不是将清来换却浊",①"闲邪则诚自存",不好的东西一旦被克服掉了,好的东西就自然能彰显出来。所以为什么要讲一个"性善"的道理,这是最"易简"的。如果人的本质是恶的,或者人没有本质,那么带来的后果就是人"旋安排"。我们上节课讲的:不是"待人旋安排引入来,教入涂辙"②,不是人忙忙碌碌地去安排、去创造和发明人的生活方式,人的安排方式源自于人的内在本质,人的内在本质就是这个样子,所以"闲邪则诚自存",所谓的"邪"就是"不正","不正"就是"不中","不中"就是"过"与"不及"。所以从儒家的角度上看,可以看到为什么儒家这么包容,儒家几乎是没有禁忌的,凡人情所不可免的,都是儒家要去充分肯定的。

"闲邪则诚自存",这是真正意义上的易简之道。不正的东西把它清除掉,正的东西自然而然就出来了。人类社会的所有安排,比如说"礼"这个字,怎样才能看到"过"或"不及"?一个社会的"过"或"不及"是怎么规范的?通常是用"礼"来规范的,而真正的"礼"一定是跟自然秩序相一致的。所以《礼记·乐记》篇讲:"大礼与天地同节",这就告诉我们,真正的"礼"一定是跟天地相一致的,天地的节奏自然有

---

① 程颢、程颐:《二程集》,2004 年,第 10 页。

② 同上书,第 153 页。

其"长"或者"消",该长的时候一定长,该消的时候一定消,在这个意义上,这种"礼"的安排难道是人发明出来的吗？如果每一个地方都是人发明出来的,那人可真够忙的。程子与富弼的一段对话特别有意思：

> 富公尝语先生曰："先生最天下闲人。"曰："某做不得天下闲人。相公将谁作天下最忙人？"曰："先生试为我言之。"曰："禅伯是也。"曰："禅伯行住坐卧无不在道,何谓最忙？"曰："相公所言乃忙也。今市井贾贩人,至夜亦息。若禅伯之心,何时休息？"[①]

富弼说你每天怎么都这么从容不迫的样子。程子回答说：我不行,做不了天下最闲的人。接着他反问天下最忙的人是谁？富弼回答不上来,程颐接着讲谁是天下最忙的人呢？"禅伯是也。"富弼崇信禅宗,马上反驳："禅伯行住坐卧无不在道,何谓最忙？"禅伯念念不忘的都是道,怎么能说最忙呢？程颐马上说："相公所言乃忙也。今市井贾贩人,至夜亦息。若禅伯之心,何时休息？"你说的正是忙,街边的市井之人,到了夜里也就睡着了,所以哪怕再忙也有休息的时候,禅伯的心何时休息呢？他强调了这个"忙"不断地"生事",生出了各种事,又不是从人的本质出发的,人情所不可以免的东西反而天天要按着,天天要和人的一些最根本的东西作斗争,比方说克服自己的牵挂啊,克服自己正当的欲望啊,每天要和这样的事情作斗争,得忙成什么样子？所以程子说我顺理而行,这不就是天下最闲的事情吗？这个"天下最闲人"的"闲"字,讲的恰恰就是"易简"。不好的、不正的、"过"或"不及"的东西去掉了,好的东西自然而然就体现了,没有比这更简单的方法。所以我说儒学是真正的"易简之道",是朴素而直接的生活方式。

"敬是闲邪之道",那么什么是"敬"呢？程子对"敬"的解释已经比较详密了,不是一般性地讲"敬"。程颢讲到"敬"的时候没有细讲什

---

① 程颢、程颐：《二程集》,2004 年,第 293 页。

么是"敬",程颐则明确说:"所谓敬者,主一之谓敬。""主一"就是某种
精神凝聚专一的状态,当然光讲专一显然不够。万一专一到赌博上怎
么办? 我一心一意地就爱赌博,一心一意地就是好色,专一在什么地方
是关键。所以,程子进而讲:"所谓一者,无适之谓一。"①没有任何具体
对象的情况下,内心保持收敛、整齐、不放纵、专一、纯净的状态。"主
一"就是"无适"的状态,没有任何对象和方向的一种精神的凝聚、炯然
在中的状态。程颢说"心要在腔子里",②与"心在腔子里"相反的就是
心不在焉,心全然不在此处。这种心收到自己腔子里的状态就是"主
一无适"的状态。在我看来,"敬"是打破自我中心和个人主义的一剂
良药。"敬"把个人还原到了恰当的位置上。我们今天几乎所有的人,
最大的问题就是自我观念太强了。所以我常常讲,什么叫现代性? 现
代性其实并不意味着新的生活本质的出现,它意味着新的主流意识的
生活态度的出现,而这种新的主流生活态度的核心,就是一个空前强大
的自我观念。由于不知收敛,所以人的欲望无限地膨胀,而膨胀到一定
程度的时候,不管给你多少,你都没有一点点满足和快乐。所以越是沉
迷于自我的人,越不幸福。自我观念太强,得失心就重,得失心一重,一
生就只剩下四个字——患得患失。如果你凡事出于公心,你的焦虑再
大也是有限的。"敬胜百邪","敬"这一个字可谓点雪洪炉,所有渣滓
都能在这个地方消掉。

　　程子讲"敬"而不讲"静","静"就是无事。所以有人问程颐:"敬
莫是静否?"程颐说:"才说静,便入于释氏之说也。不用静字,只用敬
字。"③只要说到一个"静"字,程子说就是"忘"。《孟子·公孙丑》论浩
然之气一章有一段特别重要的话:"必有事焉,而勿正,心勿忘,勿助

---

① 程颢、程颐:《二程集》,2004 年,第 169 页。

② 同上书,第 96 页。

③ 同上书,第 189 页。

长。"这是一种断句法,程颢就是这么断的。程颐则断作:"必有事焉,而勿正心,勿忘,勿助长。"①这两种断句基本一样,都告诉我们,儒家的根本修养工夫从来不是在一个地方静坐,而是在事上磨练。人就是一件事一件事去磨练,你少经历了一件事情,人生的格局就欠缺了一分,人生的淬炼就不够。这个没有办法,只能在事上去磨练。在事上去印证此心,在事上去磨练此心。我现在在家里没事的时候觉得自己最近脾气好了,可遇到事的时候发现还是不够。不在事上磨,终归不行。所以,程子认为,只要讲这个"静"字,其实就已经落到禅宗那边去了。

"敬"这个字,可以说是儒家修养法门的根本。程子后来将自己的修养工夫总结为两句话:"涵养须用敬,进学则在致知。"②

八 格物致知

北宋的时候,《大学》这一文本的重要性已经得到了极大的提高,基本上所有的儒者要研究儒家经典,《大学》都是不可绕过的入门功夫。当然,《大学》里面"格物"这个词怎么解释始终是一个问题。程颐讲格物时说:"格犹穷也,物犹理也,犹曰穷其理而已也。"③格物就是穷理,就是研究事物的道理,把事物的道理弄明白。而他讲到格物的具体内容的时候,又说:"穷理亦多端:或读书讲明义理;或论古今人物,别其是非;或应接事物而处其当,皆穷理也。"④穷理可以从多方面着手,读书讲明义理;讨论古今人物,分辨是非;在应对事物的时候,对所有的事物能不能恰当地对待、处理;都是穷理的功夫。我们注意程子讲的这

---

① 程颢、程颐:《二程集》,2004 年,第 12 页。
② 同上书,第 188 页。
③ 同上书,第 316 页。
④ 同上书,第 188 页。

个穷理中,已经包含了对客观事物道理的探索,这样一种格物观念,讲明了儒家的修养工夫里,除了上面说过的"涵养须用敬"这样一种对人的气质的调整和沉淀以外,特别重要的就在于明道理。明理是根本。程子特别强调"真知"与一般的"知"的不同。"真知"就是真切的知,知得深便行得实,知得不深便知而不行。比如,我们都知道火烫,见火自然会躲。这就是真知所能达到的实行。但是我们人生大多数的"知"都不是"真知",由于没有亲身经历过,即使知道了也往往未必能够做到。所以"格物致知"只是第一步。"格物致知"下面为什么还要有个"诚意"的环节? 就是要解决知行不能合一的问题。程子对"格物"的理解对朱子有非常深刻的影响。我常常讲,空洞地讲一个善良,糊涂的善良,在今天恐怕是最无谓的。人生取决于一连串的判断与选择,你有再高的善意,如果没有明晰的道理做引导,最后你的行为还是糊涂的。做对了这边就伤了那边。

中国哲学史非常尴尬的一件事就是,到今天为止没有一本真正好的二程研究著作。我这次备课的时候重读《二程集》,深感有太多的地方我们没有好好地申发,往往随便拿一句来,任意发挥。比如关于寡妇再嫁的问题。有学生问程颐能不能娶再嫁之妇,程子说不可娶。那学生接着问:她没有生计,饿死了怎么办? 程子说:"饿死事极小,失节事极大。"[1]后来戴震说这是"以理杀人"。单就寡妇能否再嫁的问题,我们可以说程子的说法确实有些苛刻。我觉得孔子以后,儒学确实有越来越苛刻的倾向。庄子批评儒家"明乎礼义,而陋于知人心"(《庄子·田子方》),也不是全无根据。我觉得学习儒学的人,每天都应该在脑子里想想这句话。后世的儒者的确有这样的问题,强调什么往往就强调到极端的地步。这一点,伟大如程、朱,也未能或免。像"二十四孝"

----

[1] 程颢、程颐:《二程集》,2004 年,第 301 页。

里的那些故事，朱子居然也跟着宣扬。我常常想：如果起孔子于地下，看到"二十四孝"得是什么心态！估计孔子又得给气回去。如果讲儒学讲到这个地步，那道家的那些批评岂不是一语中的？那难道不就是《老子》说的"大道废，有仁义。智慧出，有大伪。六亲不和，有孝慈。国家昏乱，有贞臣"吗？孝的确重要，但也不能孝到肉麻的地步吧。《论语》里面，孟懿子问孝，你看孔子说的有多好，就两个字——"无违"。但不要违背什么，孔子没讲。孟懿子不问，孔子也就不说。过几天樊迟给孔子驾车，孔子跟他讲了孟懿子问孝的事儿。樊迟没懂，就问：什么意思？孔子这时候才把答案说出来。"无违"的对象是什么？不是父母，而是"礼"。（《论语·为政》）"二十四孝"里有些故事，实在是夸张到了肉麻的地步。以"王祥卧冰"为例。我常常讲，这个故事"非愚即诬"。故事里面说：王祥的继母虐待他，他仍然对继母那么好，这个孩子实诚，到这儿我还挺喜欢。他继母冬天生病了，想吃鱼。没有鱼怎么办？这孩子就到河边去捉鱼。可河上已经结冰了。他居然把衣襟解开，想要用胸膛把冰暖化了，然后再下去捉鱼。这就有点儿不可理喻了。难道家里连种田的工具都没有？你用农具去敲那冰不行吗？实在没有，你拿石头去砸，我都算你正常。接下来更离奇。王祥往那儿一卧，冰居然开了，还跳上两尾鱼来。这在道理上能讲得通吗？假设起孔子于地下，让孔子去评价王祥的这种行为，我猜孔子一定认为这种行为叫不孝。因为正常情况下冰是不可能开的。而冰不开，这孩子就冻死在上面了。如果为了给继母捉鱼，以这种方式被冻死在冰上。恐怕是不孝莫大焉了吧。《孔子家语》里讲"小杖则受，大杖则走"，何其明达的一种孝啊。这才是孔子的儒家。

回到"饿死事极小，失节事极大"这句话上来。贺麟先生认为，如果撇开寡妇能否再嫁的问题上，那么"饿死事小，失节极大"其实是人类社会普遍强调的一般的伦理原则。贺麟先生说："人必有其不可亏之大节,大节一亏,人格扫地。"①

关于寡妇再嫁的问题,《二程集》里还有一个极为厚道的说法。我们知道古代是可以"出妻"的,也就是单方面提出的离婚。有的时候,会因为一个极小的理由就出妻,比如女子当着婆婆的面骂狗。因为这可以理解为是在给婆婆脸子看。有人问程子说:这样做是不是太苛刻了? 程子说:一定不是因为这么小的事就出妻。之所以出妻,一定是因为妻子有更大的过恶。但不能以这种大的过恶为理由出妻。出妻也得考虑妻子将来的出路,得让她有再嫁的可能。所以表面上的苛刻,背后其实有非常厚道的考虑:出妻的人自己也承担一部分责任。这跟孟子解释孔子以微罪行的原因,是同一个道理。孔子离开鲁国的时候找了一个很小的借口——"郊祭不致膰",也就是没分到祭肉。后来就有人说孔子离开鲁国的原因是因为没吃上肉。孔子以微罪行,其实也是要分担一部分责任。不用自己的离开,过分彰显出国君的过恶。对程子厚道的话一概不取,不知从什么样的上下文截出一句,然后不遗余力地批判,这显然不是治学的正确态度。

关于程颐,我们就讲到这里。下节课我们讲朱子。

---

① 参见贺麟:《文化与人生》,北京:商务印书馆,1988 年,第 193 页。

第十一讲

理气动静：朱子的哲学（上）

这节课我们讲朱子。

首先简单介绍一下朱子的生平。朱熹，字元晦，一字仲晦。朱子的名号特别多，他又给自己取了很多号，比如号晦庵，又称紫阳先生、考亭先生、沧州病叟、云谷老人等，晚年号遁翁。由此可以看出朱子身上的文人气。生于宋高宗建炎四年（1130），去世于宋宁宗庆元六年（1200）。祖籍徽州婺源，生于福建尤溪，因为他长期在崇安、建阳讲学，所以思想史上称朱子的学派为闽学。

朱子中进士的时候只有十九岁，也就是我们今天的十八周岁，他是同进士出身。朱子天分极高，小的时候喜欢读禅宗，所以他对禅学的批判也格外深刻，因为他小时候就熟。他后来评论陆九渊说：你们这些人不看书，所以被他瞒过。我认真读过禅宗，所以一看就知他陆九渊是禅学。[1] 朱子当年去考进士的时候，他的一位长辈翻他的书箱，发现里面就一本大慧宗杲的语录。朱子自幼聪慧，刚会说话的时候，他父亲指着上面跟他说：这是天，他应声问道：那天之上是什么？才会说话，就有了哲学思考和追问的能力。

朱子在中国思想史上的地位是非常崇高的。基本上可以认为是孔

---

① 《朱子语类》卷一百二十四《陆氏》：北京：中华书局，1986 年，第 2973 页。

孟之后,一人而已,甚至可以说是孔子以后,一人而已。我觉得在很多方面,朱子的思想是超过孟子的。朱子学问的格局极大,不仅思想深刻,学问也极为广博,而且诗文俱佳。宋明道学家一般容易流于刻板,最典型的要算程颐。程子和朱子在个性上的区别很大。程颐就是一个谨严,朱子却不失活泼生动。朱子喜欢喝酒,喝了酒之后还要唱歌。朱子的好友张栻曾为此专门写信规劝他。朱子的诗写得非常好,我们大家熟知的《观书诗》:"半亩方塘一鉴开,天光云影共徘徊,问渠那得清如许,为有源头活水来。"①与这样的诗相比,唐诗大都显得雕琢。你看朱子的用词,看不出一丝锤炼的痕迹,完全像自然而然流淌出来的。前段读《朱子全书》,特别喜欢其中的《怀岳麓》:"风月平生意,江湖自在身。年华供转徙,眼界得清新。试问西山雨,何如湘水春。悠然一长啸,妙绝两无伦。"②仔细去看这诗,每一处都极为工整,但又自然而然,没有雕琢的意思。

朱子天分极高,又非常勤奋。你看朱子一生写了多少东西!不说别的,光写信就写了多少!每天都在和朋友们、弟子们讨论各种各样的问题。朱子有一个弟子叫蔡元定,是他特别欣赏的。蔡元定家学渊源,精通易学,而朱子也非常关注《周易》,所以总是和蔡元定讨论。有一次朱子给蔡元定写信说:一直有问题要讨论,所以亟盼着你来,近期如果来访最好。别人不要带,你一个人来就行了,咱们好好讨论讨论问题,省得瞎耽误功夫。有那么多重要的问题需要讨论,哪有那个时间说些闲话!后来庆元党禁的时候,蔡元定作为朱子的弟子也受到牵连。蔡元定去贬所的途中经过朱子的驻地,朱子听说他要来,就在渡口等。

---

① 朱杰人等主编:《朱子全书》(第二十册),合肥:安徽教育出版社,2002 年,第 286 页。

② 《观西山怀岳麓以为莫能相上下也聊赋此云》,见《朱子全书》(第二十册),2002 年,第 402 页。

蔡元定的船一到,师徒俩就到旁边的一个寺庙里抓紧时间讨论《周易参同契》里的问题。个人遭际全在度外,这是何等的胸怀!

朱子对前辈的传统极为重视,他把整个北宋五子的贡献都凝聚在自己的哲学体系里。当然朱子的包容不是没有原则的,凡不能接受的朱子一概拒绝。跟孟子一样,朱子一生都在战斗,思想的论辩贯穿于他的整个学术生涯,其中最著名的是与陆九渊和陈亮的辩论。所以朱子给人的印象是不够包容。在我看来,大多数包容其实就是糊涂。尤其在思想上,思想不讲一个分界,不讲一个对错还讲什么呢?

现在有很多人诋毁朱子,因为朱子讲"存天理,灭人欲"。其实,在朱子那里,"人欲"指的是过度的欲望。凡人情所不可免的,儒家都充分肯定其合理性,所以不像其他的宗教和文化那样有各种各样的禁忌。合理的欲望最多只能算人心,并不是人欲。关于朱子的诋毁非常多,尤其是庆元党禁的时候,有很多人弹劾朱子,甚至有人列出朱子的"十大罪",要求朝廷杀掉朱子。这当然是因为政治斗争,其实哪个时代都有猥琐的人。这些罪状都是些无根之辞:比如指责朱子不孝,说朱子不给母亲好米吃。要知道,朱子家里很贫穷,只有糙米可吃。不仅朱子如此,他的女儿女婿家也是这个样子。朱子把女儿嫁给了自己的学生。有一次朱子到女儿家。女儿家里贫穷,能拿出来招待朱子的只有葱汤和麦饭。朱子吃得很自得,但女儿却非常不安。朱子看在眼里,即席吟诗一首,来安慰女儿:"葱汤麦饭两相宜,葱补丹田麦疗饥。莫谓此中无滋味,前村还有未炊时。"[1]这个故事很可以作为朱子生活的写照了。对于政敌罗织的各种罪状,朱子本来要上章辩驳,蔡元定劝他占筮决疑,占得的结果是遁卦。我们知道遁卦是君子道消、小人道长之时,整体上是阳消的趋势。于是朱子焚掉奏章,改号遁翁。现在居然有人用沈

---

[1] 朱杰人等主编:《朱子全书(修订版)》(第二十六册),上海:上海古籍出版社,2012 年,第 520 页。

继祖之流罗织的罪状来诋毁朱子,足见其无聊。

接下来我们讲朱子的思想。

一 体用

朱子的世界观有如几何学般的精美和均衡,他曾有这一段论述:

> 大抵天下事物之理亭当均平,无无对者,唯道为无对。然以形而上下论之,则亦未尝不有对也。所谓对者,或以左右,或以上下,或以前后,或以多寡,或以类相对,或以反相对,反复推之,天下之间真无一物兀然无对而孤立。①

"亭当"就是稳当的意思,道理一定是稳当均平的。"无无对者",这句话里我们可以看到程子对朱子的影响。如果一定要说有无对的,那只能说"唯道为无对"。但严格讲来,由于有形上、形下的区分,所以也"未尝不有对"。"所谓对者,或以左右,或以上下",有左右、上下,空间的结构就出来了;"或以前后",有了前后,时间就出来了;"或以多寡",既有多寡,数量就出来了。"或以类相对,或以反相对",有些东西相对是因为彼此相似,有些东西则是因为彼此相反而相对。说到这里,我们已经可以看到《周易》的卦序了,《周易》的卦序中要么是"反",要么是"对",比如,《乾》《坤》是对,《屯》《蒙》是反。接着他说:"反复推之,天下之间真无一物兀然无对而孤立。""兀然"就是单独的意思,天下没有这样单独的东西。这一段话体现了朱子世界观的整体。这个世界观从哪儿来的? 当然是从《太极图说》里来。

在批评胡广仲时,朱子说胡的思想是"左右偏枯,首尾断绝,位置

---

① 朱熹:《答胡广仲》,见《朱子全书》(第二十二册),2002 年,第 1904 页。

重叠,条理交并"。① "偏"是倾向的意思,"枯"是背离的意思,偏向于左则背离了右,或者相反。空间上不均衡,时间上也不对称,所以说胡广仲的讨论方式是"畸零赘剩,侧峻尖斜"。② 或者有体无用,或者有用无体,体用之间悬隔;或者悬空立一个不需要的概念。在朱子看来,凡是有始无终、有体无用、有左无右、有上无下这类"畸零赘剩,侧峻尖斜"的道理,就一定是不对的。所以,朱子在整理《太极图》的时候,对当时流行的一些版本进行了抨击。在那样的图式里,太极成了"尖斜"的太极,一个不均衡、不对称、不平整的太极。朱子批评这样的图式是"畸零赘剩,峻侧尖斜,更无齐整平正之说"。③ 朱子认为天下的道理一定是齐整平正的,这是他基本的世界观,而这个道理又充分体现在《太极图说解》中。《太极图说解》里最根本的相对就在于从"太极"到"两仪"之间的变化。我们大家可以回想一下前面讲过的《太极图》。重点是看《太极图》的上面两圈。首先"太极动而生阳",阴阳当中含太极,有形上、有形下,形上形下是一对;接着看阴阳,阳中含阴,阴中含阳,阴阳互为条件。这里一定要注意,不能完全按字面理解《太极图说》,以为先有阳后有阴,阳动与阴静是时间先后的关系。否则《太极图》的第二圈应该把右半圈截下来,移到左半圈之下。但无论哪一个《太极图》的版本,第二圈都是这样完整的一圈。一边是阳之动,一边是阴之静,这样,一动一静之间就有了全部的对立在里面,包括我们前面说的上下、左右、前后、阴阳、刚柔等各种对立。

朱子的《太极图说解》是由两个部分构成的,一个部分是《图解》,一个部分是《说解》。《图解》的部分非常重要,我们大概说一下。图的最上面一圈是"无极而太极",讲"无形而有理",这个部分我们下面再

---

① 朱熹:《答胡广仲》,见《朱子全书》(第二十二册),2002 年,第 1904 页。

② 同上。

③ 同上。

具体讲。第二圈左边为阳之动,右边为阴之静,中间的小圈是太极本体。太极在阴阳之中,所以朱子讲太极的时候说"不杂乎阴阳",也"不离乎阴阳"。如果"杂乎阴阳",形上和形下就没有了区分;如果"离乎阴阳",形上形下就成了孤立畸零的了。"阳之动"指的是太极之用,"阴之静"指的是太极之体,静为体,动为用。我们讲"动极而静""静极而动"时一定要落实到"一动一静互为其根"上,动静是同时产生的,而且互为条件。在所有的对立中,最重要的是体用,所有的事物当中都有体用。

体用这对概念,远比我们一般理解的复杂得多。"体用"问题讲不清楚,朱子的其他概念的理解就将全部是含糊和笼统的。在讲到"体用"时,我们常常把这两个概念用得太过简单,从而把很多问题都消解掉了。在我们过去的分析中,"体用"曾经一度是有揭示性的——能够揭示出思想的张力和主题的,但是我现在越来越发现,这两个概念的僵化使用,非但不具有揭示性,反而具有遮蔽的意义。

在概念的使用过程当中,我们特别容易陷入这种境况:一对具有揭示力和洞见的哲学范畴,在长期使用中慢慢变得僵化、简单化,它们在思想史语境当中的那些关键的内涵和意义反而被剥蚀掉了。这种简化是非常可怕的!而这种简化在语言和思想的历史上又是不断发生的。从中国当代诗歌的处境中,我们可以更清楚地看到这样的问题。诗歌试图通过词的"陌生化"来重新获得某个词所具有的丰富的内涵和深刻的揭示力。当年顾城讲过:我之所以要写诗,是因语词就像钞票一样,从这个人手里传到那个人手里,传来传去弄得非常脏。我要通过我的诗去把这"钱"重新洗干净,把这个词重新洗干净。但无论怎样具有揭示力的表达,都会在阅读和转述的过程当中重新陷入遮蔽。我现在看我三十出头时候写的文章会有一种感觉:为什么会用这样的修辞呢?为什么一定要用这么锐利的词呢?现在看来,再锐利的词用一段时间后仍然会流于俗套。欧阳江河说过一句话,我特别喜欢,他说:洗是永远洗不干净的,索性我们就把它用得更脏。

"体用"这对范畴在既有的哲学史和思想史的研究当中已经被弄得非常"脏"了,这对词变得极具遮蔽力。一般情况下,理解问题的时候说到"体用",就感觉好像已经懂了,但真正的麻烦在于其实你并没有真正弄懂。把一段文本解释成"体用"这对概念时,觉得已经解释清楚了,里面真正的哲学洞见和内涵反而恰恰因为这对词的僵化使用而被完全遮蔽掉了。最近我在重新体会宋明道学,特别是北宋道学,越来越清楚地意识到程颢讲的"天地万物之理,无独必有对"的深刻含义。为什么程颢想到这层道理,会兴奋得"不知手之舞之,足之蹈之"。我原来讲到"无独必有对"的时候,强调"无独必有对"这个道理是通过"对"的确立来安置普遍存在的"感","对"是"感"的逻辑环节。我们前面讲到张载的时候就特别指出,二体的对立在逻辑上安置了"感"的可能性。没有二体,何来"感"? 这一分析没有问题,但对"无独必有对"这一思想的真正意义的揭示还不够全面。我们前面讲到朱子的思想时,说他的思想中有几何学般精美的均衡世界观。以此为标准,他批评了那些"畸零赘剩、侧峻尖斜,更无齐整平正之处"的道理。"齐整平正"到底体现在什么地方呢? 就体现在这个"对"字当中。而所有的"对"中,最重要、最根本的一对是"阴阳"吗? 不是。是"体用"。

我们可以简单看一下《周易本义》的先天卦序图的横图。在那个图中,我们可以看到从太极到两仪、从两仪到四象的这种分化。每一次的分化都是阳在前、阴在后。到两画时,四象,也即"太阳""少阳""少阴""太阴"就出来了。至三画,则形成了"八卦"。八卦的先天卦序是乾、兑、离、震、巽、坎、艮、坤。至六画,则六十四卦已经齐备。先天卦序的横图有个非常有趣的结构:从下往上,任取三组,都会看到乾、兑、离、震、巽、坎、艮、坤的顺序。这一结构何其简洁、自然、精美! 就这样一个简单的二分,一刚一柔,一阴一阳,里面的内容已经非常丰富了。"乾"是什么呢? 是"健",而"健"最根本的意思就是"经久、持久"。不要以为"健"就是"动","健"是真正意义上的持久,无论动静都可以持久。"坤"是"顺"的意思。"震"为"长子",因此"震"的品格像"乾"。"巽"为长女,因此"巽"的品格类"坤"。震卦是"动"的意思,而"动"的原因是因为阳在下,阳在下当然要动,要往上走;"艮"的卦象正相反,阳爻在上,已到了极处,所以是"止"。在这样简单三画卦里,就已经包含了非常丰富的内容。何况还要再往上分?分到六画,则六十四卦齐备,用来理解世间大的人生处境就已经够了。当然,朱子说六十四卦之上还可以再分。虽然世界越来越复杂,但都可以包含在六十四卦的道理当中。在我看来,先天卦序和后天卦序的区分在于:"后天卦序"着眼于"用",而"先天卦序"着眼于"体"。当然,"体"当中又分"体用","用"当中也有"体用"。这就是复杂之处。首先,"太极为体,阴阳为用"。其次,阴阳互为体用。如果从"阳"的角度讲,"阳"是"体","阴"就是"用";如果就"阴"的角度讲,"阴"为"体","阳"为"用"。整体看过来,也就是说,阴、阳构成了互为体用的关系。所以任何一个单一现象当中都有它的"体用"。所以朱子讲,"天地之间,真无一物兀然无对而孤立者"。

朱子有不少关于体用的讨论,最主要集中在《朱子语类》第六卷,其中有六段连续的材料全都在讲体用问题,通过这几段材料我们可以知道朱子的体用观念远非那样简单。在以水做比喻讲体用问题时,朱子说:"如水之或流,或止,或激成波浪,是用。"就是说水的各种具体的动态变化,是水的"用";而"即这水骨可流,可止,可激成波浪处,便是体。"以水的物理特性为基础的各种可能性是体。以身体为喻,朱子说:我们的身体是"体","目视,耳听,手足运动"就是"用"。① 朱子还说过:现在的是体,后来生的便是用。这里,体用又变成了一个时间的

---

① 《朱子语类》卷第六《性理》,北京:中华书局,1986 年,第 101 页。

问题。从现成的事物的结构角度上讲,静态的结构是"体",而依此静态结构而发生的种种运用,就是"用"。又讲:"天是体,'万物资始'处便是用。地是体,'万物资生'处便是用。"①这里是借用了《周易》乾、坤两卦的《象传》。就阳来说,阳是体,阴是用;就阴来说,阴是体,阳是用。我们一般讲静的是体,动的是用,但是在朱子这儿阴阳又互为体用,这需要我们仔细体会这个道理。就一把扇子来说,有扇骨,有柄,用纸去糊,这是体;人去摇扇子,这是用。②朱子不断地用这些复杂的比喻来说明这个道理,你就知道朱子对体用问题的思考有多么深入。朱子在这段话里面特别批评了江西人,他对一个学生说:"公江西有般乡谈,见才分段子,便说道是用,不是体。"③乡谈就是没见识的村言,这里的江西人指谁我没有找到明确的证据,但应该是指陆九渊兄弟。他说江西有一种说法认为只要分了体段的就不是体而是用了,但朱子认为体不是浑沦无分别的,不是不分体段的。如果说不分体段的是体,分了体段的就是用,那就相当于说一把尺子只要有了刻度就不再是体了,这样就只能守着一个没有内容的体,没有内容的体实际上不就是虚无吗?所以朱子说,不能说有了刻度和准星的秤就不是体了,有准星的秤是体,用有准星的秤去称量东西,用有刻度的尺子去衡量长短才是用。

那么接下来涉及到的问题就是:如果"用"的表现不同,"体"是否相同? 能不能说理都是同的,只有用是不同的? 朱子有时候的确是这么说的,但在《朱子语类》第六卷中他却又强调,"其体已略不同"④。

把这些讲法结合在一起看,似乎是矛盾的。但我们知道《语类》是朱子言谈的记录,说话总有具体的语境,而且说话也往往不像写文章那

---

① 《朱子语类》卷第六《性理》,1986 年,第 101 页。
② 同上书,第 102 页。
③ 同上书,第 101—102 页。
④ 同上书,第 102 页。

么严密。此外,记录者的理解能力以及文字表达的能力都会对文本产生影响。所以我们用《语类》里的材料,要多条材料参照,同一个问题要看看有没有其他的讲法,只有在多条材料相互参照的基础上,再和他的书信等其他文字材料对照,我们才能准确地理解。

刚才我们讲的扇子、身体和水的比喻,都告诉我们"静"为"体"而"动"为"用"。总体来说,朱子讲到"体"的时候,更多的从"静"的角度讲;讲到"用"的时候,就从"动"的方面来讲。这是一般的讲法,但也不能一概而论。如果按照刚才的讲法,就"阳"言,则"阳"为"体"而"阴"为"用";就"阴"言,则"阴"为"体"而"阳"为"用"。据此,恐怕就不能简单讲动的就是"用",而静的就是"体"。在这里,我们遇到一个麻烦的问题:"体用"概念能否简单地用"动静"来讲?如果用"动静"来讲的话,那怎么理解阴阳互为体用的问题?"太极动而生阳",是静为体,动为用。而一旦有了"阳"就必然有"阴","动"了就必然有"静"。这种情况下,"动"又成了静之体,而"静"则成了动之用,动为体而静为用。

概括地说,朱子的"体用"概念,涉及两个方面的问题。

其一是"始"和"终"的问题。这可以去看朱子对《通书》中"诚之通"与"诚之复"的解释。"大哉乾元,万物资始",这是"诚之通",是"生"的一面,强调"物之生";"乾道变化,各正性命",这是"诚之复",强调"物之成"。① 在此,"生"就是"始",而"成"就是"终"。那么,到底"终"为"体"还是"始"为"体"?在朱子那里,简单地讲"始"为体或者"终"为体都不对。站在"终"的角度,看万物之"成",那么"始为体"而"终为用";从"始"的角度,看万物之"生",则万物之生的前面必有一个"终",有"终"才能有"生"。对这样一个"始"和"终"的问题,朱子

---

① 参见朱熹:《通书注》,见《朱子全书》(第十三册),2002 年,第 97—98 页。

终其一生都在讨论,并且讨论得特别复杂。我理解朱子更强调的是"中岁定法",而不是"晚年定论"。很多人老是探索朱子最后说的一句话是什么,最后的话就一定那么重要吗?朱子的伟大哲学建构在四十岁左右时就已经完成了,之后就一直在为其做辩护。当然,他有些话是讲得越来越精到。但朱子也明确讲过,他早年的时候有体力,所以能讲到那个分儿上,现在体力不行,有些问题已经说不到当年的地步了。朱子一辈子都在讨论问题。《语类》里的话大部分都是晚年的,60岁以后的。有些问题在不断的讨论中,衍生出了许多原本未曾考虑到的层面,所以有时看起来前后的讲法互相矛盾。但是,面对这种矛盾,不能一味地用后来的话推翻前面的结论,而是要放到他的思想的整体当中,综合地考量。通过上述分析,我们可以看到,体用在朱子那里,有时体现为始终,而有了"终"和"始",时间出来了。

其二是"动静"。有了"动静",空间就都包含在里面了。有体必有用。而且,只要是在时空当中的,就已经是具体的发用了。当然,这里还涉及到我们之前讨论过的"分段子"和"不分段子"的问题。就像一把尺,我们用它来衡量各种事物的时候,能不能因为这尺子上有刻度,就将这尺子说成是"用"?如果这样,那么在儒家的价值系统里面,仁、义、礼、智显然是有分别的,既然是有分别的,那么这些核心价值、天理层面的东西,到底是"体"还是"用"?按朱子的讲法,仁、义、礼、智显然"体",是天理层面的,属于形而上者;但它们既然有分别,也就分了"段子",既然分了"段子"就一定杂于气质层面的东西了。所以,不能像有些人说的那样,以为浑沦无分的太极、完全无形无象无内容的东西才是"体",其他的皆是用。此种空洞的"体"正是朱子批评的。

总体说来,在朱子看来,有体必有用。从一般的角度上讲,静的为"体",动的为"用"。但又不能执定了看,因为阴阳互为体用,动静也互为体用。体用的概念,具体体现为"始终"和"动静"。有"动静",就有了空间。有"始终",也就有了时间。只要一展现出时间和空间来,

"体"就表现为"用",就有了它的"用"。

二 太极

"太极"讲的就是"理"的问题。整个道学观念的发展,到朱子这里有了集大成的综合。我们不要忘了前面提到的宋明道学的核心问题:为儒家生活方式奠定哲学基础。在我看来,任何一种哲学一定要指向一种生活安排,要给出某种生活安排背后的哲学上的根据。北宋五子的哲学探索被朱子结构在了一个集大成的系统当中,而这一哲学系统的最高概念就是"太极",也即"天理"。但是"天理"到底是什么? 在二程那里,天理的概念其实还是非常笼统的,对于朱子的"天理"概念哲学史上也有很多含糊其辞的讲法。对于朱子这样的哲学家,任何的含糊笼统都是对其哲学精神的背离。所以我们必须对天理的内涵给出具体明确的解说,或者至少是可以证伪的解说。

我们知道,《太极图说》有两个部分:《太极图解》和《太极图说解》。《太极图解》当中已经讲到了太极的问题。《图解》开篇引出了《太极图》的第一圈之后,说:"此所谓无极而太极也。"①这个"无极而太极"就是所以动而阳、静而阴的本体。也就是,在朱子那里,天理是阴阳的"所以然"。对太极最确定也最简明的说法是:太极是万物之所以然。这说法当然不能说是错的,但如果仅仅停留在这个层面,就有太多的问题没有办法得到具体的分析。最明显的,这样一个所以然的根据是如何具有道德属性的?

《太极图说解》第一句话解释"无极而太极",朱子讲:"上天之载,

---

① 朱熹:《太极图说解》,见《朱子全书》(第十三册),2002 年,第 70 页。

无声无臭。"①后来他说得更清楚,"无极而太极"就是"无形而有理"。②
"太极"就是"天理",而"天理"是无形的,是真正严格意义上的形而上
者。但这形而上者到底是什么呢,它的具体内涵到底是什么呢?朱子
在这里并没有明确地讲出来。我常常想:难道在他们的语境当中这是
不言自明的、完全不需要解释的吗?的确,在有些语境下某些概念是不
需要解释的。比如,我们常常说"时间",如果你不像海德格尔那样"矫
情",一般就不会问时间是什么。反正大家都知道,虽然都说不清楚。
再比如"存在"好像对我们是不言自明的。但是,"天理"在两宋的语境
下是这样的概念吗?如果是,那么我们怎么才能知道他们心中那不言
自明的东西到底是什么呢?读二程、张载、邵雍,特别是周敦颐时(因
为他的文字本来就少),都有这个问题。我们也无从追问和索解。但
到了朱子那儿就不是这样了,你不能把天理这样的概念简单地视为不
言自明的,因而置之不理,因为朱子对所有的问题都有详尽的讨论,尽
管这些讨论或"交待"有的时候前后矛盾。在这个哲学系统当中,你能
想到的问题,朱子他们都想到并且谈到了。那么,这个"无形而有理"
的"理"到底是什么呢?

我解决这一问题的思路是从"格物致知"入手。在朱子那里,格物
就是穷理。我们可以从他格物的方向,看他所要穷的"理"是什么。也
就是说,我们去看看朱子的"即物穷理"所穷的是哪些理,然后再来看
怎么来定义"天理"。

《大学章句》的相关部分主要是在解释"格物致知",对于格物的
内容则说得比较笼统,还是《大学或问》说得详尽:"用力之方,则或
考之事为之著,或察之念虑之微,或求之文字之中,或索之讲论之际,

---

① 朱熹:《太极图说解》,见《朱子全书》(第十三册),2002 年,第 72 页。
② 《朱子语类》卷第九十四《周子之书》,1986 年,第 2365 页。

使于身心性情之德,人伦日用之常,以至天地鬼神之变,鸟兽草木之宜。"①这里所讲的"格物"的范围,从人伦到自然无不涵括其中。朱子本人就是这样做的。有一次,为了验证竹笋生长的过程,朱子插竹竿为标记,亲自验证,得出竹笋夜长数寸的经验。朱子对每一事物都有自己认真的思考研究,而这些思考研究又都能跟他的哲学思想统一起来。

如此宽泛的穷理的内容,研究的目标是什么呢?朱子是要让人们通过这样的格物的实践,看到所有事物中的"所当然而不容已"与"所以然而不可易",②这是朱子对天理概念最完整的表述。"不容已"这一表达是有可能产生歧义的,通常可以有两种解释:一种是"不得不这样",如果这样解释,那么"不容已"就是一种客观必然性;另一种是"必须得这样",如果这样理解,"不容已"就成了一种道德命令。"所以然而不可易"是讲固有的、恒常不变的根据。在今本《四书或问》中,是有"所当然而不容已""所以然而不可易"这句话的。但在陈淳写给朱子的一封信的结尾处,有一句话值得注意:"所以《大学章句》《或问》论难处,唯专以当然不容已者为言。"根据这句话,似乎陈淳手里有一个稿本只说"所当然而不容已",不讲"所以然而不可易"。通过朱子对陈淳的回答看,"其所当然而不容已"与"其所以然而不可易"是朱子以前的讲法,后来他把后面一句去掉了,因为朱子后来发现,只说"所当然而不容已"就足以把天理讲清楚了,"所以然"的意思是可以包含在其中的。③陈淳有一段关于"天理"的深入讨论得到朱子的激赏。陈淳说,理有四个方面:能然、当然、必然、自然。具体来说,以"恻隐"为例,陈淳说:人所以能有恻隐之心是因为我们内在有"仁"之"理"。在宋明理

---

① 朱熹:《大学或问》,见《朱子全书》(第六册),2002 年,第 528—529 页。

② 朱熹:《太极图说解》,见《朱子全书》(第六册),2002 年,第 528 页。

③ 参见朱熹:《答陈安卿》,见《朱子全书》(第二十三册),2002 年,第 2736—2737 页。

学的传统当中,恻隐之心属于"情","性"是"理","情"就落入到"气"的层面。所以关于"仁之端"有两种讲法:一种把"端"解作"萌芽",一种解作"发显、表现"。在程朱这里,恻隐是仁之"表现"。仁是无迹的,是真正的形上者。"其所以能恻隐者,理也"。这种恻隐之心是人人都有的,遇事想不产生恻隐之心都不可能。这是强调其"必然"。而遇到这种场合你"应该"恻隐,这是其"应然"的方面。这种恻隐之心不是编造出来的、装出来的,"今人乍见孺子将入于井,皆有怵惕恻隐之心,非所以内交于孺子之父母也,非所以要誉于乡党朋友也,非恶其声而然也"(《孟子·公孙丑》),全无人为造作、伪装之处,皆自然而然。在上述对恻隐之心的分析中,理的"能然、必然、当然、自然"四个方面得到了充分的展现。① 陈淳的这个分析非常精到,他真正秉承了朱子的伟大精神——把事情讲清楚。朱子对此也极为肯定,认为陈淳讲出了他自己要讲的道理。当然,这个讲法也不是全无问题。陈淳把"能然、当然、必然、自然"平铺在那里,没有明确哪一个是核心。那么到底哪个方面是核心呢?从朱子给陈淳的回答看,只要把"所当然而不容已"真正弄明白了,那么这四个方面就全包含在其中了。因此,在朱子那里,天理就是"所当然",就是"应然"。

但是这里又衍生出一个问题来——天地万物是如何具有其"应然"的,这个背后的"应然"到底是什么?朱子讲"不容已"之时,并没有仅仅从道德律令方面讲,把"不容已"仅仅理解为"你不应该不这样做",而是同时强调了"不得不如此做"的必然性的。《朱子语类》中有这样一段对话:

> 问:"《或问》云:'天地鬼神之变,鸟兽草木之宜,莫不有以见其所当然而不容已。'所谓'不容已',是如何?"曰:"春生了便秋

---

① 参见朱熹:《答陈安卿》,见《朱子全书》(第二十三册),2002 年,第 2736—2737 页。

杀,他住不得。阴极了,阳便生。如人在背后,只管来相趱,如何
住得!"①

"春生了便秋杀",有始有终,这是万物的必然性。因此,"不容已"包含
了"必然性",而非脱离必然性来谈空洞的、道德上的应然。朱子的上
述表达不是偶然的,在《周易本义》里有几处同样的表达。比如,在解
释《无妄》卦《象传》之时,朱子用了"天命之当然"的概念。② 在《本义》
中,"天命之当然"有的时候也表达为"天运之当然"。③ 此处的"应然"
不是康德意义上仅仅作为道德律令的"应然"。我一直强调,用康德的
"自律""他律"来衡量朱子,其实是在矮化朱子。"天命之当然"强调
了必然性与应然性的统一。我们为何要选择这样的生活方式,为何要
有道德,为何要呵护天地万物的生灵,为何要珍惜物力?原因很简单:
这样做符合天地生生之道。天地生生之理的这种必然性被称为"天命
之当然"。所以,在讲到《复》卦的时候朱子特别强调"天地之心"。④
什么是天地之心?天地以生物为心。这就是"天命之当然"。在解释
"太极动而生阳"时朱子指出,这是"天命之流行"。"天命之流行"强
调了必然性。因为"必然",所以"当然"。朱子继承了程子"动静无端,
阴阳无始"的世界观。也就是说,在朱子看来,这个世界亘古亘今就是
一个生生不息的存在整体,没有也不可能有一个虚无的阶段。但是,
"动静无端,阴阳无始"的动力是谁赋予的? 是作为根本的"太极"和
"天理"。而"太极"和"天理"就是天地"生生"的"必然"和"应然"。
如果不是这样,那么世界的演化进程当中,就有了出现绝对虚无的阶段
的可能,而这在朱子看来,是不可理解的。

---

① 《朱子语类》卷十八《大学》,1986 年,第 413—414 页。
② 朱熹:《周易本义》,见《朱子全书》(第一册),2002 年,第 96 页。
③ 同上书,第 94 页。
④ 同上书,第 95—96 页。

天理既是"必然"，又是"应然"，但以何者为主仍然是个问题。结合前面朱子和陈淳的讨论，则"所当然"是天理之根本。所以，我在最近的文章中指出：天理的内涵是"所当然"的具体化。[①] "所当然"不是抽象的，最抽象的"所当然"是"做你应该做的"。这当然有意义，这是一个道德律令，知行合一的根本，《大学》讲"诚意"重心也在这里。但问题是，所有的"应然"都必须弄清楚几个方面问题：第一，为什么应该？第二，应该怎么做？而"为什么应该"又衍生出两个问题：第一，为什么必然要这样做？第二，为什么可以这样做？由此可见，所有的"应然"里面都有陈淳所说的"能然、当然、必然、自然"的完整展开。以"当然"为核心，"能然、必然、自然"的完整展开，就是"天理"的真正内涵。最高的"天理"就是"生生之理"，就是生生不已背后的必然性和应然性。

朱子所讲的天理不是抽象和空洞的，与阳明有根本的不同。阳明讲"良知"，归根到底就一句话："做你该做的"。但我该怎么做，为何这样做？比如，以"孝"为例。为什么要"孝"？"孝"到何种程度？这不是简单的问题。"报本"（《礼记·郊特牲》）是"孝"的一个理由，"子生三年，然后免于父母之怀"（《论语·阳货》），所以古人为父母服三年之丧。再讲得根本一点，孝是最本质的眷恋和一生的牵挂，无法解除。而且孝的理由不在于对象，不是因父亲英明神武、毫无缺点才去孝顺他。而是内在的"不容已"所致。

天理是"所当然"的具体化。在朱子那里，我们可以找到明确的根据。《语类》中有这样一段话：

> 人多把这道理作一个悬空底物。《大学》不说穷理，只说个格

---

① 杨立华：《天理的内涵：朱子天理观的再思考》，载于《中国哲学史》，2014 年第 2 期。

物,便是要人就事物上理会,如此方见得实体。①

这个"实体"就是"能然、当然、必然、自然"的完整展开,就是"所当然"的具体化。若未见实体空讲道理,当然就无意义。朱子举例说:"且如作舟以行水,作车以行陆。今试以众人之力共推一舟于陆,必不能行,方见得舟果不能以行陆也,此之谓实体。"②天理作为实体,是具体的,而非抽象空洞的。

三 理与气

(一) 理生气

程颐在形而上者与形而下者之间做了严格的区分之后,一个巨大的哲学思辨的空间敞开了。形上与形下相即不离、不可分割。程颢为了讲明这个道理,甚至不敢过分强调两者的区分。而程颐则做了明确区分。程颐也讲"体用一源,显微无间",但不能说"体"就是"用","用"就是"体",也不能说"体"和"用"始终是一致的。因为那样的话,就意味着"体"随"用"亡,"气"一旦消亡了,"理"也就随之消亡了。对于程朱理学,有几点必须明确:第一,最真实的、始终存在的是"理"而不是"气",所以"理"为本;第二,凡是"气",皆有消尽之时,而"气"消尽并不意味着"理"也消失,气有成毁,理无成毁。

在明确上述两点的基础上,很多问题就浮现出来。首先,既然理是结合着"必然性"的"具体化的所当然",那么,从这个角度看,理和气孰先孰后? 再者,理是如何有动静的? 太极动而生阳,此即"天命之流

---

① 《朱子语类》卷十五《大学》,1986 年,第 288 页。

② 同上。

行""天命之当然"。但理怎么会动？有动静就落入时空范畴了。再次，既然万事万物根源于天理，而天理纯善，那么它怎么会创造出一个如此参差不齐、充满差异的世界？换句话说，在万物生成以后，"理"存在于事物之中而作为其本质，那么是否所有本质都来自于"太极"？如果是，那万物为何充满差异？如果不是，则天地万物的统一性何在？一旦有形上、形下的明确区分，上述所有问题就浮现出来，而且看起来无法从根本上解决。

先看"理"生"气"的问题。朱子明确讲到过"理"生"气"。但这种讲法到底是偶然的说法，还是其思想体系中固有的结构性论述呢？朱子明确谈"理"生"气"的地方极少。在《语类》当中，明确说出来只有一条——"气虽是理之所生"。[①] 这种说法符合朱子一贯的思想吗？如果是一贯的思想，那为什么他对此讲得如此之少？我的理解是，朱子之所以很少讲到，是因为对朱子及其门人看来这是不言自明的。值得注意的是，朱子说出"气虽是理之所生"这一论断时，并没遭到弟子的质疑。由此可见，这在朱子及其门人那里，是一般的共识。

接下来的问题是，"理"是如何生"气"的？我们回过头来看郭象的思想。郭象讲"万物自生"。郭象消解了"天"。他说：万物"会而共成一天"，[②]"天者，万物之总名"。[③] 在郭象那里，所谓"自生"，就是"不知其所以生而生"，即完全不可知的绝对创造和神秘创生，是真正意义上的无中生有。对于老子式的无中生有——整个世界从绝对的虚无当中创生，儒家是从根本上反对的。但是，个体事物的生灭，生是无中生有，灭是灭尽无余，这一点在程朱那里却是基本的共识。天地如烘炉，什么东西不销铄尽了？没有永恒的或不灭的质料。质料（气）是"理"不断

---

① 《朱子语类》卷第一《性理》，1986 年，第 71 页。

② 郭庆藩：《庄子集释》，北京：中华书局，2012 年，第 55 页。

③ 同上书，第 56 页。

全新创造出来的。但又不能说"气"就是"理",若如此,则"气"恒在。那么此处当作何解呢? 我的解答是:"气者,理之用",有"体"必有"用"。既如此,"理"的存在自然带着"气",而"气"不是别的,就是"理之用"。一旦落实到"用","生生之理"一旦体现为"用",即展开为"动静"和"始终"、"时间"和"空间"。在此基础上,朱子的许多话才能得到理解。比如,朱子所说"仁义刚柔","仁阳","义阴"(这是朱子广受诟病和批判的思想)。在解释程颐的"体用一源,显微无间"时,朱子说:

> 太极,形而上之道也;阴阳,形而下之器也。是以自其著者而观之,则动静不同时、阴阳不同位,而太极无不在焉。自其微者而观之,则冲漠无朕,而动静阴阳之理已悉具于其中矣。①

也就是说,从可见的、"显"的方面来理解,万物背后都有"太极";从"不可见"的角度理解,又可以看到无形无象、无声无臭的天理包含了动静阴阳之理。此即"体用一源、显微无间"的道理。

朱子的《太极图说解》完成以后,受到当时思想界的广泛质疑。朱子为之辩护甚力,甚至因此被贬官。在众多的质疑当中,一个重要的质疑是:朱子在"仁义中正"之间分了"体用"。在朱子看来,"仁义中正"就是"仁义礼智"。"仁义礼智"又分阴阳:"义""智"为"阴","仁""礼"为"阳";"义""智"为"体","仁""礼"是"用"。仁义礼智皆是天理,但一旦分了段子,自然而然显示出某种"气"来,所以其中自然就有动静阴阳。从气是理之用的角度,才能对此有恰当的理解。所谓"理生气",其实就是"体"必有"用"的意思。仁有仁之用,义有义之用,仁义礼智又互为体用。一个"元"字能包"元亨利贞"四者,一个"仁"字能包"仁义礼智"四者。在朱子那里,"仁义礼智"对应"元亨利贞",同

---

① 朱熹:《太极图说解》,见《朱子全书》(第十三册),2002 年,第 73 页。

时对应"生长收藏",而"生长收藏"其实是"生"的过程的四个段子。"生、长"是舒发开来的状态,故属"阳";"收、藏"自然是收敛的状态,故属"阴"。在"仁义礼智"四者中,朱子认为"仁、智"最重要,"仁"是"生之初",而"智"是"终结"。而四者中,"智"收敛得最快。朱子举例说,比如智者寡言,即是一个收敛的意思。"义、智"为"体","仁、礼"为"用"。不仅"仁义礼智"有体用,"仁"自身也有其体用。比如,仁之刚柔——仁属阳,所以仁属"刚"。仁是"生长发舒"的,而这就是"阳""刚"的意思。当然,后来朱子提出了一个更全面的说法:"仁体刚而用柔,义体柔而用刚。"①"气"不是别的,就是"理之用",就是"理"落实在"用"的层面的表现。在朱子的思想里,天地原不复杂,仅是水火二物,两者皆柔软而无定型,但又都是阴中含阳、阳中含阴的。阴阳就像两扇磨一样,磨来磨去生成许多渣滓就有了复杂万殊的世界。② 朱子说,连绵起伏的群山恰像波浪,可见当年都是柔软的,都是水火二物而已,后来凝成如此。水火是精的气,更粗的气就是渣滓,而渣滓就生成了复杂的万物,生生不已。③ 朱子继承邵雍的讲法,认为这样发展下去,总有一天会重来一番成毁。

"气"不是"理"之外的另一元,而只是"理之用"。"理之体"必然会展现为"用",即展现到"气"的层面,即"生生不已"。"理生气"就是这样一个道理。而"理生气"既明,则"理气先后"问题也就基本得到解决了;对"理气动静"问题的解答,其实也包含在这一思路当中。

① 朱熹:《答董叔重》,见《朱子全书》(第二十二册),2002 年,第 2374 页。
② 参见《朱子语类》卷第一《理气》,1986 年,第 8 页。
③ 同上书,第 7 页。

第十二讲

理气动静：朱子的哲学(下)

我们上一次课讲到"理生气"的问题。我的理解和表述是"气者理之用"。事实上，"理生气"这个表达在朱子那里并不多见，只有一两条材料。最重要的就是《朱子语类》中的那一则"气虽理之所生"。当然，我在上次课上特别强调，我们不能因为朱子讲得少就认为它不符合朱子的思想宗旨。从《语类》中那则材料看，"理生气"这一表述并没有受到任何的质疑，由此可知，在朱子及其弟子那里，这个道理被认为是不言自明的。因为理是最根源性的、最真实的存在，无生灭、无成毁的，是天地生生之理。既有这理，便有这气。我们讲朱子哲学上来就讲体用，特别强调了体必有用的思想。所以上次课我在解释"理生气"这一论述时，强调了"气者理之用"。这是我自己的理解。实际上，"理生气"在朱子的思想中有一个更准确的表达，那就是"理必有气"。"理必有气"强调只要有这个理，它就带着气出来。

上节课我们讲到"天理"这个概念的时候，我特别从陈淳与朱子的那封论学书信出发，强调陈淳所讲的理有能然、必然、应然和自然。陈淳的问题在于他只是把能然、必然、应然、自然平铺放着，没有指出究竟哪一个是核心。而实际上，到朱子那里，天理就是"所当然而不容已""所以然而不可易"。当然这还只是前期的表达，到后来，朱子认为只说一个"所当然而不容已"就够了。所以，天理的能然、应然、必然、自然,在朱子的思想中是围绕着应然展开的。只有这样,我们才能理解为什么朱子会说性就是合当的。性即是理,合当的就是应然。在《周易本义》里,朱子常常讲"天命之当然"。在《太极图说解》中,讲到太极"动而生阳"的时候,朱子提到了"天命之流行"。"天命之当然"和"天命之流行",都是以"所当然"为核心的。在我看来,天理无论在哪个层面上,都是以"所当然"为核心所构成的一个能然、应然、必然、自然的完整展开。因此,我把朱子的天理总结为"所当然"的具体化。

那么,"理必有气"是什么意思?"理必有气",也就是说只要有这个"理",这个"理"就必然体现为"用",就必然体现为时空当中的某种可感的东西,体现出象或形来。我们说天理是"所当然"的具体化,天理或天命就是一个"所当然"。"所当然"用我们现在的话来讲,就是应该如此、合当如此。天命应该如此,人应该如此。而只要有一个"合当如此",马上就分阴阳了。怎么分的阴阳呢?只要有一个"合当如此",马上也就分出了"合当如此"与"合当不如此"。"应当如此"与"应当不如此"相对比,"应当如此"就有一个积极的、动的意思,"应当不如此"就有一个消极的、止的或者说静的意思。由此出发,就衍生出这样一个复杂的世界来。

当然这里面有些理论问题需要解决。既然"理必有气",气是理之气,那么理为什么管束不得它。所以朱子讨论理强还是气强的问题,究竟是理强气弱还是气强理弱。既然气是理生出来的,气是理之用,理必有气,有这般理就有这般气。仁就有个阳的意思,义就有个阴的意思。所以才说仁阳而义阴。当然,后来朱子又有了更为复杂的表达,即"仁体刚而用柔","义体柔而用刚"。还有,为什么由"当然"之理理生出来的气会有驳杂之气?所谓驳杂之气就是不善之气。理是善的,气作为理之用就应该生出善的气来,那么为什么会有不善的气,这个不善的气从哪儿来的呢?关于气强还是理强的问题,朱子实际上是说,一旦变成了个体以后,气强过理。一般的事物身上,理在气之中的体现是直接的,刚的就是刚的,柔的就是柔的。水、火、木、金、土,五行各有其气质,每种气质都是理的一偏的体现,而非理的完整的体现。理的一偏,也就是理的某一个方面突出地体现出来。金就是金之气,木就是木之气。甚至到了动物那里,都是这样。朱子讲,虎狼就是个义,所以《语类》中有一段讲到老虎被射杀的时候,临死前最后跑的那几步都是直的,因为虎的气直。① 至于动物和植物,按理说动物的气更灵,植物的气不灵,因为植物没知觉,但朱子说植物也有植物的好处,动物一死,没过几天就烂了,植物死了却很久都不烂,所以植物的形魄相比起来又比较强。再下面就涉及到人心的问题。动物身上秉得的某方面的理比较突出,这理就直接地表现出来。但是人就比较复杂,人能够主动地知觉这个理,当然也能够主动地拒绝去知觉这个理。这就有了一个主观选择的问题,而不再是理的直接体现。② 为什么人会有这个问题?这就涉及到"心"的这种灵明之气在朱子思想当中的位置。我们这里无法做更详尽的讨论,有兴趣的同学,可以去细读《语类》中的相关部分。

"理生气"在朱子那里更为准确的表述就是"理必有气"。理作为天地生生不已之理,是不断地生生的。世间万物如果只创生一次就结束了,那么这个世界就简单了,就纯善无恶了。从太极到两仪、两仪到四象、四象到八卦、八卦到六十四卦,当然还可以再分下去,但无论怎么分都是纯善无恶的。但问题是,所谓生生不已,不是今天生完了,明天就不生了,它是每时每刻都在生长出新的东西来,每时每刻都在生长出新的阴阳之气,那么这个新的阴阳之气和旧的阴阳之气之间,就自然而然形成了某种冲突。我为什么强调朱子的思想是最为易简的,因为他的思想是真正做到了"一本"的。他从一个生生之理出发,接下来就分为阴阳二气,但是只要有了气的层面,就有了成毁。有成就有毁,有生

---

① 《朱子语类》卷第四《性理》,北京:中华书局,1986 年,第 60 页。

② 同上书,第 60 页。

就有灭。阴阳再往下分，就变为四截，二分就成了四分，而四分就是元、亨、利、贞，生、长、收、藏。而这全都是从生生之理这一根源出来的。只要有生理，生出来的就是有限的东西。只要是天理生出来的，落实在气这个层面的，落实在阴阳这个层面的，就是有限的。所谓有限，就是有限定的。阳有个刚的意思，阴就有个柔的意思；阳有个舒发的意思，阴就有个收敛的意思；阳有个揭示的意思，阴就有个遮蔽的意思。一旦生出了具体的、有限的东西，所有有限的东西都是有生有灭、有成有毁的，或者更简单地讲，是有始有终的。一个具体事物作为有限的存在者，都要经历四个阶段，就是元、亨、利贞或生、长、收、藏。由于前一个阶段的有限的事物的生、长、收、藏还没结束，新的有限的事物又生出来了。于是就形成了冲突。不同的事物处在不同的阶段，有的处在生的阶段，有的则到了藏的阶段。导致这个世界充满了冲突的原因就在于该结束的不结束，就对后来的生长形成了遏制。

撇开朱子的文献，我们一般性地来看看为什么会从单纯的世界生出如此复杂的善恶来。其实善和恶，简单地讲，就是过和不及。当生的阶段，生得过了，是恶；生得不及，也是恶。长得过了，是恶；长得不及，又是恶。贞也一样，该结束的不结束，就跟你那儿耗着，这其实也构成恶。仅仅元、亨、利、贞这四段子，带来的冲突就足够多了。人处在一个阶段里，特别是比较好的阶段，自然有过的倾向。生的阶段真好，鲜花怒放真好，但如果到处都是怒放，而且都已经该谢了还要顽固地怒放，那就麻烦了。我们可以看到，在"理生气"这一论述当中，程子的"不强生事"的哲学找到了最为易简的理论形态。

(二) 理气先后

接下来我们来讲理气关系的第二个问题，即理气先后问题。实际上，讲完理生气的问题，理气先后的问题已经有答案了。我们前面讲了"理必有气"，"理必有气"也就意味着不可能有"孤露"之理。既然理必有气,那么,究竟是理在先还是气在先呢?

关于这个问题,朱子和他的弟子有很多讨论。一般地讲,理、气之间不能说谁在先、谁在后,更准确的说法是谁更根本的问题。用我们以前学的马克思主义哲学的话讲,就是何者是"第一性"的问题。在朱子那里,究竟理是第一性的还是气是第一性的? 这是一个最根本的问题。如果理、气都是第一性的,那就是二元论。显然,在朱子的思想里,理是第一性的。从更根本性上看,理更根本;从实在性上看,理更实在。气是理之气,或者气者理之用。只要是气,就一定有生灭、成毁。不管什么样的气,都有生灭,而且是灭尽无余的灭,完全彻底地消灭,没有任何遗存地消灭。理解程颐和朱子,特别重要的一点就是在他们的思想里没有永恒的质料。物质不灭的观念,在程、朱那里是不能成立的。这是程、朱与张载的最大区别。在张载那里,是有永恒不灭的质料的,但程朱不接受这样的观念。气,来无所由,去无残迹。关于理气先后,朱子通常的表达是:理气本无先后。但是,如果你一定要推上去,看起来却像是理在先、气在后似的。① 当然,朱子强调,这个理在先、气在后,不是说今日有是理,明日再有是气。不是这样的意思。不是时间上的先后关系。陈来老师《朱子哲学研究》的第一章讨论的就是理气先后的问题,他的根本解决就是认为朱子强调的是理在先,也就是逻辑在先。而所谓逻辑在先,其实就是第一性第二性的问题,就是何者更为根本的问题。② 但是,有的时候,朱子对理气先后问题的讲法里似乎又有理是时间上在先的意思。《朱子语类》里讲:"且如万一山河大地都陷了,毕竟理却只在这里。"③有些学者就认为,"且如万一山河大地都陷了",是在说有可能出现只有理没有气的阶段。这样的理解显然是不能成立

---

① 《朱子语类》卷第一《理气》,1986 年,第 3 页。

② 陈来:《朱子哲学研究》,上海:华东师范大学出版社,2000 年,第 99 页。

③ 《朱子语类》卷第一《理气》,1986 年,第 4 页。

的。要知道,在朱子的哲学话语里,山河大地是有形的物。山河大地虽然大,它仍然是有形的物,既然是有形的物,也就都是有限的。既然是有形有象的事物,终归会灭尽无余。也就是说,在朱子"理必有气"的思想系统当中,是可能出现没有任何具体事物的宇宙发展阶段的。但是,即使在没有任何具体事物的时候,理也不孤立存在的,理仍然跟气结合在一起。那种情况下的气,就是天地公共之气,也就是没有任何具体形质的气。所以,在理论上的确可能出现"山河大地都陷了"的阶段,但即使"山河大地都陷了",毕竟理还在那里,但这个理仍然不是孤露之理,仍然要跟气结合在一块。朱子说:"理未尝离乎气。然理形而上者,气形而下者。自形而上下言,岂无先后。"①

(三) 理气动静

接下来我们讲理气动静。其实关于理和气的关系,特别关键的一个问题就是太极是怎么动的。《太极图说》讲:太极动而生阳,静而生阴,一动一静,互为其根。"一动一静互为其根",强调的是动静互为条件。但问题是,太极是怎么动的,太极有无动静?太极如果有动静,那么太极岂不成了具体的物?太极是形而上者,形而上者就没有时空的位置,既然没有时空的位置,何以能有动静呢?如果有人问:理存在在哪儿?我会回答他说:你问错了。因而"哪儿",也就是空间上的位置,是源于太极的。理是时空之本,问太极存在在哪儿,那也就等于将太极当成形而下的了。在朱子那里,理气之间的这个分别是非常清楚的。

既然太极不在时空关系里,那太极怎么动呢?太极显然是不能动静的,这是毫无疑问的。太极既然不能动静,那《太极图说》里为什么要讲"太极动而生阳"呢?这个问题的解决,逻辑上有两种可能的选

---

① 《朱子语类》卷第一《理气》,1986 年,第 3 页。

择。一种是近来很多人都在讲的:太极之理里面包含动静之理。这种解读我曾经认为是对的,但近来慢慢意识到中间的问题。为什么呢?因为不符合一本的原则,"理论补丁"太多,不能从一个根本的原则里推演出来。如果说太极有动之理、有静之理,那是不是还得有时间之理、空间之理?进一步地,是不是还得有大小之理、上下之理?在朱子那里,太极或天理没有那么多的内容,他告诉我们的就是一个生生之理。这生生之理是天命之流行,永不停息地创生,只有这是根本。当然,如果有人问天地为什么要生生。我没有答案,朱子也没有答案。关于普遍性的问题,西方哲学和中国哲学有很大区别。虽然笼统地讲西方哲学,会有本质主义的嫌疑。西方哲学内部也有很大的差别。但中西哲学在整体品格上,还是有很大不同的。我们以柏拉图为例。在柏拉图那里,普遍性问题是用相或者理念来阐发的。所有的桌子有一个相,然后桌子有一个更高的相就是家具,家具又有一个更高的相就是物,一步步地抽象。中国哲学的普遍性则体现在所有的事物都秉得了天地生生之理,只有这一点是统一的,因此是普遍的。在事物的生生不已的根源上,找到了事物的统一性。关于太极动静的问题,朱子与弟子之间有很多讨论。他弟子问:太极动静,是否可以理解为"太极兼动静而言"。"太极兼动静",也就是说太极贯通在动静当中。对此,朱子回答说:"不是兼动静,太极有动静。"[1]很显然,这里面"有"这个字非常关键。在《语类》的另外一段材料里面,朱子讲:"阳动阴静,非太极动静,只是理有动静。"[2]"理有动静"和"太极有动静"这样的表述,显然是经过了深思熟虑的。动静与阴阳的关系,不是动了以后才生阳,静了以后才生阴,动和阳是一个阶段,静和阴是另一个阶段:

---

① 《朱子语类》卷第九十四《周子之书》,1986 年,第 2372 页。

② 同上书,第 2374 页。

"太极动而生阳,静而生阴。"非是动而后有阳,静而后有阴,
　　截然为两段,先有此而后有彼也。只太极之动便是阳,静便
　　是阴。①

不是这个动和阳、静和阴截然分为两段,而是太极之动便是阳,静便是
阴。这是朱子关于太极动静问题的最经典的论述。那么,如何将这几
个经典的论断结合起来,从而获得对太极动静问题的确切的理解呢?

　　我们前面说过,天理或者太极作为天命之当然,也就是所当然的具
体化。而天命之当然,或者具体化的所当然,意味着一种肯定的倾向。
有了肯定,自然也就有了否定。而肯定的倾向就有了动的意思,否定的
倾向就有了静的意思,不是太极里面另外包含了一个动静之理在里面。
所当然具体体现在语言中就是"应当怎样","应当怎样"必然包含"应
当这样"和"应当不这样",而"应当这样"就有了一个动的意思,是一种
主动积极的倾向,"应当不这样"就有了一个静的意思,是一种被动消
极的倾向。这就是"太极有动静"或"理有动静"的含义。"太极有动
静"其实是"理必有气"的另一种表达。在逻辑上,"理有动静"和"理
必有气",是完全一致的。关于理气动静的问题,朱子用过一个人跨马
的比喻,这个比喻带来了非常多的误解。我们刚才讲到的太极动静问
题,是在最根本的意义上讲太极何以能动而生阳的问题。还有一个层
面的理气动静的问题,即一旦形成了具体的万物,那么,具体事物中的
理是否会随事物而动? 举个例子,我手里这只粉笔现在在缓慢地运动,
那么你告诉我粉笔中的理是否也随之而动? 粉笔有粉笔的本质,它的
本质会不会随着它的运动而运动? 这是另外一个层面的问题。人跨马
的比喻,讲的显然是涉及到具体事物这个层面的问题。在具体事物这

---

　　① 《朱子语类》卷第九十四《周子之书》,1986 年,第 2373 页。

个层面上,朱子说:"理搭在气上而行",①这也就是说,在朱子看来,具体事物运动,事物中的理也随之而动。某个事物在运动,那么这个事物的具体属性有没有在运动?当然有运动。比方说物体上的"刚"的属性,物在动,这个"刚"也随之而动。其实我们能体会到的事物的运动,不就是它的"刚"的属性在运动吗?假设有个人走在操场上,被球砸了一下,不就是这个皮球的刚性移到了这个人的脑袋上吗?以人为例:每个人都秉得了仁之理,那么,人移动的时候,他身上的仁之理当然也要移动。所以朱子说:"理搭在气上,如人跨马相似。"②关于理气动静的问题,我们得把不同层面的问题分开来看:一个是太极动而生阳的问题,一个是具体事物的理的动静的问题。不能混为一谈。关于理气动静的问题,朱子还有一个著名的论断:"太极者本然之妙,动静者所乘之机。"③"太极者,本然之妙"的这个"妙"字,强调的是创生义。动静是所乘之机,那么什么叫"所乘之机"呢?有人说这个"机"就是"几者,动之微"的几。这显然是不对的。朱子讲的"所乘之机"的"机",含义非常明确,"机,是关捩子",关捩子就是门轴。门轴中间是不动的,而门的运动围绕着不动的中轴。这表明,动是以静为条件的。而门轴之静的意义,恰恰又在于它使得门的有规律的运动成为可能。所以我们说动静互为条件。不能说动则无静、静则无动,而是动中含静、静中含动。朱子说关捩子,"踏着动底机,便挑拨得那静底;踏着静底机,便挑拨得那动底"。④

其实,理气动静问题当中,最麻烦的还是心之灵的问题,也就是心

---

① 《朱子语类》卷第九十四《周子之书》,1986 年,第 2376 页。

② 同上书,第 2374 页。

③ 朱熹:《太极图说解》,见《朱子全书》(第十三册),合肥:安徽教育出版社,2002 年,第 72 页。

④ 《朱子语类》卷第九十四《周子之书》,1986 年,第 2376 页。

的主观性的问题。朱子讲"理必有气",心是"气之精爽"或者"气之灵明"。那么,作为"气之精爽"的心应该是顺理而动的。但实际的情况是,人可以顺从天地生化不已的进程,也可以阻碍它。而这取决于人心。心的能动性到底如何理解呢？我在朱子的思想当中找不到具体的讨论。也许这只是我的问题。

(四)理一分殊

我们接下来讲理气关系问题的第四个方面,"理一分殊"。

理一分殊这个观念来源于程子。二程教育自己门人的时候,一般是以《西铭》作为入门功夫的。《西铭》我课上没有讲,因为没时间讲。《西铭》讲"民胞物与",让人们体会到天地万物跟自己的本质关联。在某种意义上,《西铭》可以视为程颢《识仁篇》的更精彩的表达。程颢曾说,"《西铭》,某得他意思",只不过没有子厚笔力雄浑,能把这个文字写出来。所以程颢感慨说:自孟子以后,除了《西铭》,没有文章能达到这种雄浑的高度。杨时是程门高弟,当然也是以读《西铭》为入手处的。杨时后来觉得《西铭》有问题,他怀疑《西铭》有流于兼爱的倾向。因此专门写信去问程颐。程颐回答他说:"《西铭》明理一而分殊,墨氏则二本而无分。"[1]在程子这句话里,"分"字应该读成四声。在这里,理一分殊是说爱之理都是一样的,而爱的分(fèn)却是不同的。对天地的爱,对父母的爱,对君主的爱,对大臣的爱,都有所不同。所以,爱自然是有差等的。"理一分殊"强调《西铭》的原则是爱有差等。这是程子所讲的理一分殊的含义。

到了朱子那里,理一分(fèn)殊在很多地方被读成了理一分(fēn)殊。这并不是说朱子不了解理一分(fèn)殊这种读法,朱子强调理一

---

[1]　程颐:《答杨时论西铭书》,见《二程集》,北京:中华书局,2004年,第609页。

分(fèn)殊是因为他的哲学理论的结构性需要。当然,用理一分(fēn)殊来解决理和万物的关系问题应该不是始于朱子,程子门下应该早就有这样的讲法,而且朱子的老师李侗应该也是这么讲的。朱子出自道南学派,道南学派的名称起自杨时。杨时追随二程学习,先是师从程颢,后又问学于程颐。据说程颢非常欣赏杨时,杨时学成返乡,从洛阳往南方去,程子目送他走远以后,说"吾道南矣"。[①] 因此杨时的门下称为道南学派。道南学派最核心的谱系是:杨时传罗从彦,罗从彦传李侗,再由李侗传到朱子。所以,朱子是程子的第四代传人。用理一分殊来表述理和万物之间的关系,应该是道南学派的一贯主张,不是朱子的发明。当然朱子对这个问题的解决要更为系统和精彩。

理一分殊要解决这样的问题:即万物形成以后,太极是否还寓于万物之中? 如果太极还寓于万物之中,那么这个太极与作为生生不已的根源的太极之间又是什么关系? 我们知道,其实在古希腊哲学里也有这类问题,比如理念的分有说。朱子不得不面对这样的问题。太极在不在万物之中? 如果太极不在万物之中,那岂不是说,万物的本性与太极无关,或者不是根源于太极的? 如果太极在万物之中并且作为万物的本性,那又会产生出一个问题来:人和物的差别何在? 人秉得了太极之理,万物也秉得了太极之理,那么为什么人和物之间有那么大的差别? 所有这些问题,在朱子那里都可以统摄在理一分殊这一论断当中。理一分殊这一论断最关键的问题是,每一个个别事物当中的太极和作为本体的太极之间是什么关系。这个问题之所以会产生,实际上是因为我们把太极当成了一个物。在语言当中,我们不自觉地把太极当成了一个东西。好像万物秉得太极是说万物秉得了太极这样一个东西。朱子在解释周敦颐的"无极而太极"时指出,太极就是一个极好的至善

---

① 程颐:《答杨时论西铭书》,见《二程集》,2004 年,第 428—429 页。

的道理。他说:极,如枢极之处。① 极就是我们房屋的那个极顶,还有就是天穹的那个极至,是极至之义,由此引申出极好至善的道理的意思来。所以,所谓个别事物当中的太极,具体地讲,也就是具体时空关系里那个恰当的点,或者恰当的分寸。所有的事物都体现为具体的时间空间当中的差异性,每一处的差异性当中都有其极好的至善的分寸。以《周易》里的卦象为例。按照通行本的卦序,《乾》《坤》《屯》《蒙》《需》《讼》《师》。《屯》卦这样一个特定的处境当中有一个极好的至善的道理,《蒙》卦中也有一个极好至善处。再比如,在我们这个教室里有一个极好至善处,在你们那个位置上有一个极好至善处。虽然你们坐得歪七扭八的——当然我觉得你们坐得很舒服,我也很高兴,但是起码我得说你们坐的样子都是对的。你看这整个教室,没有一个同学是背对着我的。如果你背对着我,你就违背了天理了,违背了教室的天理。你一进教室就知道,这个教室的空间里是有方向感的。很清楚,所有个别的位置都指向中间这个位置。所以我们在位置上是有等级的。但是这个没办法,教室这地方的核心就在这儿。所以,每个具体的处境当中都有个极好至善处,这样的理解在朱子那儿是说得通的。

但是还有一个问题,万物有没有本性,万物的本性是不是太极? 在所有时空当中都有极好至善之处,这个没问题,但是事物当中到底有没有本性? 当然有,因为事物之所以存在,在于它是"继此生理"而生的。事物的本性来自于生理之继续。万物一旦成形以后,这本性就"不亡以殆尽"。只要没到灭亡的时候,这个本性就在万物身上发挥作用。每个事物秉得的"天地生生之理",其实就是万物的本性。每个事物都要经过元亨利贞的过程,有始有终。每个人也是这样。人的本性体现在哪儿? 人的本性就体现在每个动作、每个选择当中,每个动作、每个

---

① 《朱子语类》卷第九十四《周子之书》,1986 年,第 2366 页。

选择里面都有它的始终,所以也从这"生生之理"而来。我们不能把太极具于人心理解为每个人心中真的藏着个宝珠一样。有的人的宝珠光明闪亮,有的人的宝珠则蒙上了油污,所以需要去格物。宝珠在朱子那里,只是一个形象的表达。生生不已之理是动态的,而非静态的。

我们上面对理一分殊的问题做了一个区分:一方面,太极是极好至善处,每种具体处境当中都有其极好至善处;另一方面,万物继天地生理而生,天地生生之理具体化到每个事物身上,也就构成事物的本性。这两个方面都是理一分殊原则的体现。当然,如果认真思考,我们将会发现,这个区分也是表面上的。每个事物的极好至善处,是与它所处的处境密不可分的。还是以教室为例。设想如果我走错了教室,走进了本该上数学课的教室,那我就是把宋明理学讲得天花乱坠,那也是不对的。正如我前面讲到的,该结束的却拒绝结束,就是一种倒行逆施。所有事物都是"继此生理"而来的,人也是如此。每个人的一生,就是生生不已的原则在我们身上的具体实现。在植物身上,生生不已的原则体现为:种子生成根苗,根苗长出花朵,花朵长出果实,果实复归为种子。动物的情况稍微复杂一点。在朱子看来,动物有化生,有气生。所谓化生就是前面没有这样的种子。朱子甚至说人最初也是化生。最常见的化生是虱子。人老不洗澡就会生虱子,朱子觉得虱子就是化生的。[1] 这里,我们得宽容古人生物学知识的局限。而一旦化生以后,就有了种子,就会自然地沿着这个种子生下去,这就是气生。人每天都要努力维持个体的存在。斯宾诺莎《伦理学》中对欲望的解释是:所谓的欲望就是每个个体都有自我保存的冲动。[2] 但是自我保存的冲动与相互扶助的冲动,是什么样的关系呢?这是值得我们深思的。至少,如果人没有相互扶助的冲动,人类的种群数量是不可能这么大的。所以,这

---

[1] 《朱子语类》卷第一《理气》,1986 年,第 7 页。

[2] 参见〔荷〕斯宾诺莎:《伦理学》,北京:商务印书馆,1998 年,第 105—106 页。

背后都自然有它的道理。也都是理一分殊的具体体现。

对于太极，我们还是要从生生之理在人身上的具体体现这个角度来理解。太极不是一个具体的有形有象的东西，而是始终作为一种动态的倾向作用在我们身上的。这种动态的倾向根源于天地生生之理。从根本上讲，就是根源于一个"仁"字。人的本性根本上就是一个"仁"字。"专言之"，也就是说单讲一个"仁"字，那么仁里面包含着义、礼、智、信，这也就是程颢讲的"义礼智信皆仁也"。义、礼、智、信其实都是仁的具体体现。

对理一分殊这一原理的解说，影响最广的莫过于"月映万川"的比喻，但其实这是极糟糕的一个比喻。"月映万川"这个比喻，在朱子的书里就出现了一次。[①] 估计是朱子跟学生怎么说都说不明白，就指着一汪水说：你看这月亮，在所有的水里都能看见同一个月亮，这就是理一分殊。其实月亮跟水有什么关系，月亮构成水的本质吗？水中月不是水的本质，水也不是水中月的现象。这跟太极与万物的关系问题能混为一谈吗？就这么一个糟糕的比喻，居然还有人从中看到华严宗对朱子的影响。这是怎样一种捕风捉影式的"影响"啊！程子也有比较糟糕的比喻。关于理一分殊的最好的比喻，在《语类》"论周子之书"的那一卷：

> 既有理，便有气；既有气，则理又在乎气之中。周子谓："五殊二实，二本则一。一实万分，万一各正，小大有定。"自下推而上去，五行只是二气，二气又只是一理。自上推而下来，只是此一个理，万物分之以为体，万物之中又各具一理。所谓"乾道变化，各正性命"，然总又只是一个理。此理处处皆浑沦，如一粒粟生为苗，苗便生花，花便结实，又成粟，还复本形。一穗有百粒，每粒个

---

① 《朱子语类》卷第九十四《周子之书》，1986 年，第 2409 页。

个完全;又将这百粒去种,又各成百粒。生生只管不已,初间只是
这一粒分去。物物各有理,总只是一个理。①

"此理处处皆混沦",所谓混沦,也就是我们讲的不"孤露"。"此理处处
皆混沦",也就是说理一定包着气,有理必有气。如"一粒粟",就好像
一粒种子,"生为苗,苗便生花,花便结实,又成树,还复本形"。但到了
这时候,一穗有百粒。一穗谷中有一百粒,一百粒里面都含生生之理。
从第一粒谷种种在地下,生苗开花结实,复生谷种。如此下去,就是理
一分殊。所有的生理都从那最初的种子出来,最初的种子与后面的种
子当中的生理是一致的,这和"月映万川"的比喻不可同日而语。在此
我们再次强调,理解人的本性,一定要从动态的倾向来理解,不能把它
当成一个静态的物的属性。性、命这两个字,张载称之为"天所性者"
"天所命者",是有着非常深刻的考虑的。万物各有理,但总归只是一
个理。

四 人性

在人性问题上,朱子没有太多的发明。基本上就是不断地在强调
和突显程子、张载的贡献,也就是强调"天命之性"与"气质之性"的不
同。我们前面的课上讲过,孔子、孟子论人性,只讲"性"和"习"。张载
和程子补上了一个"气"字。在《语类》当中,有弟子问朱子"气质之
性"这个说法是谁发明的,朱子说是张、程,但到底是张在先还是程在
先,朱子也搞不清楚。朱子说,"气质之性"的发明极有功于圣学。因
为原本仅仅讲"性"和"习",理论上是不完备的。解释力也有限。② 因

---

① 《朱子语类》卷第九十四《周子之书》,1986 年,第 2374 页。
② 《朱子语类》卷第四《性理》,1986 年,第 70 页。

为我们确实可以看到有的人生而性善,有的人生而性恶。有的人,父母的遗传基因很好,却生出一个坏儿子,如尧生出丹朱。瞽瞍的品德那么差,居然生出了舜。用后天的习染,也无法解释。舜,"父顽、母嚚、象傲",在那么恶劣的家庭环境里,居然产生出一个伟大的圣人。所以仅仅用"性"和"习"来解释是不够的,还是要引入"气"这个概念。人与人性格的区别真的很大,很多都是生来如此。有的小孩子平平和和的,生来就不怎么哭,该睡就睡,该吃就吃;有的孩子就从早哭到晚,一直哭到十几岁。只能用气禀不同来解释了。

朱子特别喜欢程子说的"论气不论性不明,论性不论气不备"。也就是说,要从"天命之性"和"气质之性"两个方面来把握人性,才能对人性有一个全面的、完备的理解。但是"气质之性"的引入,又带来了另外的问题:既然理必有气,气只是理之气,那由"天命之当然"怎么会生出如此驳杂的气质之性来呢? 其实,"气质之性",具体地讲,就是具体人物的复杂的刚柔变化。也就周敦颐讲的刚善、刚恶、柔善、柔恶。其实,从朱子的理一元论出发,这个问题是可以得到解释的。而且朱子也有这方面的理论尝试。限于时间,我们这里不做详细的讨论。

此外,还有人物理气同异的问题。关于这个问题,朱子有两种讲法。开始朱子讲理同气异,即人与物的理是相同的,差别在于气禀的不同。理同气异的讲法最大的问题在于人性和物性没了分别。难免流于"犬之性犹牛之性,牛之性犹人之性"(《孟子·告子》)的论调。所以朱子后来又做了修订。正如陈来老师指出的那样,关于这个问题,朱子最终的定论是:"论万物之一源",即说到万物都有统一的根源,"则理同而气异",理是相同的,而气禀有差异;"观万物之异体",即讨论万物的差异的时候,则"气犹相近而理绝不同"。[1] 人与其他物类之间质料

---

[1] 陈来:《朱子哲学研究》,2000 年,第136 页。

上反而是很接近的,人肉和猪肉、狗肉虽然不同,但都是肉。所以我常说,不要一不留神就把自己活成了一堆肉。人当然是肉,但人是会思想的肉。曾经看过一篇微型科幻小说:外星某一区域的智能生命突然收到了人类发来的友好的信息。于是展开讨论。其中一人指着我们的太阳系说,那个地方居然有一群小东西在联络我们,而且他们居然是肉做的。另外的人很吃惊:肉做的? 肉会思想? 一堆会思想的肉,太恶心了! 最后讨论的结果是,他们决定将我们的太阳系存在智能生命这件事抹去。从构成质料这个角度看,人的构成质料与物的构成质料反而是相近的,但理却是绝不相同的。

五　心性情意

接下来我们讲"心性情意",也就是朱子的心性论。首先我们看性和情的关系。关于性、情关系,朱子的基本表达是"性体情用"。情就落在气上,性是理这个层面的,所以说"性体情用"。"情"有几类:以仁为本性,情就体现为恻隐;义为本性,情就体现为羞恶,礼体现为辞让,智体现出来就是是非。仁、义、礼、智作为本性,就体现为恻隐、羞恶、辞让、是非。当然这只是四端之情。此外还有七情,也就是喜、怒、哀、乐、爱、恶、欲。性体现为情,到底是体现为四端之情还是七情? 在朱子那里,并没有对这个问题做细致的分疏。后来朝鲜李朝时代的李退溪等人,专门围绕四端和七情做了相当深入的讨论。仁、义、礼、智作为本性,自然而然就发为恻隐、羞恶、辞让、是非,这就是朱子讲的"性体情用"。恻隐、羞恶、辞让、是非显然是善的情,或者至少看起来是善的情,而喜、怒、哀、乐、爱、恶、欲看起来是无善无恶的情。那么善的情和无善无恶的情之间是什么关系? 这个问题朱子没有关注,也许是因为在理论上这是很容易解决的。四端和七情之间的紧张,其实只是一个假相。因为四端和七情不在同一个层面上,是完全可以结合起来的。

比如,恻隐有的时候体现为愤怒,当你看见某个人在伤害另外一个人,看见某种极为残忍的场面,你的恻隐之心就会直接体现为一种愤怒。在这个意义上,七情是从属于四端的。

朱子特别重视张载"心统性情"的主张。"心统性情"有两层意思:一层意思就是"心包性情"。心有性和情两个方面,所以朱子有的时候又说:"性是心之理,情是心之用",①性和情其实都是心的表现。另一层意思是"心主性情"。仁自然而然会发为恻隐,但是恻隐之心能否转化为行动,还是需要心的主体性作用。在这个意义上,"心统性情"强调的就是心有一个主宰的意思在里面。所以朱子在讲到性情关系的时候有这样一段话:

> 性对情言,心对性情言。合如此是性,动处是情,主宰是心。大抵心与性,似一而二,似二而一,此处最当体认。②

性和情是相对的,而心是与性情相对的。这里值得注意的是"合如此是性"这一论述。"合如此",就是"所当然",就是"应当如此"。这再一次向我们证明,朱子的"理"是"不容已"的"所当然","所当然"发动处就是情。很显然,情本身是没有节制和反省能力的。有这个性自然就发出这个情,碰到这种场景,该恻隐的时候自然就生出恻隐之心来,该羞恶的时候自然就生出羞恶之心来。它没有节制和反省的能力,也就没有相应的节次和分寸。从性到情是一个必然,有性必有情。心是主宰,恻隐、羞恶、辞让、是非之情的发显和节制都是由心来决定的。

接下来讲"意"。什么是"意"呢? 朱子说:

> 问:"情、意,如何体认?"曰:"性、情则一。性是不动,情是动

---

① 《朱子语类》卷第五《性理》,1986 年,第 96 页。

② 同上书,第 89 页。

处,意则有主向。如好恶是情,'好好色,恶恶臭',便是意。"①

"性是不动,情是动处",还是在强调"性体情用",性必然发显为情。"意则有主向"的意思是说,"意"是有了确定方向的情。朱子举例说:比如好和恶是"情","好好色""恶恶臭"就是"意"了。好恶作为情还是笼统的,没有具体的对象。而意则是有了具体的、确定的对象的情。

在心、性、情、意之外,还有一概念——"志"。"志是心之所之",其实还是落在"情"的范围内。所以朱子说:"志"和"意"是属"情"的。②"志"和"意"的区别在于,"意"是往来经营的。往来经营的种种运作都在"意"上,而不在"志"上。"意"是"志"的脚,也就是说,"志"必须通过"意"才能具体地实现。在心、性、情这三个概念之外,为什么还要讨论"意"呢?因为"性体情用"的关系里,缺少一个特别关键的东西,缺少一个经营、谋划、运作、反思、决定的东西。这在朱子那里,就是"意"的功能。当然,这又带来了另一个问题。既然"性体情用",而"意"又是属于"情"的,那就等于说,"意"也是"性"之用。所以在有些地方,朱子把"意"视为"心"的"精爽"的具体体现。而"心"的"精爽"就有了谋划、经营的作用。

六　涵养

朱子哲学从本体到功夫是一以贯之的。在讲到涵养问题时,朱子完全继承了程子的"涵养须用敬"的思想。当然,朱子对"敬"的解释比较具体。朱子说:"敬有甚事,只如畏字相似。"③"敬"比较接近"畏"的

---

① 《朱子语类》卷第五《性理》,1986 年,第 96 页。

② 同上。

③ 《朱子语类》卷第十二《持守》,1986 年,第 208 页。

意思。"畏"和"怕"不同,"怕"是有具体对象的,而"畏"则是在没有具体对象的情况下,心灵的整齐收敛。敬"不是块然兀坐",不是像一块石头那样,耳无闻、目无见那样才叫敬。只一个整齐、收敛、不惢地放纵,就叫做敬。朱子还说,敬就是"常惺惺法",①这明显是受了禅宗的影响。这里,"惺惺"就是醒觉的意思。有个禅宗和尚每天都要问自己:"主人翁还惺惺否?"日常语言里有"假惺惺"的说法。什么叫"假惺惺"?假装有知觉,而其实没感觉,就叫"假惺惺"。

涵养问题与朱子对中和问题的思考始终关联在一起。什么是中和问题呢?读过《中庸》的人都知道,《中庸》第一章讲:"喜怒哀乐之未发谓之中,发而皆中节谓之和。中也者,天下之大本也。和也者,天下之达道也。"这里,未发和已发到底是什么关系,中与和如何理解,就成了后世讨论的焦点。关于中和问题,程子与弟子之间有很多讨论。《二程集》里记载了程子与弟子苏季明之间的讨论,以及与吕大临关于中和问题的辩论。对于朱子来说,如何理解"喜怒哀乐之未发"是问题的关键。朱子先后有两次中和之悟。第一次是丙戌中和之悟,《观书诗》就写于此时。丙戌中和之悟后,朱子强调"凡言心者,皆指已发"。也就是说,朱子认为心时时处处都是已发,未发只是心之本体。心没有一个喜怒哀乐未发的时间段。人始终处在喜怒哀乐的情绪当中,所以说"凡言心者,皆指已发"。② 这个时候,朱子与湖湘学派是很相近的。第二次中和之悟,就是著名的己丑中和之悟。朱子有一天在讲"凡言心者,皆指已发"的道理时,突然自己起了怀疑。当晚心里不安,就从书架上取来程子的书读,只读了几条便"冰涣冻解",一瞬间,所有的疑惑都消解了。通过己丑中和之悟,朱子认为心还是有一个思虑未萌的阶

---

① 《朱子语类》卷第六十二《中庸》,1986 年,第 1503 页。

② 朱熹:《与湖南诸公论中和第一书》,见《朱子全书》(第二十三册),2002 年,第 3130 页。

段,这个思虑未萌、事物未至的阶段就是喜怒哀乐之未发。在这个阶段,心没有任何具体的思虑,没有任何具体的心灵内容。这一状态就是"未发之中"。①

己丑中和之悟确立了静中涵养功夫。朱子原来主张要随事体认,要在动处用功夫,也就是孟子讲的"必有事焉而勿正,心勿忘勿助长",或者"必有事焉而勿正心,勿忘勿助长"(《孟子·公孙丑》)。己丑中和之悟后,朱子意识到仅仅强调事上磨练是有问题的——缺了一段静中涵养功夫。朱子开始认识静处涵养此心的重要性。这里,值得注意的是,在朱子那里,静中涵养只是作为随事体认的补充而已。人不能总在事中磨练,得有沉静下来的时候。我从没下过静坐的功夫,因此,也没有这方面的受用。但也有些小的体会。比如我忙活一段时间以后,就会躲在一个角落里,谁也别理我,我也不理谁,就在那儿待着,放任自己的万古闲愁,什么也不想,就那么待一阵儿,人就会不一样,整个人都沉下来了。

七 致知

朱子把《大学》收入《四书》当中,并对《礼记》中的《大学》古本做了修订:一方面,对古本的文本顺序做了调整,校正了错简的地方;另一方面,根据自己的理解,补写了被认为是佚失了的《格物致知传》。朱子在《大学章句》上用力甚多,临终前一天还在修改。他对《大学》的理解,总体上讲,堪称不易之论。现在很多人讲解《大学》,对《章句》妄加指摘,可谓不自量也。

与程子一样,朱子也把"格"解释成"至"。"格"解释成"至"有三

---

① 朱熹:《与湖南诸公论中和第一书》,见《朱子全书》(第二十三册),2002 年,第3267 页。

层含义,第一层含义"即物",也就是接触事物,尊重事物的客观性;第二层含义"穷理",也就是研究事物的道理;第三层含义"至极",即把所研究的道理推至极处。即物穷理需要一个长期的积累过程。指望研究一个事物就通晓天下的道理,就是颜回也做不到。天下事理无穷无尽,所以也不可能穷尽天下的事物。只能一点点地积累,也就是程子讲的"今日格一物,明日格一物",积累久了,才能豁然贯通,从而达到物格知致的境地。也就是朱子说的"众物之表里精粗无不到,而吾心之全体大用无不明"。[1] 一方面,对所有事物的外表、内在、细节、大体都有了清楚的了解,对客观事物的知识、对事物的秩序有了充分的把握。另一方面,也使得人的心灵的固有秩序彰明起来,使心灵的秩序具体化,成为人们判断选择的引领。第一个方面总体上来说是从客观知识的角度来讲的,第二个方面则着眼于认识的能力。在朱子看来,研究的事物越多、格物越多,心就越灵明,人的认识能力就越强。

　　关于朱子的哲学,我们就讲到这儿。

---

[1]　朱熹:《四书章句集注》,北京:中华书局,1983 年,第 7 页。

第十三讲

自作主宰:陆九渊与朱陆之辨

南宋初年,二程思想开始成为士大夫精神世界的主流,当时的理学家的思想都跟二程有着不同程度的渊源。尤其乾道、淳熙年间,朱熹、张栻、吕祖谦等"乾淳诸老"一时兴起,均以二程思想为依归。北宋儒学为了确立自己的道统,对佛道二教做了激烈的批判。到南宋初年的时候,这种批判已经没有那么强烈的思想理由和必要了。这不能不归功于北宋道学的哲学建构的成功。北宋五子的哲学建构使得士大夫精神世界里儒家精神得以确立,儒家精神开始成为士大夫精神趣味的主流。正是由于北宋那批伟大哲学家从哲学思想上论证了儒家生活方式的合理性,基本上完成了为儒家生活方式奠定哲学基础的理论建设的工作,而这个工作在南宋时期得到了普遍的接受,才出现了陆九渊这样自信的思想。

北宋儒学复兴运动的脉络是非常复杂的,而在北宋儒学复兴运动的众多学脉当中,道学最终脱颖而出。这不是时代环境的作用,如很多思想史研究表明的那样,而是哲学品质不同产生的结果。道学传统所达到的哲学高度,它的有效的论证和说服力,是其最终成为正统的关键。北宋儒学复兴运动的路向纷繁多歧,有北宋五子为核心的道学、司马光的"朔学"、三苏(以苏洵、苏轼、苏辙为核心)的"蜀学"以及王安石的"新学"。在相当长的一段时间内,"新学"和"蜀学"的影响更大,而关洛之学,尤其是洛学,长期受到打击。但到了南宋初年,长期被压制的、非核心和主流的洛学却凸显出来。之所以这样,其最根本的原因在于洛学把握住了儒学复兴运动的方向,也因此具备了更高的哲学品质。南宋初年,洛学兴起。"乾淳诸老"虽理路不尽相同,但同为洛学后劲一点却殊无二致。在"乾淳诸老"当中,朱子无疑居于核心的位置。朱子身世背景并不显赫,虽然是道南学派的传人,但与家世显赫且学统纯正的张栻和出身政治世家、文献世家的吕祖谦是无法相提并论的。但从当时的思想交流看,张栻和吕祖谦是无法真正与朱子抗衡的。与朱、张、吕等人相比,乾道、淳熙时期的其他思想家的影响和地位就相对较弱,其中就包括江西陆氏和陈亮。正因为地位较弱,所以陆九渊思想的表达容易走向极端,透露着一种不平之气。当然,陆九渊确是豪杰之士,如果他生活在北宋,他也许能发展出一套精致的哲学系统;而在南宋,道学发展的疆域开拓殆尽,新理论诞生的可能性几乎穷尽,也只有朱子这样的集大成的综合者的出现,才可能应和南宋哲学发展的主题。陆九渊"本心"概念的提出,正是在儒家的趣味已经成为士大夫普遍的精神趣味的背景下才成为可能的。正因为儒家生活的合理性已无须论证,所以陆九渊才会觉得程朱向外寻求的"格物穷理""支离",而要去寻求更易简、更直接的思想和方法。

一　陆九渊的生平

陆九渊(1139—1193),字子敬。思想成熟极早,十四岁时读到"上下四方曰宇,往古来今曰宙"(《尸子》),顿时觉悟,援笔疾书,写下了著名的论断:"宇宙便是吾心,吾心便是宇宙。"[①]陆九渊年少时听到别人

---

① 《年谱》,见《陆九渊集》卷三十六,北京:中华书局,1980 年,第 483 页。

诵读程颐的话,"自觉若伤我者",①认为程子的思想"与孔子孟子之言不类"。② 当然,我们不能把"宇宙便是吾心,吾心便是宇宙"当成主观唯心主义的论述,陆九渊这句话要强调的是"宇宙内事乃己分内事,己分内事乃宇宙内事",③也就是说普天下所有的事物我们都有责任。这与程颢《识仁》篇中体会"以天地万物为一体"④之仁、"仁者浑然与万物同体"⑤一致,也与张载《西铭》的基本思想一致。陆九渊顿悟后,对自己所持道理极其自信。在我看来,陆九渊的思想可以说是"卡通版的孟子",或者叫"Q版的孟子",是极端化、纯粹化、简单化了的孟子。它从整体上把握孟子,拈出了儒家最核心、最关键的东西。事实上,这种极端化、纯粹化、简单化只有和南宋初期道学发展的基本氛围中才能够真正出现。陆九渊三十四岁中进士第。参加省试时,当时的考官吕祖谦读到他的卷子,"击节叹赏",说:"此卷超绝有学问者,必是江西陆子敬之文",⑥直接拔为高第。陆九渊仕宦生涯虽不甚显赫,但所到之处,颇有政绩。

二 陆九渊的思想

(一) 本心

"本心"概念是陆九渊思想的核心,也是解开陆九渊思想的一把钥

---

① 《象山先生行状》,见《陆九渊集》卷三十三,1980 年,第 388 页。

② 同上。

③ 同上。

④ 程颢、程颐:《二程集》,北京:中华书局,2004 年,第 15 页。

⑤ 同上书,第 17 页。

⑥ 《年谱》,见《陆九渊集》卷三十六,1980 年,第 486—487 页。

匙。陆九渊的"本心"概念根源于孟子,他特别运用孟子所讲的"良知""良能"来解释"本心"这一概念,并强调这种"良知""良能"是"我固有之,非由外铄我也",①也就是说这一本心不是从外面陶铸、塑造而成,是我本来就有的。

陆九渊"本心"的概念更多的是一种不可遏制的道德情感,其实也就是孟子所讲的"四端"。陆九渊特重孟子的"四端"说。当然,关于"四端",《孟子》里有两种讲法:一种是"恻隐""羞恶""辞让""是非"(《孟子·公孙丑》),另一种是"恻隐""羞恶""恭敬""是非"(《孟子·告子》)。在讲"恻隐""羞恶""辞让""是非"时,孟子特别强调:"恻隐之心,仁之端也;羞恶之心,义之端也;辞让之心,礼之端也;是非之心,智之端也。"这里的"端"字,有不同的理解。朱子解为外在表现,即"恻隐"是"仁"的外在表现,"仁"是性,"恻隐"是情,性为体,情为用。② 另一种解释将"端"解为萌芽、端倪、种子。不管是何种解释,在这一语境下恻隐之心还并不等于仁。而在孟子讲"恻隐""羞恶""恭敬""是非"时,却又讲:"恻隐之心,仁也;羞恶之心,义也;恭敬之心,礼也;是非之心,智也。"陆九渊更多地用后面这种讲法。他直接把恻隐、羞恶、恭敬、是非这样的道德情感等同为仁、义、礼、智,这是他的"本心"概念的关键。

"本心"是每个人都具备的饱满的道德情感。你遇到他人痛苦,你就会有恻隐之心。孟子讲:"今人乍见孺子将入于井,皆有怵惕恻隐之心",这里的"乍"字强调这种道德情感的涌现的非功利性,是自然而然、没有做作地。所以,作为道德情感的"本心"既是人的一种"应当",也是人的一种"自然",同时也是一种"必然"。看到一个小孩子、小动

---

① 陆九渊:《与曾宅之》,见《陆九渊集》卷一,1980 年,第 5 页。另见陆九渊:《与赵监》,见《陆九渊集》卷一,1980 年,第 9 页。

② 朱熹:《四书章句集注》,北京:中华书局,1983 年,第 238 页

物受到伤害、遇到危险,必然会涌现这样的情感。羞耻之心、恭敬之心、是非之心也是如此。按照陆九渊的理解,这种道德情感必然发显,这种道德情感就被称为"本心"。"本心"可以进一步讲为"心之本来之体",即人心的本来样子,人心未受污染、未受遮蔽之前,就完整地包含恻隐、羞恶、恭敬、是非之情,而这些道德情感在陆九渊看来都是纯善无恶的,由这种"本心"发显出来的行为也应该是善的,而人们之所以会有各种各样的恶,原因在于人欲的遮蔽。

陆九渊不断地讲"本心"的概念,他的弟子普遍心存疑问,比如杨简。陆九渊是一个极具道德感染力的人,又极善指点,常常几句话就让人浑身汗下,豁然省悟。有一次弟子詹阜民问"本心"如何理解。当时陆九渊在座,詹阜民陪侍。陆九渊突然站起,詹阜民想也不想,跟着就站起来了。于是陆九渊一指,问道:"还用安排否?"[①]这里有什么计较吗?这不就是"本心"的发显吗?詹阜民的行为正体现出"四端"里的"恭敬之心"。这一恭敬之心,在你不去计算、不去思考,没有理性的东西参与其中的时候,反而表现得更加清楚。这种恭敬之心人人都有,这就是人的"本心",我们只要把人的本心充分发挥出来,不被物欲遮蔽,也就完成了我们的道德修养。在陆九渊那里,儒家生活方式是否合理已经不再成为问题了。他认为儒家生活方式合理,那是理所当然的,完全不用论证、无须置疑。他的易简之道,是建立在此前道学的哲学建构的基础上的。再次强调,陆九渊的"本心"概念直接承继孟子而来,只不过把孟子的思想加以纯粹化。

(二)心即是理

在北宋道学思想的基本氛围当中的思想建构,无论如何离不开

---

① 参见陆九渊:《语录下》,见《陆九渊集》卷三十五,1980 年,第 470 页。

"天理"的概念。所以,陆九渊必须面对"本心"与"天理"之间关系的问题。

陆九渊讲的"理"首先是有客观性的,陆九渊没有说理是我心之固有,而认为"此理乃宇宙之所固有"①,"此理在宇宙间,固不以人之明不明、行不行而加损"②,这都是强调理的客观性。理既有客观性,又有必然性和普遍性。因此,这个理的讲法在大的方面与朱子是一致的。那么,"本心"与客观的、普遍的、必然的天理是什么关系呢?陆九渊直接的表达是"心即理也",③这个"心"就是"本心",即孟子所讲的"心之所同然"。《孟子》有这样一段话:"口之于味也,有同嗜焉;耳之于声也,有同听焉;目之于色也,有同美焉。至于心,独无所同然乎?心之所同然者,何也?谓理也,义也,圣人先得我心之所同然耳。"(《孟子·告子》)对于口味我们有共同的喜好,对于声音我们有共同的喜好,难道对于义理我们就没有共同的喜好吗?当然,我们对义理是有共同喜好的,每个人都有这样的心,只不过圣人"先得我心之所同然"。他进一步讲,如果本心和天理是分开的,那就带来一个问题:不再是"一本",而是"二本"了。一个有客观性、普遍性、必然性的理是万物的基础,人的本心是人的行为的基础。如果人的行为的基础和宇宙的本质之间是打作两截的,那么就不再是一个根,而是两个根,也就是"二本"。所以,陆九渊强调:"心,一心也。理,一理也。至当归一,精义无二。此心此理,实不容有二。"④所有人的心本质上都是同样的心,所有的万物之理本质上都是同样的理。最高的恰当、完善,一定是归于一体的,最纯的道理并无二致。所以,此心和此理不容分别。因此,陆九渊强调

---

① 陆九渊:《与朱元晦》,见《陆九渊集》卷二,1980 年,第 28 页。
② 同上书,第 26 页。
③ 陆九渊:《与李宰》,见《陆九渊集》卷十一,1980 年,第 149 页。
④ 陆九渊:《与曾宅之》,见《陆九渊集》卷一,1980 年,第 4—5 页。

"心即是理"。

如果从人的本心的角度来理解人的心,那么作为天地的本性的仁义礼智,落实在人的行为上,自然而然地就体现为恻隐、羞恶、恭敬、是非之情,这就是陆九渊所讲的"本心即理"的逻辑。而陆九渊在关于"心"的各种论述中,又从另一个角度来理解人的心,他常常强调知觉、念虑、人的主观情感都属于心的内容。这就导致了他的表达总是有概念不够精准的问题。

(三)收拾身心,自作主宰

在陆九渊思想里面,我最激赏的一个表述就是"收拾身心,自作主宰",在我看来,这是真正意义上的儒家的精神。我对孔子、孟子讲的"仁"有这样一个理解,"仁"的所有内涵中最核心的是"自",是一种主体性的高扬。"仁"就是心灵最高的主动状态。这种状态就是一种人自我做主的心态,有了这种自主的心态也就有了心灵最高的自由。所以,儒家强调的是自立、自主,这种自主在我看来才是自由的本质。程子讲"有主则实"。[1] 人之可贵就在于我们做得我们自己这颗心的主,程子明确讲,身体是做不得主的,但是这颗心是自己完全能做主的。所以程子讲,如果一个人连自己心的主都做不得,那么这个人就沦为一物,沦为奴隶了。所以"收拾身心,自作主宰"是陆九渊思想的核心和精髓。这种心灵最高程度的主动性,一旦发挥出来,道德情感就能真实地体现在行动中。不是说陆九渊没有分别心、性,其实在某种意义上,本心、"四端"的自然发显并不能必然导致为善去恶,而只有这种"收拾身心,自作主宰"的自主精神、心灵最高的主动状态,才能真正地让道德情感发显,不受遮蔽。在这个意义上,如果不从儒家生活安排方式是

---

[1] 程颢、程颐:《二程集》,2004 年,第 8 页。

否合理的哲学论证的角度上讲,而是仅仅从道德实践角度上讲,陆九渊的哲学自有他易简直截之处。这种易简直截也把儒家的精神纯粹化了。在北宋的哲学建构和南宋初年的思想氛围的基础之上,当儒家生活趣味已经成为不需要再论证的东西,而道德践履日益成为最重要的问题时,陆九渊对"收拾身心,自作主宰"的强调就极具影响力和感染力,也极具重要性。所以他说,如果能够这样去存这颗心,那么"当恻隐时自然恻隐,当羞恶时自然羞恶",[1]在这里首先是一种主体性的充分调动和充分发扬。这种主体性的发扬在孟子所讲的"天作孽,犹可违;自作孽,不可活"(《孟子·公孙丑》,另《孟子·离娄》)、"仁者如射,射者正己而后发"(《孟子·公孙丑》)、"夫人必自侮,而后人侮之"(《孟子·离娄》)中有着突出的体现。同时也是孔子所讲的"为仁由己,而由人乎哉"(《论语·颜渊》)的精神的延续。当然,这种高度主动的心灵,要特别强调义和智的作用:人不能只有情,不能只有泛泛的道德情感,必须得有义和智的主导,才能保持心灵的方向。这样一种高度主动性的精神才能让自己沿着心灵的确定方向走下去。

(四)格物与静坐

陆九渊的思想是在两宋道学的基本氛围里展开的,对"格物"问题的讨论当然是其题中之意。陆九渊对"格物"也持有易简直截的主张。在字义训诂上,陆九渊与程朱并无二致:"格,至也,与穷字、究字同义,皆研磨考索,以求其至耳。"[2]但是他理解的研磨考索的对象,不是外在的客观事物,他不像朱子那样强调读书、讲明义理、应事接物,他说:"格物者,格此者也"[3],"此"指的是"我",是此心之理。他把"明理"讲

---

[1] 陆九渊:《语录下》,见《陆九渊集》卷三十五,1980年,第456页。

[2] 陆九渊:《格矫斋说》,见《陆九渊集》卷二十,1980年,第253页。

[3] 陆九渊:《语录下》,见《陆九渊集》卷三十五,1980年,第478页。

成"明此心",所以把"格物"等同为"正此心"。陆九渊特别强调孟子所说的"万物皆备于我"(《孟子·尽心》),在他看来,既然万理皆备于此心之中,那么我们只要把此心之理讲明,万物的道理自然而然就明了了。陆九渊所讲的"本心"是所有人心灵的共同结构,那么"格物"就是让这样的心灵结构明朗起来。只要把遮蔽心灵的物欲清除掉,此理自然就会发显出来。纯善之理发显出来,体现为一种善的意志,在这种善的意志的引领下,在这种能够"收拾身心,自作主宰"的具有最高主动性的心灵的引领下,我们自然而然就会做出正确的行为来。这就是陆九渊易简直截的"格物"说。

陆九渊强调"静坐",静坐内养是他的基本功夫。有一次,陆九渊跟他的弟子讲:"学者能常闭目亦佳。"于是那个弟子"无事则安坐瞑目,用力操存,夜以继日,如此者半月",终于一天"忽觉此心已复澄莹中立",于是就去见陆九渊。陆九渊远远地见他来了,便说:"此理已显已"。弟子惊问:"何以知之?"陆九渊说:"占之眸子而已。"①

(五) 义利之辨

陆九渊特重"义利之辨"。对"义利之辨"的强调,与"收拾身心,自作主宰"的精神是相贯通的。有一则陆九渊的弟子傅子渊和陈正己之间的对话,很具代表性。陈问傅说:"陆先生教人何先?"傅回答说:"辨志。"即辨识一个人的志向。陈进一步问:"何辨?"到底分辨什么呢?傅答:"义利之辨。"②"义利之辨"的确是儒家最根本的原则之一,但我们今天对"义利之辨"的强调要防止两种倾向。第一种倾向是完全不讲"义利之辨",只讲一个"利"字。另外一种倾向是把"义""利"之间的对立绝对化。把"义"与"利"的冲突绝对化,在道理上是讲不通的。

---

① 陆九渊:《语录下》,见《陆九渊集》卷三十五,1980 年,第 471 页。

② 同上书,第 398 页。

《周易》"无妄"卦六二讲："不耕获，不菑畬，则利有攸往"，程子、朱子都从中发挥出义利之辨的主题，突显出董仲舒所说的"正其谊不谋其利，明其道不计其功"的原则。儒家是要强调义利之辨的，但不能把义利之辨绝对化。以种地为例，强调义的原则意味着不论收成如何，我们都得努力耕种。但如果确知完全没有收获的可能，还在那儿耕种，那就是智力有问题了。我们赞赏孔子的"知其不可而为之"，但要明白，孔子的"知其不可"讲的是他的理想不可能完全实现，并不是一丁点儿的可能性都没有。

义利之辨的"辨"字非常紧要。在现实生活中，我们考虑任何问题都是各种要素的权衡、综合。在各种权衡、综合当中，一念之微的分辨是至为关键的。做一件事"最根本目的是什么"，是君子、小人之别的根本。陆子"辨志"的讲法非常可贵。人的行为当中，这一念之微是分别善恶的根本：你到底想成为一个好人，还是一个坏人，你到底是出于公还是出于私，你到底是出于利的心还是出于义的心，都只在这一念之微。这是陆九渊最发人深省、震撼人心的地方，这一念之微是心学得以挺立的根由所在。陆九渊那过分简单化的思想体系之所以成为宋明道学发展过程中的一个重要里程碑，原因就在于此。陆九渊曾说："某观人不在言语上，不在事为上，直截是雕出心肝。"[1]"雕出心肝"就在义利之辨。不仅看人要如此，看自己也需如此。

陆九渊的教法，一句话来讲就是"先立乎其大"，而这一念之微的分辨就是所立之"大"。陆九渊说："且如'弟子入则孝，出则弟'。是分明说与你入便孝，出便弟，何须得传注。学者疲精神于此，是以担子越重。到某这里，只是与他减担，只此便是格物。"[2]只要一念分辨清楚，自然而然此后的功夫都水到渠成。这是陆子之学对朱子之学的一个重

---

① 陆九渊：《语录下》，见《陆九渊集》卷三十五，1980 年，第 466 页。

② 同上书，第 441 页。

要补充。朱子之学在这一念之微的分辨上,没有做突出的强调。其流弊或至于汩没于功利而不自觉,有成就出俗儒的危险。曾有人问陆九渊为何不注经,陆九渊说:"六经注我,我安注六经?""学苟知本,六经皆我注脚。"①这样的精神气象,当俗学流行之世,往往有振起颓风之效。

三 朱陆之辩②

朱陆之辩是儒家思想史上一场非常重要的辩论。1175 年夏天,吕祖谦访问朱子,二人完成了合编《近思录》的重要工作。事后看,朱子对《近思录》的编辑并不十分满意,原因很有可能是太多迁就了吕祖谦的意见。吕祖谦、张栻等人在世时的道学界,或者说南宋初期的思想界,气氛是比较鲜活灵动、包容和睦的。吕祖谦、张栻去世后,朱子大有群雌孤雄之感,对其他人的态度基本上是压倒性的,是指导者和被指导者的关系。《近思录》编纂完成后,朱子送吕祖谦离开,从福建送到了江西。到了江西以后,吕祖谦提议约见江西陆氏,彼此交流一下思想。于是就有了著名的鹅湖之辩。

辩论的头天晚上,陆九渊与陆九龄为了统一意见,先进行了一场辩论。陆九龄为人谦和,辩不过陆九渊,所以决定用陆九渊的道理作为辩论的基调。第二天早晨,陆九龄吟诵了自己夜里写成的一首诗:"孩提知爱长知钦,古圣相传只此心。大抵有基方筑室,未闻无址忽成岑。留情传注翻蓁塞,着意精微转陆沉。珍重朋友相切琢,须知至乐在于今。"③诗的大意是:小孩就知道爱父母,长大了自然而然知道对父母要

---

① 陆九渊:《语录下》,见《陆九渊集》卷三十五,1980 年,第 399、395 页。

② 本书对朱陆之辩的讲述,完全以陈来老师的《朱子哲学研究》为本。

③ 陆九渊:《语录上》,见《陆九渊集》卷三十四,1980 年,第 427 页。

恭敬,古代圣贤传承下来的只有这一本心。有了地基才能盖房子,从来没听说过平地突然拔出一座高山来。太过留心传注类的知识,反而会堵塞我们的良知。太过关心那些精微的东西,自己的道德品性反而若沉若浮。我们彼此之间切磋一下、相观而善还是好的。这样的朋友之谊弥足珍贵。而讲论当中的至乐,也无可比拟。这诗平和中正,透露出陆九龄高尚的人品和平易温和的性情。陆九渊听后,觉得诗虽好,但指出中间两句"微未稳"。陆九渊应该是认为"大抵有基方筑室,未闻无址忽成岑"这两句不好。因为在这两句诗里,地基和房子仍然是打作两截的,房子不是自然地从地基上长出来的,与地基是有明显区别的。有点儿类似于"四端"的"端","恻隐"还不是"仁","羞恶"还不是"义",只是仁、义之端。陆九渊说:我沿途来和上一诗。他所和之诗如下:"墟墓兴哀宗庙钦,斯人千古不磨心。涓流积至沧溟水,拳石崇成泰华岑。易简功夫终久大,支离事业竟浮沉。欲知自下升高处,真伪先须辩只今。"①诗的大意是:到了父祖坟墓前面,自然就有哀痛之情,到了宗庙里面,自然就有恭敬之情,这是人千古不可磨灭的本心。涓涓细流积为大海,涓流和大海只有小大之辨,没有本质的分别。石头虽小,但与积累成的大山的本质是一样的。易简功夫自然而然事业长久,支离的道理却终究浮沉不定。要知道自下登高之处,今天咱们就得辩出一个真伪来。双方在船上见面以后,陆九龄念了他所作的诗。朱子一听就说:子寿(陆九龄)上了子敬(陆九渊)的船了。陆九龄的诗讲的是尊德性和道问学何者优先的问题。有一段时间,朱子对此也有自我反省,他说:陆子"尊德性"的方面多了些,我则是"道问学"的方面多了些。他本来是想将两者汇归为一的。随着辩论的进行,彼此都有坚持自己立场的理由,也都藏了对方难以回答的问题。但因为旁边人的阻

---

① 陆九渊:《语录上》,见《陆九渊集》卷三十四,1980 年,第 427—428 页。

拦,双方都没有把各自准备的棘手问题抛给对方。陆九渊准备的问题是:如果必须读书才能做圣贤,尧舜之前有何书可读?朱子想问但没问出来的问题是:如果不读书,孔子每天跟他学生在做什么?具体的辩论内容,并没有多少重要的理论问题。辩到后来,陆九渊引出先前所和之诗,吟到"易简功夫终久大,支离事业竟浮沉"的时候,朱子"失色";到了"欲知自下升高处,真伪先须辩只今"两句,朱子"大不怿",双方不欢而散。①

辩论的第二个阶段是"铅山再会",这是朱陆之间关系相对缓和的阶段。朱子起知南康军,赴任途中经过铅山。朱陆双方自上次分别以后,时有书信往来,还没有到剑拔弩张的地步。这期间,二陆的母亲去世。陆氏兄弟写信就自己对丧礼安排的种种设想,向朱子求证。朱子逐一指出其谬误处,二陆为之心服。在这样的背景下,陆九龄来铅山看望朱子,诚恳地反省自己的偏颇,开始倾向于朱子的理路。朱子非常高兴,写了一首诗追和二陆,诗曰:"德义风流夙所钦,别离三载更关心。偶扶藜杖出寒谷,又枉蓝舆度远岑。旧学商量加邃密,新知培养转深沉。只愁说到无言处,不信人间有古今。"②诗的大意是:你们兄弟的德义风流我早就钦慕,分别三年以后也更关心你们的状况。偶然扶着藜杖出来做官,又委屈您坐着小轿子越过这么远的山脉来看我。一方面,我们必须不断地商讨旧学,然后将旧学融化为新知;另一方面,新知又不仅仅是空洞的、客观的知识,而必然沉淀为我们心灵的成长。我最怕你们一说就说到不立文字的地步,从而将人世间的今古变迁都忘却了。诗的最后两句还是略带批评之意。

朱陆之辩的第三个阶段是南康再会,地点在白鹿洞书院。陆九龄

①　陆九渊:《语录上》,见《陆九渊集》卷三十四,1980 年,第428 页。

②　朱熹:《鹅湖寺和陆子寿》,见《朱子全书》(第二十册),合肥:安徽教育出版社,2002 年,第365 页。

去世后,陆九渊请朱子给陆九龄写祭文,朱子欣然从命。陆九渊亲自到白鹿洞书院,朱子请陆象山登白鹿洞书院讲坛,讲"义利之辨"。陆九渊的演讲极为精彩,当时是冬天,座中有弟子感动落泪。朱子也听得非常激动,不停地扇扇子,说我平日未曾讲到这个地步。演讲结束后,朱子请陆九渊把这篇演讲写成文字,刻石立于白鹿洞书院。[①] 陆九渊后来屡次谈起此事,引以为豪。后来两人一同泛舟时,朱子说:"自有宇宙以来,已有此溪山,还有此佳客否?"从有天地以来就有这山水,但哪里会有像我们俩这样卓越的人同游呢?朱子显然认为,朱陆汇合,儒门再无争议了。这是双方最和睦的一段时光。

第四个阶段是曹表前后。曹立之原是陆九渊的弟子,后来追随朱子。曹立之不幸夭折,朱子写了一篇祭文,其中有"苟心所未安,虽师说不曲从,必反复以归于是而后已"[②]的话,表彰曹立之认真向学,如果未自得于心,即使老师说的也不会同意。而这里的"师说",不能不说有针对陆九渊的嫌疑。陆氏门下得到这篇文字,非常不快,双方再起争端。这一争端虽然没有导致彼此交恶,但曾经达到的和睦气氛却就此消失了。

辩论的第五个阶段围绕《太极图说》展开。最初,辩论在陆九韶和朱子之间展开,后来陆九韶才力不逮,陆九渊就接下辩论的重担。这次辩论的焦点是,陆九渊认为《太极图说》要么是伪作,即不是周子所作,要么就是早年未定之作。质疑的理由主要是两个方面。其一是对"无极而太极"的质疑。陆九渊并没有质疑朱子所定的"无极而太极"这一版本,但他认为"太极"之上讲"无极"是没道理的。"无极"这个词是道家的,也从根本上违背了儒家宗旨。所以他认为,《太极图说》不应该是周子所作。在"太极"之上加"无极",按照陆九渊的说法,是"叠床

---

① 参见《年谱》,见《陆九渊集》卷三十六,1980 年,第 492—493 页。

② 朱熹:《曹立之墓表》,见《朱子全书》(第二十四册),2002 年,第 4177 页。

上之床"架屋下之屋"①，完全是多余的。而朱子则强调"无极而太极"讲的是无此形状而有此道理，即无形而有理。朱子将"极"解释为极致，"太极"就是理之极致，就是极好至善的道理。朱子把"无极"和"太极"的"极"解读成了两个字，字义不一样。这种解法是有其根据的。"无极"在北宋周敦颐的时代作"无形"讲，这一点在邵雍的《观物外篇》中是能够得到佐证的。《太极图说》里还有"无极之真，二五之精，妙合而凝"的论述，这里，"无极之真"的"真"就是太极，无"无极"就是无形。双方辩论另一个问题是：阴阳是不是形而上者。陆九渊认为一阴一阳就是道，朱子则认为，"一阴一阳"不是道，"所以一阴一阳者"才是道。朱子坚持程颐的主张，用"所以一阴一阳者是道也"来区别理气。陆九渊认为，阴阳已经是形而上者，因为从其心学立场看，天理必须与本心等同。而心是兼备理气的。如果阴阳不是形而上者，那就不能说本心是理，只能说本性是理。所以，辩论的根本还是在心即理与性即理的分别。细读朱陆之间的书信，可知其间的意气之争，多源于陆九渊。比如："平时既私其说以自高妙，及教学者，则又往往秘此，而多说文义，此漏洩之说所从出也。以实论之两头都无着实，彼此只是葛藤末说。气质不美者乐寄此以神其奸，不知系绊了多少好气质底学者。"②话说到这种程度，朱子也觉得无须再辩，所以在最后一封回信中说："我日斯迈，而月斯征，各尊所闻，各行所知，亦可矣，无复可望于必同矣。"③

辩论最终结束于陆九渊的去世。1193 年，陆九渊病故。据《语类》载，朱子得讣闻后，即率弟子往寺中哭之。既罢，沉默了很长时间，然后说："可惜死了告子。"④

---

① 陆九渊：《与朱元晦二》，见《陆九渊集》卷二，1980 年，第 27 页。

② 同上书，第 30 页。

③ 朱熹：《答陆子静》，见《朱子全书》（第二十一册），2002 年，第 1577 页。

④ 《朱子语类》卷一百二十四《陆氏》，1986 年，第 2979 页。

第十四讲

无善无恶：王阳明的心学

我们今天来讲王阳明。

虽然近年来我一直以辟王学为己任，但每次上课讲到阳明的时候，我还得承认这确实是一个令人着迷的人。与陆九渊的过分易简不同，王阳明的思想还是有其内在丰富性的，只要自觉地进入到他的思想系统当中，你就能感受其思想的自足。阳明后学的种种弊病，显然不能归罪于阳明本人。虽然我个人认为，其晚年教法是有可能产生这些流弊的。我讲王阳明的思想，基本以陈来老师《有无之境》为本。当然，有些地方有我个人的理解和阐发。

下面我们先来介绍一下王阳明的生平。王阳明，名守仁，字伯安，阳明是他的号，他本名王云。王阳明是琅琊王氏后裔，也就是王羲之、王献之一族的遗脉，家世传承有道教背景，道教的神秘主义传统在王阳明身上有着突出的体现。《阳明年谱》里记载了他出生时的种种异象。据说，王阳明出生当夜，他的祖母梦里听闻鼓乐之声，有绯衣神人自云中将一婴儿交托给她。梦中惊觉时，阳明就诞生了。这个故事本身就是其家世背景中的神秘主义倾向的充分体现。《朱子年谱》就没有这类东西，朱子幼时最神异的事也就是坐在沙堆上画八卦。每个人感知世界的方式与家世传承的文化背景有着密不可分的关联。因为这孩子是云中送来的，所以初名王云。虽然出生时有种种异象，但阳明直到五岁都不会说话,直到一天有个道士从他旁边经过,说:"好个孩儿,可惜道破!"也就是说,这么好个孩子,你把人家来历给道破了,那怎么行呢?于是更名为王守仁。阳明生于明宪宗成化八年(1472),去世于明世宗嘉靖七年(1529),谥号文成。他祖籍是浙江余姚,少年时随父迁居会稽山阴。因为他曾在会稽山阳明洞修炼,所以世称阳明先生。

阳明的一生充满了神异的色彩,关于王阳明的成学经历,有"五溺"之说。"初溺于任侠之习",阳明倜傥豪爽,有豪侠之气。"再溺于骑射之习",喜欢骑马射箭。他十几岁的时候,曾到关外,"逐胡儿骑射,胡人不敢犯"。"三溺于文章之习",也就是沉溺于文学之好。王阳明诗文俱佳,文章写得漂亮,仅收入《古文观止》的就有三篇。他的诗也好,特别是晚年《居越诗》十六首,每一首都很好。"四溺于神仙之习",这恐怕跟他的家世背景有关。据《年谱》说,他修习道术的时候曾有前知之异。后来阳明忽然觉醒,认识到这是在玩弄光影,耗费自己的精神。"五溺于佛氏之习",即沉迷于禅宗。王阳明精神发展的历程相当曲折,但每一阶段的发展都对他后来的成就产生了深刻的影响。王阳明讲"心外无理",教人不要去外在的事物上寻求,其实是因为他此前的积累。他那良知是百死千难中历练得来的。

阳明虽然早慧,但直到二十八岁才举进士第。三十四岁时,因为反对当时把握朝政的宦官刘瑾,受廷杖四十,被贬到贵州龙场驿。在赴贵州龙场驿途中也经历了很多的险难。在龙场驿"居夷处困",彻悟格物致知之旨,这就是著名的"龙场悟道"。

正德十四年(1519),阳明四十七岁。宁王朱宸濠经过多年准备起兵叛乱,很快占领了九江,兵锋直指南京。这可以说是明中叶的一场大危机。阳明在江西赴任的途中,纠合义军,三战而生擒朱宸濠。平定宁王之乱使得王阳明在当时的影响迅速提升。阳明学后来的影响,与其事业上的成功是密不可分的,阳明那样的地位和影响力对同辈学者是有着巨大压力的。举个例子，阳明晚年倡导良知说，他的朋友黄绾感叹说："简易真截，圣学无疑。"①从此退居弟子之位。我们虽然不能说阳明思想的影响主要来自于他在事功方面的成就，但其影响力的形成与此不无关联。

阳明最后六七年的时光基本是在绍兴度过的，当时他已名满天下，四方"裹粮而来"者不计其数，他家附近凡是能住人的地方全都住满了，"更相就枕席，歌声彻昏旦"，我们可以想见那是怎样一种盛况。越到晚年，阳明的思想表达就越易简，而越是易简传播的速度就越快，影响力就越大。嘉靖六年，思州、田州发生了少数民族的暴动，阳明被朝廷起用前去平叛，在很短的时间内就平定了思、田之乱。阳明年少时非常崇拜汉代名将马援，平乱之后，专程去拜谒伏波将军庙。回想起少时梦境，竟然若合符节，因此留诗曰："四十年前梦里诗，此行天定岂人为？"阳明身上强烈的神秘主义色彩，由此可见一斑。而这也是最吸引我的地方。5月份的时候，我给几个朋友讲孔子，入手处就讲两个字——"传奇"。我觉得中华文化是以传奇为品格的，我们的文化传统里没有彼岸世界，也基本上没有神话的传统，我们追求的一切都是此岸的，因此得有点儿传奇的精神。没有传奇也得造出几个来，否则就太乏味了。每个时代都得有人把自己的人生当成传奇来塑造，这样的人使生活变得不那么凡俗了，使蝇营狗苟的日子变得有趣了，使这个世界闪耀出光彩，而这光彩又是此世的光彩。阳明启行赴思州、田州的前夜，正赶上中秋，与诸生会聚，即兴赋诗，诗曰："万里中秋此月明，不知何处亦群英。应怜绝学经千载，莫负男儿过一生。影响犹疑朱仲晦，支离羞作郑康成。铿然舍瑟春风里，点也虽狂得我情。""万里中秋此月明"，起句很平，铺陈场景。"不知何处亦群英"，何处还能有我身边这

---

① 黄宗羲：《明儒学案·浙中王门学案三》，北京：中华书局，2008年，第280页。

么多的英才呢？能感受到这里面的传奇感了吧。一个人知道自己注定要成为传奇，那是怎样一种幸福！"应怜绝学经千载"，我们应该珍惜儒家的绝学历经千年岁月又重现光明。"莫负男儿过一生"，不要让此生在浑浑噩噩中度过。"影响犹疑朱仲晦"，朱仲晦就是朱熹，阳明认为像朱子这样的人物也没有见到道之实体，他看到的只是道的影和响。"支离羞作郑康成"，像郑玄那样支离琐碎的学问更是羞于去做的。当然，真让他做他也做不出来，伟大的哲学家也不见得会做汉儒的经学，不同的人有不同的天分。最后两句我特别喜欢："铿然舍瑟春风里，点也虽狂得我情。"当年陈来老师家客厅挂的一幅字写的就是这两句，让我颇为艳羡。这两句诗是从《论语》"吾与点也"一章来的，阳明晚年曾说过：我这一生，也就养得个"狂者胸次"。思、田乱平，阳明在返程中卒于南安。

以上是阳明生平的概略，接下来我们讲他的思想。

一　心外无理

阳明的思想比较接近陆九渊，两人都讲心即是理，但问题的起点是不同的。相较而言，阳明在思想表达上也更为极端。阳明讲心外无理，这让他受到了非常大的质疑。当然，从哲学的角度为阳明辩护是完全可能的。在经典解释方面阳明是有很多问题的，比如他对格物的解释基本上可以断定是错的，再比如他对《大学》古本的坚持也没什么道理，这不是阳明擅长的，但他的思想是可以自圆其说的。上次课讲陆九渊的时候我曾说，在陆九渊那个时代，很多儒者已经意识不到有为儒家生活方式的合理性提供论证的必要了，儒家生活方式之合理被认为是理所当然的。阳明时代的思想处境则更进了一步：朱子式的世界观和朱子式的修养方法已经被当作理所当然的东西了。从王阳明求学的经历可以看到，当时已经很少有人会去质疑朱子，即使个别有自己的创见的哲学家,也整体上笼罩在朱子学的氛围里。王阳明为学的入手处也是朱子学。十几岁上私塾的时候,阳明突然问塾师:"如何是第一等事?"老师回答说,当然是读书中状元,阳明当即表示怀疑,他认为做圣贤才是第一等事。受朱子学的影响,阳明认为要想成圣成贤当然得去格物。他与一个钱姓友人,"指庭前竹,令去格看。"那钱姓的朋友对着竹子格了三天,什么也没格出来反而病倒了。于是阳明来格,格了七天也病倒了。这一次格物的实践让他产生了很强烈的挫败感,因而认为圣贤做不得。从这种为学经历中我们可以看见那个时代的朱子学氛围,朱子学已经被认为是不容置疑的、理所当然的正道。贵州龙场"居夷处困"的经历为王阳明的思想飞跃提供了契机,经历了如此重大的政治挫折,又被贬到龙场驿这样的荒蛮之地,其心灵的震动是可想而知的。阳明就想:如果是圣人处在这种处境,会怎样做呢?因此瞑目苦思累日,忽然彻悟格物致知之旨。龙场顿悟解决了长期困扰王阳明的一个根本问题——"物理吾心,歧而为二",也就是说,外在的客观之理和我的心始终是分做两截的。

朱子论涵养主要讲两个方面:"涵养须用敬","进学则在致知"。在他看来,格物、致知、诚意、正心,是一个递进的阶次,格物是入手处,所以朱子讲:"论先后,知为先;论轻重,行为重。"[1]若论知行的先后,一定是知先行后,不知又怎能行?若论知行的轻重,那一定是行重于知。我们说某个人知孝知悌,当然是因为他已经具体地行孝行悌了,而不能只是道理上明白。所以,朱子强调要先去明道理,明白道理以后再用诚意功夫,把所知的道理付诸实践。《大学》讲格物、致知、诚意、正心,如果我们简单地讲,格物致知解决的是认知的问题,诚意解决的是实践的问题,通过诚意你能够把所知的是非付诸实践,在朱子那里这个阶次是

---

① 《朱子语类》卷九《学三·论知行》,北京:中华书局,1986 年,第 148 页。

非常清楚的。朱子强调先知后行，但是知和行之间得有一个转渡者，否则知和行就会脱节。朱子对《大学》的理解基本上是从程子那儿继承下来的："今日格一件，明日格一件，积习既多，然后脱然自有贯通处。"在《补格物致知传》中，朱子写道："是以《大学》始教，必使学者即凡天下之物，莫不因其已知之理而益穷之，以求至乎其极。至于用力之久，而一旦豁然贯通焉，则众物之表里精粗无不到，而吾心之全体大用无不明矣。"①这里，"吾心之全体大用无不明矣"这句话我相信阳明是可以接受的，在格物的过程中我心的大用和全体因此都明朗起来，凡是被遮蔽的东西全部都展现出来了。被物欲遮蔽的本心，重新朗现出来，所以这叫"吾心之全体大用无不明矣"。用一个比喻讲，就好像一面镜子，按照道理讲镜子是应该能够清楚地照见事物的，但是如果镜子上面有了锈斑就得用东西去擦一擦。把整面镜子都擦亮就是"全体"，用这整面的镜子去照见事物就是"大用"，如果只擦亮了一个部分那就不是"全体"了。"吾心之全体大用无不明矣"这一句，我相信王阳明应该不会有什么疑问，麻烦在于前面那句"众物之表里精粗无不到"，因为里面涉及到客观知识的问题。在具体的道德实践当中，客观知识是非常重要的，这一点王阳明也不会否认。

王阳明的早期弟子中最杰出的是徐爱，徐爱去世的时候只有42岁。据说徐爱去世前，梦见一个须发皆白的老人，抚着他的后背说："子与颜子同德，亦与颜子同寿。"这个故事怎么看都像编出来的，用意在于推尊阳明。既然徐爱与颜子同德，那么他的老师就当然可以比肩孔子了。这个玩笑开大了。在王阳明最初宣扬他的"知行合一"和"心外无理"的思想的时候，徐爱颇多质疑，问题的焦点之一就是：在具体的道德实践中，到底需不需要外在客观知识或道理？比如，你的父亲生

---

① 朱熹:《四书章句集注》,北京:中华书局,1983 年,第 7 页。

病了,你是从自己身上割块肉下来炖汤给他喝呢,还是煎药给他? 煎药的时候,你到底应该给他煎什么药? 这个药是温性的还是凉性的,这个药是热的还是寒的,这个药有毒无毒,毒性大小,这些基本的药理和其中的辩证关系你得懂吧。如果这些东西都不懂,你怎么来治病呢? 阳明当然不会荒谬到连这一点都不承认的地步。阳明要强调的是:所有的道德行为都得发源于一种完善健全的道德人格,那么,在成就这种完善健全的道德人格的过程当中,这些具体知识的追求是否也必要呢? 客观的知识与道德人格的完善之间到底有什么关系呢? 我们能不能说,一个人的知识越多,他的道德人格就越完善? 显然不能这么说。所以,关键在于在成就我们的道德人格的过程当中,外在的客观知识到底有什么用? 像阳明少年时那样去"格"那竹子,即使格出那竹子的道理来又怎样,对道德人格的完善有何增益? 如果我们的目标是要想培养出完善的道德人格,这种道德人格如果是纯善无恶的,没有任何物欲的遮蔽,在这一过程中对客观知识的寻求就并非必不可少的了。

朱子认为"格、致、诚、正、修"这五个条目对应的是"明明德","齐家、治国、平天下"则对应"新民",从"格物"到"修身"就是"明明德"的具体功夫。朱子关注的是道德行为的实践过程,在他看来,任何一个完善的行为都要经历"格物、致知、诚意、正心、修身"的过程。具体说来,"格物致知"解决认知的问题。"诚意"则立一实践的主体,使所知的是非能够付诸实践。在付诸实践的时候难免会有偏差,因为心灵状态有可能出现问题,"正心"讲的就是心灵状态的问题。"格物致知"解决的是心灵内容的问题,人的心灵内容都是好的,也不见得就能把事情做得对。因为心灵有可能因为"执滞"而产生"过"或"不及",典型的如"迁怒"。《正心章》讲,有四种情绪最容易凝滞在心里,即"心有所忿懥则不得其正,有所恐惧则不得其正,有所好乐则不得其正,有所忧患则不得其正"。忿懥、恐惧、好乐、忧患,这四样东西是最容易凝滞在心里干扰我们的心灵。忿懥、恐惧、好乐、忧患一旦滞在心灵,就会产生种种

"过"或"不及"来。"修身"要解决的是人在具体的环境当中自然会有的种种偏颇。比如,你喜欢一个人,你就容易只看他好的一面;讨厌一个人,你就容易只看他令人讨厌的一面。所以要自觉地纠偏。由此可见,朱子把从"格物"到"修身"的过程视为一个完整的道德行为发生的过程。在朱子看来,人的道德境界只有在这样具体的道德实践的过程中才能逐步地提高,人格才能逐步地完善。阳明与此不同,他首先强调的是一颗纯善的心。在他看来,我们应该把追求完善的道德人格作为自己的目标,此种完善的道德人格一旦建立起来,由此产生的念头和行为就自然而然都是善的。这样一来,《大学》的八条目就成了完善道德人格的步骤,而这也就意味着外在的客观知识反而成了负担。即使不是负担,至少也是不必要的。一个知识并不完备的人,也可以有一个完整的善良的心。一个道德人格境界很高的人,不见得拥有渊博的知识。我们在生活中常会遇到那种特别善良的人,能自然而然地替他人考虑,忘我,无私。这样的人的人格境界,显然就比那些满腹经纶但自私自利的人要强得多。上次课在讲陆九渊的时候我曾说过,陆九渊最大的贡献就在于强调"义利之辨"。义和利的分辨非常重要,就这一念之微,分辨明白了你的人生就有了主导。讲到这里,"物理吾心,歧而为二"问题的由来也就清楚了。与朱子更多地关注具体的道德实践、强调在道德实践中逐步完善人们的道德人格不同,王阳明把道德人格的完善看作唯一重要的事。这样一来,外在的客观知识也就不再是必不可少的了。但是不是就要抛却外在的物理呢?当然不是。龙场悟道的真正意义,在于王阳明认识到:"物理、吾心"本是一体,自己从前将"物理吾心,歧而为二"是不对的,去外在事物那里求这个理也是根本错误的。因此他批评朱子的格物是"外驰",是"逐物"。在阳明看来,在不断向外寻求的过程中,反而荒废掉了这灵明的主体,越是去追求客观的知识,人的主体性、心灵的最高的主动性就会丧失得越多。对物理和吾心的关系的彻悟,在阳明那里就表述为"心即是理"和"心外无理"。如果阳明仅仅讲"心即是理",那跟陆九渊的思想并没有什么大的不同。但当他提出"心外无理"这一极端的表达时,各种质疑也就随之而来了。《传习录(上)》有这样一段对话:

> 爱问:"至善只求诸心,恐于天下事理有不能尽。"先生曰:"心即理也,天下又有心外之事、心外之理乎?"爱曰:"如事父之孝、事君之忠、交友之信、治民之仁,其间有许多道理在,恐亦不可不察。"先生叹曰:"此说之蔽久矣,岂一语所能悟!今姑就所问者言之。且如事父,不成去父上求个孝的理;事君,不成去君上求个忠的理;交友、治民,不成去友上民上求信与仁的理。都只在此心。心即理也。"①

徐爱的质疑是:在具体的道德实践当中,如事父之孝、事君之忠、交友之信、治民之仁,中间一定有很多细节的、客观的知识和道理,这些道理并不现成地呈现在我们的心里,怎么能不去讲求呢?从"此说之蔽久矣。岂一语所能悟"这句话看,阳明的解答只是一个权宜的说法。此前的旧说蒙蔽太久,所以只能"姑就所问者言之"。"且如事父,不成去父上求个孝的理。事君,不成去君上求个忠的理",这话告诉我们孝和忠的道德原则不是来自于对象。在讲张载的"德性之知""闻见之知"的时候我曾讲过,道德主体的道德意志才是道德行为的发动者。我们不能说道德意志来自于它的对象,难道父亲值得孝我们才孝,不值得孝我们就不孝了?君当忠则忠,不当忠就背叛他?在这里,"都只在此心,心即理也"强调的是道德行为的根源。在阳明看来,所有的道德行为都得从一个主体的道德意志、道德意识出发,这种道德意志不是来自于道德对象,而是来自于道德主体。从"心"作为道德行为的发动者、道德行为的发端这个角度上讲,我们可以说,所有的"善"都不在

---

① 吴光等编校:《王阳明全集》,上海:上海古籍出版社,1992 年,第 2 页。

"心"之外。这其实强调的是"至善不在心外",善源自心灵的道德意志的发动。这是理解"心外无理"这个论断的一个角度。

阳明的回答,其实一定程度上回避了徐爱的问题。道德行为由此心发动,确实可以说善不在心外。但客观的物理是否在此心之外,仍然是一个没有解决的问题:

> 爱曰:"闻先生如此说,爱已觉有省悟处,但旧说缠于胸中,尚有未脱然者。如事父一事,其间温清定省之类有许多节目,不亦须讲求否?"先生曰:"如何不讲求?只是有个头脑,只是就此心去人欲存天理上讲求。……此心若无人欲,纯是天理,是个诚于孝亲的心,冬时自然思量父母的寒,便自要去求个温的道理。夏时自然思量父母的热,便自要去求个清的道理。"①

"温清"就是冷暖,对父母孝得知道他们的冷暖,冷了得知道如何御寒,热了得知道如何消暑。何物能御寒,何物能消暑,这些客观的物理如何从此心中推出呢?在这里,阳明没有否认客观知识在道德实践中的必要性。"如何不讲求?只是有个头脑。""有个头脑"就是要有个入手处。"只是就此心去人欲存天理上讲求",要讲求这些,不能在别的地方讲求,而是上来就要有个头脑。讲求客观知识,首先要看你讲求的目的是什么,是出于一个为善的心,还是出于一个好利好货的心,这是有着根本不同的。所以,必须有一个主脑,有一个正确的引领者——完善的道德人格。而要养成这样的完善的道德人格,就必须在"去人欲存天理"上下功夫。在阳明看来,人的恶来源于物欲对本心的遮蔽,一旦去除了人欲此心便纯是天理,由此纯然天理之心出发,孝才是真诚的。而源自于诚孝的讲求,也方能真切详密,无丝毫敷衍草率之处。在这里,阳明强调的是探求客观物理的主观条件。这是理解"心外无理"的

---

① 吴光等编校:《王阳明全集》,1992 年,第 2—3 页。

另一个角度。

"理也者,心之条理也",这是阳明另一个重要的论述。这"心之条理""发之于亲则为孝,发之于君则为忠,发之于朋友则为信"。所谓的"条理",就是心灵的本质倾向,或者心灵的结构。心灵发挥作用的时候,必然沿着这样的方向、这样的路径。在这个意义上,所有的善都不在心的条理之外。当然,上述说法都还是权宜的讲法。这从他对徐爱说的"今姑就所问者言之"可以看出。《传习录(下)》有两则语录倒颇能体现出阳明对此问题的真正理解:

> 朱本思问:"人有虚灵,方有灵知。若草木瓦石之类,亦有良知否?"先生曰:"人的良知,就是草木瓦石的良知。若草木瓦石无人的良知,不可以为草木瓦石矣。岂惟草木瓦石为然,天地无人的良知,亦不可为天地矣。盖天地万物与人原是一体,其发窍之最精处,是人心一点灵明。"[1]

> 先生曰:"良知是造化的精灵。这些精灵,生天生地,成鬼成帝,皆从此出,真是与物无对。人若复得他完完全全,无少亏欠,自不觉手舞足蹈,不知天地间更有何乐可代。"[2]

没有我的心,没有我的良知,天地也不成其为天地了。因为,若无我的灵明,谁去仰天之高;若无我的灵明,谁去俯地之深。阳明基本上不讨论宇宙论的问题,不讨论天地万物是怎么创生的,因为这类问题在阳明那里已经不成问题。由此可以看出,两宋道学的哲学建构是何其成功!在两宋道学的基础上,阳明可以一入手就考虑有了人的世界。阳明的整个哲学,边界就到这儿。他思考的是有了人类文明以后的世界,人类文明疆域内的世界。在这样的世界里,物理意味着什么呢? 我们以事

---

[1] 吴光等编校:《王阳明全集》,1992 年,第 107 页。
[2] 同上书,第 104 页。

物的属性为例。速度、硬度、颜色等等,所有这些东西都源于什么？都源自于对比和分辨。那么,如果没有人的灵明,谁来对比和分辨呢？在人没有出现之前的世界里,即使有这些属性,也等于没有。有了人类以后,在人类不断追求的过程当中,产生了越来越多的对比和分辨,也产生了人的文明疆域里的理的丰富性和多样性。而所有这些丰富性和多样性都根源于最初的对比。在这个意义上,文明就是这种对比和分辨的累积。这里,最根本的分别是:人的欲求与欲求的阻碍之间的张力。有了分辨,才有了人对物的属性的理解。如果我们把整个人类文明当作一个大"心"的话,那么,所有的"客观"之理都不在这个大"心"之外。科学知识的发展,取决于人的欲求的深度。以现代医学为例,现代医学发达到今天这个样子,其根本动力是什么？是人们对生命的顽固和无意义的执着。人都已经不行了,还要用那么残酷的医疗手段去延续他毫无质量的生命,这有必要吗？对生命的欲求的强度,推动了医疗技术和医学知识的发展。这与传统中医学的态度有着本质的区别。如果我们把阳明的"心"理解为一个民族的历史精神发展的整体,那么,"心外无理"可以说是完全正确的。

二 心外无物

"心外无物"的论断其实是"心外无理"的自然延伸。既然我的良知就是草木瓦石的良知,这个良知是造化的精灵,"成鬼成帝,生天生地",这等于已经讲出了"心外无物"的道理。在这个意义上,"心外无物"不是说心之外没有事物存在,而是说即使有物,也不是我们心目中的物。为了更清楚地讲明问题,阳明对《大学》的"心、意、知、物"做了界定,也就是著名的"四句理":"身之主宰便是心,心之所发便是意,意之本体便是知,意之所在便是物。"在"心、意、知、物"四个概念中,阳明显然是以意为核心的,这与他对《大学》古本的坚持,以及对知行合一的强调都有着密切的关联。这里面，稍微有点费解的是"意之本体便是知"这句。我一般倾向于把它理解为"意本来便能知"，你有意念发显，这意念发显的同时，你对自己的意念就是有省察的，这意念是好的还是不好的你是有知觉的。"意之所在便是物"，所以阳明讲的物是与意念相关的，指的是"事"。也就是说，他所讲的"心外无物"指的是在人类的行为之内所牵涉到的"物"。所以，这个"物"当然是跟意识关联在一块的。这个世界如果没有人的灵明，没有任何有意识的、有心灵的存在者，这个世界即使存在，它也等于是无分别的一团漆黑，正因为有了人的存在才有了分别。人分别出天地、阴阳、动静、刚柔，由此分辨下去，就有了我们今天意义上的物。再次强调，阳明不讨论宇宙论问题。人类的文明所达到的疆域就是他讨论的边界，只有这个边界以内的东西才是有意义的，因此，我把"心外无物"的"心"理解为"客观精神"。在我看来，客观精神指的是历史性民族的历史意识的积累，也就是文明的积累。各种观念层层叠叠地积累下来。我们在这个文明当中，我们的心灵被这个文明刻上了烙印。《传习录（下）》载：

> 先生游南镇，一友指岩中花树问曰："天下无心外之物，如此花树在深山中自开自落，于我心亦何相关？"先生曰："你未看此花时，此花与汝心同归于寂；你来看此花时，则此花颜色一时明白起来，便知此花不在你的心外。"[1]

这里，"一时明白"的"一时"强调的是没有时间的过程：你不用一片一片辨认，整朵花自然而然就在你心中完整地呈现，这说明你心中早有花的概念。一眼看去就知道这是花，这是一株花树。如果心中没有这个概念，是不可能"一时明白起来"的。从这个角度说，阳明讲的"理"就不是脱离了人们行为的"理"，而是在人的行为之内、跟人的行

---

[1]　吴光等编校：《王阳明全集》，1992年，第107—108页。

为有关的。客观的有规律的世界构成了人类生存的舞台。所以,客观必然性是我们考虑所有问题的前提。比如重力,我们不可能在重力之外,我们思考、理解、判断都得把重力的因素考虑在内,你不能指望从十楼往下一跳反而跳到了四十楼。比如有质量的东西就有惯性,我们在进行选择的时候就必须考虑惯性的因素。我们可以自觉地意识到这个规律,也可以是不自觉地、无意识地生活于其中。在人的道德选择中,同样的规律,我们可以用它来为善也可以用它来作恶。比方说,我们可以用万有引力做好事。我们用一氢气球挂一条幅,为了不让气球飞走,就得用一个重的东西坠住它。我们也可以用这规律来害人。比如有一个人在楼下走,我们拿一把椅子砸下去。所以,重要的在于我们的选择。我们的选择源于我们的意志,源于我们的心灵。善的选择源于完善的心灵,而非对客观规律的掌握。这完善的心灵,就是阳明所说的"本心"。

三 格物

既然阳明把所有的关注点都放在一种完善的道德人格的建立上,因此,阳明的"格物"也当然是从减担子出发,客观知识的寻求至少不是首要的。阳明强调《大学》古本的原因何在?因为《大学》古本上来先讲"诚意"。正因为上来先讲"诚意",阳明才能进一步讲"知行合一"。如果上来先讲"致知",那是不能直接讲"知行合一"的,因为"知"要转化为"行"是有一个过程的。在朱子那儿、程子那儿,知和行之间是要有一个"诚意"功夫的。所以,《大学》的改本一定要把《诚意》章放到《格物致知》章后面。在阳明看来,《大学》八条目的头脑就是"诚意"。由此出发,阳明在解释"格物"的时候就发明了一个前无古人的解释:"格者,正也。正其不正,以归于正也。"这里的"其"指的是我们心中的意念:"正吾心之不正,以归于正"。因为事物本身是没有道德本质的,不仅物本身无所谓善恶,事本身也无所谓善恶。这是我多年都在讲的道理,我们不能说任何一个行为无条件是善的,或是恶的。比如杀人。孟子就曾说过:如果有人问"人可杀乎?"我会说:"可。"但是,你不能听了这话就去杀人,然后说孟子让你杀的。你必须问:"孰可以杀之?"事物本身是无所谓善恶的,善恶的分别源于道德主体的善恶。某个东西,你可以用来做善事,也可以用来做恶事。某件事,你可以把它变成好事,也可以把它变成坏事。这都取决于你的善良意志,你的道德人格的整体。所以,只要能"正其不正,以归于正"就够了。所以,要"动时念念存天理,去人欲;静时念念存天理,去人欲",而这是最难的。阳明曾说:"去山中贼易,去心中贼难。"从经典解释的角度来讲,阳明对"格物"的解读应该是不能成立的,但从思想建构的角度上讲,阳明还是构建起了一套自足的哲学。我们应该特别注意的是,北宋道学的思想主题跟阳明那个时代的主题是不同的。到阳明这个时代,为儒家的生活方式奠定基础已经不再是问题的核心了。这从阳明已经开始讲"三教合一",而不再强调"儒佛之辨"可以看出。在那个时代,佛老思想已经无法跟儒家的正统地位相抗衡了。

四 知行合一

"知行合一"是阳明思想成熟期的基本教法,也就是陈来老师在《有无之境》中说的"中岁教法"。[1] "知行合一"跟"心外无理""心外无物"等论述构成了阳明哲学成熟期的基本架构。当然"知行合一"的提出也遇到了极大的挑战。我们知道,朱子讲知行问题,强调:"论先后,知为先;论轻重,行为重。"阳明提出知行合一来,就必须不断面对

---

[1] 陈来:《有无之境:王阳明哲学的精神》,北京:三联书店,2009年,第367—370页。

现实生活中知行不相应的地方。如果知行是合一的,那为什么处处能
见到知而不能行的情况?阳明讲"知行合一"有几个方面:第一,他首
先强调的是知、行的本体。所以有的时候阳明的弟子在质疑知行合一
的时候,阳明就讲:你必须知我立言宗旨。① 其实阳明在讲"心外无理"
"心外无物"的时候也讲这个话。"立言宗旨"也就是说:我讲这个话是
有目的的,你如果根本不明白我立言宗旨,勉强地把它说成一个,或者
把它说成是两个,都没什么意义。阳明讲知行合一,恰恰是针对当时的
知行分隔的状况。而对知行合一的强调也跟王阳明对《大学》古本的
强调有关。我们知道,自二程以来,《大学》古本在文本结构上就受到
了极大的质疑。二程兄弟很早就指出《大学》古本有"错简"。所谓"错
简",就是文本顺序不对。《礼记正义》当中的《大学》古本,第一章后面
紧跟着的是《诚意章》,而且第一章结尾处还残留了两句话——"此谓
知本。此谓知之至也。""此谓知本。此谓知之至也"这两句话放在这
儿,是完全不合道理的。要知道,《大学》一共十一章,第一章是经,二
到十一章是传,是解释第一章的。这是一个典型的经传体结构。经过
朱子整理过的《大学》改本次序是非常合理的:先讲明明德,接着讲新
民,接着再讲止于至善。第四章讲"听讼吾犹人也……此谓知本",这
是在讲本末。第五章是"此谓知本。此谓知之至也",朱子认为这段话
是《格物致知章》残留下来的一句。古本《诚意章》被放到三纲领前面,
无论如何说不通。所以《大学》古本应该是有错简的。但阳明认为《大
学》古本完整无缺,哪用你修订来修订去的。为什么他一定要坚持《大
学》古本?因为他想要建立一个知行的本体,这个知行的本体只有在
诚意的工夫里才有,做到了诚意,知行才可能是合一的。知行之所以不
能合一,原因就在于未能做到诚意。《诚意章》讲:"所谓诚其意者,勿

---

① 参见吴光等编校:《王阳明全集》,1992 年,第 96、121 页。

自欺也。如恶恶臭，如好好色，此之谓自谦。是故君子必慎其独也。"这里，慎独是诚意的方法。只有通过慎独的长期积累，才能真正做到知而能行。诚意要达到什么程度呢？"如恶恶臭，如好好色"，对恶的厌憎就像对臭味的厌憎那么真诚，对美德的欣赏就像对美色的欣赏那么真诚。达到这种程度，真正的知行本体才能确立起来。"知行合一"首先强调一个知行本体，因为他认为知行本来就应该是统一的。是什么东西导致知行不再统一？人欲的隔断。没有人欲的遮蔽和隔断，没有人欲的污染，人的知行本身就应该是合一的。

"知行合一"的另一个方面就是"真知"的概念：真知就一定能行。真知就一定能行，这一点其实程子、朱子也讲过。大家都知道老虎伤人，但是被老虎咬过的人，和没有被老虎咬过的人体会完全不同。[1] 但我们的知识一般都不是真知。因为我们大多数知识都是口耳相传的，没有在自己身心上验证过。"真知即所以为行"这个道理其实没什么新鲜。

此外，他还讲："知是行之始，行是知之成。"他把知行看作一个连贯的完整过程。从知行作为一个整体这个角度讲，我们也可以说知行是合一的。而且，他还说："知是行的主意，行是知的功夫。"也就是说，知对行有一个引导的作用，而行则是知的具体落实。

阳明讲知行合一，从道理上讲没什么了不起的地方，但知行合一这个提法本身还是非常重要的。他一下子就点出了最关键的东西，我们每个人都了解自己的缺点，但最大的麻烦就是了解了之后改不了。修身之难，就在于知行不能合一。

---

① "真知与常知异。常见一田夫，曾被虎伤，有人说虎伤人，众莫不惊，独田夫色动异于众。若虎能伤人，虽三尺童子莫不知之，然未尝真知。须如田夫乃是。故人知不善而犹为不善，是亦未尝真知。若真知，决不为矣。"参见程颢、程颐：《二程集》，北京：中华书局，2004年，第16页。

　　当然阳明有时候也有些强调性的表述,比如讲"一念发动处便即是行"。① 有的人觉得我动了一个不好的念头,没有付诸行动,这没什么关系。阳明针对这种想法,强调一念不善就已经是行了。后来王夫之批评王阳明"消行归知"②是绝对的曲解,阳明要人们从源头上、根本上克服掉自己的私欲,不要以为一念发动之微并无大碍,其实这一念发动就已经是"行"了。客观地讲,一念发动,如果你不加以克制的话,都会种下病根。人是极容易生心魔的,这心魔一旦种下就难消了。当然,这个讲法里也蕴涵着一种极端化的危险。从北宋新儒学出现以后,儒家渐趋严苛,通情达理的一面越来越少。在一念之微上考索太深会导致道德修养成为心灵的一个极大的负担,像陆九渊讲"义利之辨",强调我们做任何事情的时候都应该想想我们到底是为了什么,是奔"义",还是奔"利",这样的一念之微是应该去考索的,但如果每一个小念头都要这样去雕琢的话,反而造成心病。

　　王阳明的道德极端主义虽然激动人心,但其实并不可行。你把道德的标杆立得太高,会导致这样的后果:既然绝大多数人都达不到这标准,也就意味着绝大多数人都不是君子,既然都不是君子,那么人与人之间也就没了差别。所以《礼记》当中才讲这样的话:要"以人望人",而不能"以义度人"。③ 用最高的标准来衡量人,恐怕孔子也达不到。那么孔子不就跟普通人一样了?

----

　　① "我今说个'知行合一',正要人晓得一念发动处,即便是行了。"参见吴光等编校:《王阳明全集》,1992 年,第 96 页。

　　② 王夫之:《尚书引义》,见《船山全书》(第二册),长沙:岳麓书社,1988 年,第312 页。

　　③ "是故君子以义度人,则难为人;以人望人,则贤者可知已矣。"参见《礼记·表记》。

五　致良知

致良知说可以说是阳明对中岁教法的一个晚年的总结。致良知说的提出使阳明的思想更加精粹，更加简洁，简易直截。我们知道，《大学》讲"致知"，《孟子》讲"良知"。阳明把《大学》和《孟子》拼接在一块儿，提出了"致良知"说。《孟子》曰："人之所不学而能者，其良能也；所不虑而知者，其良知也"，良能、良知这两个"良"字都是本有、固有的意思。正如黄绾所说，"致良知"说确实简易直截，所以能深入人心，焕发起普通人在日常生活中的道德激情。让大多数人在日复一日、蝇营狗苟、缺少明确人生意义的生活当中保持一种高度的主动性，是非常困难的，阳明学在明代中叶发挥的正是这样的作用。阳明讲成色与斤两之辨，是我读《传习录》最有受用的地方。阳明讲，人跟黄金一样，黄金分量有大小，但从成色上讲，你再重的黄金，成色也不过是99.99%。我一个普通老百姓，贩夫走卒，分量很轻，但成色上我可以与圣人无别。这在儒学发展史上的确是了不起的一步。一个普通人，可以跟孔子的成色一样，这是多么激动人心的主张。《传习录（下）》载：

> 先生初归越时，朋友踪迹尚寥落。既后四方来游者日进。癸未年已后，环先生而居者比屋，如天妃、光相诸刹，每当一室，常合食者数十人。夜无卧处，更相就席，歌声彻昏旦。南镇、禹穴、阳明洞诸山远近寺刹，徙足所到，无非同志游寓所在。①

阳明学在当时的影响由此可见一斑。阳明学之所以有如此的感染力，根源于这种简易直截的主体性的充分发扬。这种心灵高度的主动性，落实在每个个人的生活当中，就是用生命的激情去肯定自己日复一日、

---

① 吴光等编校：《王阳明全集》，1992年，第118页。

简单重复、平凡朴素的生命。让每一个人,哪怕在最细小的努力当中,都贯注着自己道德的激情。这就是致良知说的伟大!那么,良知是什么呢?良知就是一个好恶之心,"只好恶就尽了是非,只是非就尽了万事万变"。① 良知就是一个知是知非的心。阳明讲:"尔那一点良知,是尔自家的准则。""它是便是知,非便非,一点瞒它不得。"②在一个文明里成长起来的人,不用格外的、特别的教化,他的行为的善恶,他那一念之微的是非,他是知道的。也就是说,知是知非的能力是人们完整地具备的,但这种知是知非的能力还不能变成具体的道德实践,因此还要有一个推扩的过程,而"致良知"就是这样一个扩充的过程。在什么地方扩充呢?还是要在"存天理去人欲"上做功夫。从这一念之微出发,复得这良知完完全全,然后任此良知妙用,以此应对世间万事。

阳明晚年又将自己的教法概括为四句话:"无善无恶心之体,有善有恶意之动,知善知恶是良知,为善去恶是格物。"这就是著名的"四句教"。"四句教"中争议最多的是第一句——"无善无恶心之体"。这里的"体"是指本来面目、本来样子、本来状态。"无善无恶心之体"的正确解释是:无善无恶是心的本来面目、本来状态。心的本来面目是"无善无恶",指的是不执着于善恶。王阳明说:比如天之太虚,底下云聚云散。但不管云聚云散,都不影响天体之湛然清虚。天体之湛然清虚,比喻无善无恶的心之本体;善恶就好像云聚云散。不管云聚云散,都不能影响心体之自然、无滞。③ 这其实也就是禅宗所讲的"不思善、不思

---

① 吴光等编校:《王阳明全集》,1992 年,第 111 页。

② 同上书,第 92 页。

③ "良知之虚,便是天之太虚;良知之无,便是太虚之无形。日月风雷山川民物,凡有貌象形色,皆在太虚无形中发用流行,未尝作得天的障碍。圣人只是顺其良知之发用,天地万物,俱在我良知的发用流行中,何尝又有一物超于良知之外,能作得障碍?"参见吴光等编校:《王阳明全集》,1992 年,第 106 页。

恶"。在阳明看来,人的心灵就应该像太虚一样,不管云聚云散,都应该一过即化,纤毫不留,没有一丝滞留在心里。这个道理和《大学·正心章》有密切关系。《大学·正心章》讲:"心有所忿懥,则不得其正;有所恐惧,则不得其正。"其实讲的也是心灵的无滞。心之本体,公平、无私、无滞,仿佛镜子。阳明曾经讲过,"迁怒"不是"怒于彼而迁于此",而是"为怒所迁"。你心中只要滞留了愤怒,你的心体就为怒所迁了。阳明有一个非常妙的比喻:心灵仿佛眼睛,眼睛里容不得任何东西。你往眼睛里撒几粒沙子,眼睛当然睁不开。这不是因为沙子不好。你往里撒点儿好东西,比如黄金玉石的碎屑,眼睛同样是睁不开的。什么样的善是最高的善?比如,一个小孩从你旁边经过,险些摔倒,你顺手扶了他一把,然后就过去了。这事你做完了当时就忘掉了,这样的善才叫至善。特别小的好事,我们做过就忘了;但稍微做了好一点的事情,心中就念念不忘,不断地想起来就美,想起来就激动。不管多大的功业,都应该像"太虚中一点浮云过目",①得有这样的心态才行。当然一味地讲无滞,是要不得的。如果父母去世了,心里持久的悲哀算不算一种"滞"。如果这也无滞的话,那三年之丧岂不成了伪善?如果你解释说,悲痛虽凝滞在心里,但心体仍旧是和乐的,那这人也太可怕了。在阳明那个时代,儒家简直太自信了。那种自信甚至超过了陆九渊所处的南宋。陆九渊只是觉得:我不用再和佛教分辩道理了,但毕竟还要讲求儒佛的分别。到了阳明那里变成了:我们儒门,就把你佛道二教都包裹进来了。你们佛老的道理和我们儒家的道理并无不同,不过就是开了三个不同的门而已。你进来之后,所见的东西都是一样的。一味地讲无滞,最终必然达到儒禅无别的境地。

当然,阳明毕竟不是只讲"无善无恶心之体",他还讲"有善有恶意

---

① "太虚中一点浮云过目",参见程颢、程颐:《二程集》,2004 年,第 61 页。

之动"。你的心不可能总处在无善无恶的本然状态,心必然发为意。一旦发为意,那就有善有恶了。"知善知恶是良知",人一念发动就知道它是善的还是恶的,知道了善恶以后笃实地去为善去恶就是了。所以阳明说:我这个教法颠扑不破,所有人得到这四句,都能有帮助。上根人"一悟本体即工夫",一了百了;下根人按照我的方法去做,也能循序渐进,下学上达,笃实地成长上去。但就是这个在阳明看来彻上彻下的教法,王门弟子在理解上产生了分歧。阳明起行去征讨思、田之乱那个中秋夜,宴请他的学生。宴会结束以后,王龙溪和钱绪山两个王门高弟展开了辩论。王龙溪认为,既然心体无善无恶,那么后面三句都应该讲无。而钱绪山则认为"无善无恶心之体"一句有问题。两人相持不下,便去请教阳明。此时阳明已经安歇,一听之下,非常兴奋,于是在天泉桥上重开宴席。这就是著名的"天泉证道"。在我的想象中,那天的月亮一定特别圆。月光下,阳明与弟子相与讲论的身影,沉静而动人。两人各举所得。阳明说:钱德洪你须透达王龙溪所理解的本体,而王龙溪你要体会钱德洪所说的工夫,你们俩的学说应该相资为用。① 王龙溪的"四无",阳明是认同的,但他知道这只是对根基最好的人才能用的教法;而钱德洪的"四有"说,虽然有益于下学,但确实未达向上一机。阳明起行后,王畿和钱德洪又追请至严滩,进一步请益。这就是我们常说的"严滩答问"。阳明说:"有心俱是实,无心俱是幻;无心俱是实,有心俱是幻。"钱德洪不解。王龙溪则说:"'有心俱是实,无心俱是幻',是本体上说工夫;'无心俱是实,有心俱是幻',是工夫上说本体。"②这话看起来玄妙,其实说的无非是:工夫要实,心体要虚。心体不能实,一实了就有了执着;工夫不能虚,一虚了就彻底流入到虚无、虚空里去了。所以,"有心俱是实,无心俱是幻",是从本体上说工夫,本

---

① 吴光等编校:《王阳明全集》,1992 年,第 117—118 页。

② 同上书,第 124 页。

体是无,工夫却不能不实;"无心俱是实,有心俱是幻",是从工夫上说本体,工夫已经做实,此时不要忘了心体本虚。而阳明真正要强调的,其实是本体与工夫的合一。

第十五讲

理只是气之理：罗钦顺的思想

今天是本学期最后一次课，我们讲罗钦顺的思想。

这段时间我一直在读《困知记》，更加真切地认识到明代哲学的丰富性。以前读的时候基本上在阳明学的笼罩下，不能自拔，总觉得罗钦顺说的都不成道理。近些年阳明学研究的兴盛，给人的感觉好像整个明代只有王阳明和他的弟子们，其实根本不是。现在回头看，我们的前辈确立的中国哲学史的基本架构还是非常了不起的，即使是我们目前用的这本貌似陈旧的《中国哲学史》教材里面也积淀着前辈的真知灼见和学术眼光，比如对罗钦顺、王廷相等明代哲学家的强调。这些看似陈旧的哲学史架构，其实比现在很多新建构出来的谱系更符合思想的实际脉络。

罗钦顺生于 1465 年，去世于 1547 年。他出生的年代早于阳明，而去世的时间比阳明晚。他的思想基本上是在与阳明学的斗争中不断展开的。他一直作为中晚明心学的对立面，对其有全面系统的批判。他批判的范围不仅限于阳明和阳明后学，还包括了湛甘泉和陈白沙。他用自己的哲学衡量朱陆，彻底地检讨和剖析陆九渊及其弟子杨简的思想。作为整个心学传统的对立面，罗钦顺的哲学达到了令人瞩目的高度。罗钦顺字允升，号整庵，江西泰和人，是江右学风的代表人物。他的学问深湛、严谨。嘉靖后期，授他礼部尚书等职，都屡辞不就，他想像宋代的那些伟大哲人一样，专心于自己的学术和思想，当然也有避祸的意思。在中晚明的政治格局里面，想成为一个君子同时又能做一番事业是非常艰难的。罗钦顺晚年长期闭门读书，应该是有忧谗畏讥的想法的。在宋明理学家里，罗钦顺对佛教的理解是他人所不能比拟的。他对《楞伽经》做了系统的疏解和批判。与张载和王阳明那样粗泛的了解不同，他对佛教进行过深入的研究。对佛教的批判，是他思想的一个非常重要的方面。他对儒家内部各种"异学"的批判，也大都与佛教有关。罗钦顺有过顿悟的神秘体验。他某次散步至一寺庙，问庙里僧人："如何是佛祖西来意"，和尚随口回答："庭前柏树子"。这其实是相当常见的一个禅宗的话头，他却认真思考起来，以致通宵达旦。精思既久，忽然浑身汗下，顿觉彻悟。以悟中所得与佛经相印，若合符节。[1] 通过后来多年的实践和反思，罗钦顺对禅学的问题和局限有了深切的体会，最终回到了儒家的路向上。罗钦顺的神秘体验，在理性的、严谨的思想家的脉络中是颇为罕见的。像张载、程颐、朱熹这样严谨的思想家，一般是不会有什么玄妙的顿悟体验的。当然，罗钦顺的顿悟体验，并没有让他流入虚灵空妙的禅学，反而最终坚定了他的儒学信念。

一 异学驳论

罗钦顺真正要面对的是儒学内部的异端思想。而在他看来，这些异端学说的思想根底实在于禅宗。那是一个心学笼罩的时代，罗钦顺不仅要面对王阳明和他的弟子（在阳明去世后，罗钦顺与阳明弟子欧阳德有过短暂的交锋），还要面对陈白沙和湛甘泉的学统。罗钦顺与湛若水曾就陈献章的思想是否属于禅宗的问题有过激烈的争辩。当

---

[1] 参见罗钦顺：《困知记》，北京：中华书局，2013 年，第 44 页。

然，罗钦顺最主要的对手还是王阳明。《困知记》收录了罗钦顺写给王
阳明的两通书信。其中一封未及发出，而阳明已经病故。《传习录》中
《答罗整庵少宰书》，就是王阳明对罗钦顺第一封信的回复。在写给王
阳明的第一封论学书中，罗钦顺主要针对阳明的两篇作品：《大学古本
序》和《朱子晚年定论》。熟悉《传习录》的人，对《答罗整庵少宰书》都
会有极深的印象。单独看这封信，会不自觉地为阳明的气象折服。相
较之下，罗钦顺显得规模狭隘，思想固陋；而阳明则平正廓大，俯就接引
的气派。这不能不令人感慨："人能弘道，非道弘人！"有的时候某个人
物往那儿一放，像王阳明这样的，他坚持哪个学术或思想的传统，哪个
传统就会有了不起的影响。当然，平心而论，就双方的立论而言罗钦顺
显然更有道理些。罗钦顺对王阳明的批判首先落在经典解释上。阳明
将《大学》格物的"格"字解释为"正"："格者正也，正其不正以归于
正"，而在他那里"物"又是意之所在，那么格物就成了对心中各种念头
的校正，这样一来格物岂不就成了正心？而如果能对心中的念头"正
其不正以归于正"，意又是心之所发，那岂不就自然做到了诚意？既然
如此，《大学》又搞出格物、致知、诚意、正心这样的一个阶次和步骤，岂
不是重复堆叠吗？只讲一个格物不就完了吗？

　　罗钦顺对王阳明的另外一个质疑针对的是《朱子晚年定论》。阳
明从朱子的语录和文集当中收捡出了三十多条，都是明显强调向内用
功而非向外格物的。这里所谓"向内用功"就是明心，而不是向外研究
事物的道理。阳明认为这是朱子的晚年定论，而《四书集注》则是朱子
中岁未定之法。由此可以看出，阳明对于自己和朱子的差别是颇觉不
安的，所以要会归为一。通过《朱子晚年定论》，他强调朱子晚年已经
颇有悔悟，强调"向内用功"了。考辨功夫，实在不是阳明所长。罗钦
顺就此写道：

　　　　又详《朱子定论》之编，盖以其中岁以前所见未真，爰及晚年，

始克有悟。乃于其论学书及三数十卷之内,摘此三十余条,其意皆主于向里者,以为得于既悟之余,而断其为定论。斯其所择宜亦精矣。第不知所谓晚年者,断以何年为定? 羸躯病暑,未暇详考,偶考得何叔京氏卒于淳熙乙未,时朱子年方四十有六,尔后二年丁酉,而《论孟集注》《或问》始成。今有取于答何书者四通,以为晚年定论。至《集注》《或问》,则以为中年未定之说。窃恐考之欠详,而立论之太果也。又所取《答黄真卿》一书,监本止云"此是向来差误",别无"定本"二字。今所编刻,增此二字,当别有据。而序中又变定字为旧字,却未详本字同所指否? 朱子有《答吕东莱》一书,尝及定本之说,然非指《集注》《或问》也。凡此,愚皆不能无疑,顾犹未足深论。①

这段文字看似平和,实则严厉。"考之欠详,而立论之太果"还仅仅是批评阳明学术上的粗疏。而后面一段指出阳明对所取资料随意增改,则是道德上的指摘了。罗钦顺断定阳明之学"决与朱子异",阳明对此回答说:"执事所谓'决与朱子异'者,仆敢自欺其心哉? 夫道,天下之公道也;学,天下之公学也;非朱子可得而私也,非孔子可得而私也;天下之公也,公言之而已矣。故言之而是,虽异于己,乃益于己也;言之而非,虽同于己,适损于己也。益于己者,己必喜之;损于己者,己必恶之;然则某今日之论,虽或于朱子异,未必非其所喜也。'君子之过如日月之食,其更也人皆仰之',而'小人之过也必文',某虽不肖,固不敢以小人之心事朱子也。"②这段文字倒也堂皇正大。但详味其言,多少有些英雄欺人的味道。

不只是阳明学,陆九渊、杨简等人也都在罗钦顺批驳的范围内。在

---

① 罗钦顺:《困知记》,2013 年,第 143—144 页。
② 同上书,第 219 页。

罗钦顺看来,心学的根本问题就在于不自觉中陷入了佛家,尤其是禅宗的窠臼。在他看来,儒与禅的根本分别就是程子所说的"圣人本天,佛氏本心"。这一评断与张载一致。张载说佛教是"以人见之小因缘天地",①也就是说用我们狭隘的感官,用个体渺小的觉或识去因缘天地。罗钦顺曾对《楞伽经》做了系统的批判,认为《楞伽经》以人的觉和识作为天地的根底,而不是以天地作为人的根底,这是儒佛之间的最大区别。因此,罗钦顺说:"圣人本天,佛氏本心,此乃灼然之见,万世不易之论。"②在中国传统哲学的思考里,世界的存在是无须证明的。万物生生不息,如此的实在。如果不是从人的有限的主体性出发,而是将人放到天地万物一体当中去看就会知道,世界的存在确定无疑。超越主体性哲学是20世纪西方哲学的一个重要的维度,海德格尔在西方哲学史上的意义就在于此,当然与儒家哲学相比这种克服还远远不够彻底。儒家特重"诚"字,"诚"就是真实无妄,就是实有。万事万物都是实有的,世界本身是实有的,不能说你一念恍惚看到世界的颜色不对了,世界因此就不对了。你自己有病,世界没病。沿着主体性哲学的思路,无论如何都无法挣脱自我的洞穴。如果我们能客观诚实地面对这个世界,把自己的身心放到天地万物一体当中来看,那么我们将会发现我们只是天地万物的一部分。我们继天地生生不已之理而生,所以要承担起照料万物的责任。活着继此生理,死了为这生生不已的充分实现创造条件。也就是我常说的,个体的必然消亡是生生不已得以实现的逻辑环节。很多人对人生的意义感到茫然,根本在于"太自我"。这是一个太过强调"主体"的时代,而这样从自我出发的所谓的"主体"恰恰是丧失了真正自主性的"主体",处于深刻的奴役状态的"主体"。这样的"自我",不过是"私我",各种私欲的载体而已。这样的"主体",不过

---

① 张载:《张载集》,北京:中华书局,1978 年,第 8 页。

② 罗钦顺:《困知记》,2013 年,第 105 页。

是欲望的执迷。真正的主体性，是"收拾身心，自作主宰"，真正成为自己欲望的主人，而非相反。如果能从这自我的洞穴中摆脱出来，我们是可以找到自己的人生意义的。在我看来，人生的意义就在于：活着的时候，我们努力创造一个什么样的世界；死了，我们留下一个什么样的世界。罗钦顺进而指出，佛家是以"本体为真，末流为妄，既分本末为两截"，①也就是说，佛家将世俗生活和神圣生活分割开来。佛教要僧徒摆脱尘缘，而一般的老百姓显然是做不到的，这也就将本末打做两截了。在佛家看来，"迷则真成妄"，因为无明，所以真的也成了虚妄；"悟则妄即真"，一旦悟到了以后，虚妄的也成了真实。在罗钦顺看来，将本末分成两截，真妄混为一体，这个道理是无论如何也说不通的。

关于罗钦顺的思想，此前有两种典型的看法：第一，将其归入明代的气学传统；第二，将其视为明代朱子学后劲。在我看来，这两种说法都不够全面。罗钦顺对两宋道学传统都有所继承。因此可以视为两宋道学在明代的发展。对于两宋道学，除陆九渊的心学外，罗钦顺都有批判的继承。

基于对佛教的理解，罗钦顺对陆九渊、杨简、王阳明、陈白沙、湛甘泉等人的思想提出了一个根本性的批判：识心不识性。终身只知道一个心字，于性字全无理解。在罗钦顺看来，陆王一脉的千言万语，讲的其实不过是那昭昭然的灵觉。阳明的良知不过是此心昭然之明觉而已。以为灵觉无所执滞，自然能应接万事。儒家当然要讲灵觉，耳能听，目能视，"寂然不动，感而遂通"，但问题是仅仅有这个灵觉是不够的。不该看的，不该听的，你看了听了就不对。光讲灵觉，却忘掉了灵觉背后的本性，这就成了禅宗了。阳明最大的问题是把自己的资质看得太高明。罗钦顺将自己的著作命名为《困知记》，认为自己只是"困

---

① 罗钦顺：《困知记》，2013年，第69页。

知勉行"而已,阳明则多多少少有点自居"生知安行"的意思。在当时的思想氛围里,阳明觉得自己真理在握,希望把所有的异学都会归为一,所以对同时代见解有别的思想家,都有个迁就接引的意思。当然,这种迁就同时也就成了一种俯就。《答罗整庵少宰书》写于征讨思、田的途中,信的结尾写道:"鄙说非面陈口析,断亦未能了了于纸笔间也。……秋尽东还,必求一面,以卒所请,千万终教。"但罗钦顺在回信中,拒绝了这一邀请:"去年尝辱手书,预订文会,殆有意乎左提右挈,相与偕之大道。为爱良厚,感戢无已,但无若区区之固滞何! 夫固滞者,未免于循常,而高明者,恒妙于独行。窃恐异同之论,有非一会晤间之所能决也。"①罗钦顺显然知道没有说服王阳明的可能,因此觉得没有当面讨论的必要。当然,阳明的俯就姿态也一定程度上引生了罗钦顺的反感。这封信还没寄出,阳明已经病故。

对于王学以及整个的心学传统,罗钦顺始终持批判的立场。在他看来,心学表面上倡导圣学,其实私底下用的还是禅宗。阳明晚年确实是认为禅、道、儒是可以汇为一途的,所以罗钦顺的批判也并非全无来由。

二　理只是气之理

罗钦顺强调"理只是气之理",②这就与程朱思想有了根本的区别。在罗钦顺看来,对于儒家的道理程颢讲得全无弊病,程颐和朱子则微有不合,而这一微有不合之处就在于程、朱在"一阴一阳之谓道"上面加了"所以"二字。他们认为阴阳显然不是道,不是形而上者,而只有"所以一阴一阳者"才是道。我们在前面讲程颐和朱子的时候特别强调,

① 罗钦顺:《困知记》,2013 年,第 146 页。
② 同上书,第 89 页。

正因为有这"所以"二字，形而上、形而下才有了严格的区分，这一区分极大地拓展了宋明理学的哲学思维的空间。而到了罗钦顺这里，他却认为这恰恰是问题所在。他认为，只要加一个"所以"，理和气的分别就被过分地强调了，所以他说朱子"终身认理气为二物"。他进一步批判了朱子理气观的根源，也就是周敦颐的《太极图说》：

> 周子《太极图说》篇首无极二字，如朱子之所解释，可无疑矣。至于"无极之真，二五之精，妙合而凝"三语，愚则不能无疑。凡物必两而后可以言合，太极与阴阳果二物乎？其为物也果二，则方其未合之先各安在邪？朱子终身认理气为二物，其源盖出于此。愚也积数十年潜玩之功，至今未敢以为然也。尝考朱子之言有云，"气强理弱"，"理管摄他不得"。若然，则所谓太极者，又安能为造化之枢纽，品物之根柢邪？①

"二五之精，妙合而凝"，既然说到了"合"字，那就分明是在说两个东西。"凡物必两而后可以言合"，也就是说必须有两个事物才谈得上这个"合"字，如果本是同一的那还谈什么"合"呢？所以，"朱子终身认理气二物"其根源还是在周敦颐的《太极图说》。

我们在讲朱子理气关系的时候讲到过"理强气弱"的思想：气虽是理之所生，但"理管他不得"。而在我看来，对"理生气"的正确理解应该是：理为体，气为用，而在朱子那里，更准确的表达是"理必有气"。在这个意义上，朱子的哲学强调的是气只是理之气，罗钦顺正好与之相反，他强调的是理只是气之理，朱子强调理是无造作的。我们前面讲过，在朱子的哲学中，理就是极好的、至善的道理，是所当然的具体化，太极就是最高的恰当性，也就是朱子所说的"所当然而不容已，所以然而不可易"。这样一个天理，它本身是没有主动创造的功能的，因此朱

---

① 罗钦顺：《困知记》，2013 年，第 37—38 页。

子说"气强理弱",也就是说在具体的万物的运行上理是约束不了气的。罗钦顺对此提出强烈的质疑:认为如果是"气强理弱","理管气不得","则所谓太极者,又安能为造化之枢纽,品物之根柢?"这里我们先不管他讲的理气关系是什么,有一点是可以肯定的,他充分肯定了理是"造化之枢纽,品物之根柢"。那么什么是"造化之枢纽,品物之根柢"呢?"造化之枢纽,品物之根柢",也就是天地万物的根源。按照朱子的说法,这一根源就是天地生生之理,或者叫作天心。天以生物为心,所以叫天心。天地生生之理是永恒存在的,它比具体的气和具体的事物都更真实。气有生灭,理无成毁,这是最根本的区别。至于气的成灭,成,无所自来;灭,消尽无余。我们在讲授朱子的时候特别强调,在朱子的思想当中是没有永恒质料的,这是朱子和张载最根本的不同。把握住这一点,才能真正理解"理生气"的思想内涵——"理必有气"的观点。

如果按罗钦顺的讲法——"理只是气之理",作为"气之理"的理又怎么能成为"造化之枢纽,品物之根柢"呢?罗钦顺所说的作为"气之理"的理到底是什么呢?有两种可能:其一,作为气的属性的理,理其实就是气的刚柔、动静、清浊的属性;其二,理是气运行的基本规律。这两种理显然是有所区别的。气的属性源自于气的结构,气的结构消失了作为气的属性的理也就消失了。规律则不同,规律就是气必然如此运行的方式,在这种情况下理是强于气的。比如我手中这支粉笔,我手一松它就做自由落体运动。在这里,理体现为万有引力的规律,所有的事物都服从万有引力的规律,在这个意义上不能说理管气不得。按照朱子的讲法,气从属于理,理必有气;而按照罗钦顺的讲法,理只是气之理。在罗钦顺那里,理气不是二物,但因此就说是理气一物也不行。他明确地说过"理须就气上认取",理一定要在气上才能看到,"然认气为理不行"。① 既不能认理气为一物，又不能将其分别为两个。罗钦顺另一著名论断是："理只是气之理,当于气之转折处观之"。这一论断的关键是怎么理解这个"转折处"。罗钦顺说："往而来,来而往,便是转折处也。"往就是消,来就是长,其实就是于消长转化之际观之,一个东西去了就是向消亡的方向走,一个东西来了就是向生长的方向走。"夫往而不能不来,来而不能不往",这里罗钦顺受张载影响的痕迹就非常明显了,跟张载一样,罗钦顺认为气是不会灭尽无余的。往不是灭尽无余,往之后还要复来,来是往的汇集。虽然罗钦顺不赞同张载所讲的太虚和气的关系,但是他不能接受没有永恒质料的观念,他无疑是认为有无法灭尽的质料的,质料是永恒存在的。虽然质料也有变化,往而来,来而往。"若有一物,主宰乎其间而使之然也",在气化的往来过程,好像有一个东西在主宰。"此理之所以名也",理得名于此。但实际上,并不是真的有一个理这样的主宰者。那么,气为什么能往来无穷呢？在罗钦顺看来,气之所以能往来无穷,根源于感应的普遍的存在。他援引程子的话："天地之间,只有一个感应而已。"②感应是普遍的,理就是感应的过程当中必有的规律、条理,或者说万物之间只能以这样的方式来感应。在罗钦顺的思想架构中,首先,作为质料的气是永恒的,是不会消灭的;其次,气是有往来的。而往与来根源于感应的普遍性,而感应的过程又有其既定的模式,这个既定的模式就是理。"理只是气之理",只是感应的固定渠道或模式。以人心的感应为例:人触物而感,当恻隐则恻隐,当羞恶则羞恶,说明人心中有恻隐、羞恶这样的感应结构。因为有这样的感应结构,所以遇到这样的事物就自然发显出来,具体表现为恻隐、羞恶之情。感应的方式是确定的,不可能以别的方式来感应。理就是气之转折中的固有条理,而气之转折根源于气的

---

① 罗钦顺:《困知记》,2013 年,第 42 页。

② 同上书,第 89 页。

消长之间的感与应。阴阳二气之间的感应有其固定的方式,这样的方式或者模式就叫作理。

罗钦顺对感应的强调显然受到了张载的深刻影响。既然强调感应,就不能不涉及"两一"的问题。理气概念在罗钦顺的哲学体系也可以用"两一"来表达:"理,一也,必因感而后形",这显然也是张载的影响。"感则两也,不有两则无一",感与应必然是两个事物之间的关系,一个事物不能感,必须是两个。而且,"两"在逻辑上是优先于"一"的。这一点,我们在讲到张载思想的时候已有详细的讨论。在这个方面,罗钦顺的思想更接近张载。"然天地间,无适而非感应,是故无适而非理",①有感应就有感应之理。所以,罗钦顺讲的"理只是气之理",更准确的表达是理只是感应之理。罗钦顺不仅讲"两一",也讲"神化":"神化者,天地之妙用也",这自然让我们想起张载的"凡天地法相,皆神化之糟粕尔"。罗钦顺又说:"天地间非阴阳不化,非太极不神",没有阴阳就没有了化的过程,没有太极之体就没有了本一之神对万物的鼓动。然不能以太极为神,以阴阳为化,阴阳是化之根源,太极是神之根源,神化本是天地之妙用,但不能把太极等同为神,阴阳等同于化。化是阴阳之所为,神是太极之所为。罗钦顺在这里区分了体用:阴阳为体,化为用;太极为体,神为用。对于两一和神化的关系,罗钦顺强调:"化虽两而其行也常一",是两而一、一而两的关系;"神本一而两之中无弗在焉",②没有对立的两体可以脱离神的作用。值得注意的是,他不是用太极和阴阳构成一物两体的关系,而是用化和神构成一物两体的关系。太极为体,神为用;阴阳为体,化为用。体用关系中,用可以视为动词,体是名词。所有的事物都要有运用处,也要有存主处,存主是静态的、实体性的东西。举个例子,我们装满水的瓶子是体,拿起瓶子来喝就是

---

① 罗钦顺:《困知记》,2013 年,第 17 页。

② 同上书,第 17 页。

用;手是体,用手来拿东西就是用。神化之间构成了两一的关系,化就是两体之间慢慢地感应、转换,而为什么两体之间能够感应、转换呢,是因为一的贯通作用。罗钦顺的整体哲学架构还是张载式的。在张载那里,逻辑上必须先有两,然后才有一。如果先有一再有两,那无论是否有两,一都在那里,而且一没有变成两的内在动力。只能先有两再有一,一才能在两那里发挥贯通的作用。我们前面讲过,张载不能接受这样的宇宙图景:完全分裂开来的、没有统一性的世界,以及有统一性但僵死的无分化的世界。这样的世界图景在逻辑上必须是根本不能成立的,因为只要逻辑上有这种可能性,相当于数学上有这样的一个解,那么,这样的世界就是有可能存在的。

罗钦顺强调理的必然性,同时也强调了它的客观性和自然性。所谓的自然就是消除了人的主观,不由人的主观决定的东西。他说:"天之道莫非自然,人之道皆是当然。"我们讲朱子的天理观时说过:理是能然、应然、必然和自然的统一。罗钦顺说:"凡其所当然者,皆其自然之不可违也",①所以,在他那里当然与自然是统一的。罗钦顺的理是当然与自然的统一,同时也就是当然与必然的统一。又由于天地万物运动不息,但它们之间的感应关系是有固定条理的,所以理又是有确定性的。人类社会的确定性即源于此。这样一来,当然也就是自然之不可违。由此出发,罗钦顺开辟出了一条对人的合理欲望充分宽容的路径,对于宋明理学过分强调灭人欲是有一定程度的拨转的。这里,他隐含的批评对象还是王阳明,阳明学对人的欲望未免过于苛刻。以理财为例,罗钦顺认为理财是人的正当生活,《大学》里面讲理财的地方有四处。② 一味讲正心诚意,其他的都不讲,难怪这个世界越来越贫困。光讲义利之辨,讲先立乎其大,但如果讲义利之辨就不能谈理财,那么

---

① 罗钦顺:《困知记》,2013 年,第 30 页。
② 同上书,第 22 页。

国家怎么办? 孔子都离不开这样实实在在的物质生活,你又怎么能禁绝这些东西? 当然,这样讲并不意味着罗钦顺不强调义利之辨。我特别喜欢罗钦顺的这句话:"诚意是一刀两断功夫。"①这段时间我重读罗钦顺,对这句话感触极深。在一个如此复杂的社会里如何做一个正直善良的人,是每个人都应该面对的问题,罗钦顺这句话应该铭刻在我们心里。这个"一刀两断功夫"就是要面对自己的一念之微,要诚实地面对自己,不要自欺。做任何事,要分辨是出于公心还是私念。出于公心,你自然坦荡,内心中自然生出纯阳之气。出于私念,则自然劳攘,心地也就逐渐阴暗下去。

再总结一下,罗钦顺的基本哲学架构是张载式的。在他看来,理其实就是感应之条理,有其客观性、必然性、自然性和确定性。而既然理是客观、必然、自然和确定的,那么人就应该按照这种自然且必然的条理来生活,而这也就是当然。凡不按照这样的方式生活的人,其结果一定是生活充满了悔和吝;而按照这样的方式生活的人,则自然廓大平正,自然没那么多烦恼。其实,大多数烦恼都是庸人自扰,根子上都在于"太自我"。我们每天都生活在情绪里,但情绪是如此地善变。心情好的时候,看什么都一团春意,对世界充满感恩;糟的时候,则看到都是残枝败叶,仿佛全世界都在难为你。其实好也没那么好,糟也没那么糟,都是太主观、太自我的结果。

三 论性

罗钦顺强调心性之别,认为不能说心即理,只能说性即理,所以他批评阳明终身不识性。既然性即理,那么心的作用是什么呢? 人的本

---

① 罗钦顺:《困知记》,2013 年,第 133 页。

性就是道体本身,因此是无为的,没有主观的造作。罗钦顺说:"人心有觉,道体无为",①知觉的能力在于人心。心是有动静的,理则是静的,性是静态的体。罗钦顺还以道心、人心来区分性情,他说:"道心为性,人心为情。"道心、人心的概念,出自《尚书·大禹谟》:"人心惟危,道心惟微,惟精惟一,允执厥中。"在宋明道学的传统里,往往称之为十六字心诀。一般说来,道心和人心显然都是从心的层面上讲的,而罗钦顺却以道心为性,强调:"心一也,而两言之,动静之分,体用之别也。"②对于性与理的关系,罗钦顺讲:"理之所在谓之心,心之所有谓之性。"性即理,不能因此错认了心性之间的分别。与此相应,在谈到修养功夫时,罗钦顺认为我们只能追求心与理一。心与理一,就是心能够充分了解自己所有的性和理。而心与理相统一,这不是一般人能做到的。"求放心只是初下手功夫",③尽心知性为究极功夫,能够充分地尽心才能真正地知性,知性才能知理。到此地步,心所觉知者一定就是理,这个理同时也就是万物之理,也就是天地万物的根源和枢纽的理。真正做到尽心知性之后,我们就通晓了天地万物以及人的道理,按照这样的道理去生活,也就自然而然达到了至善。

对于程子的"心包四德"的思想,罗钦顺有一段非常精彩的发挥:"性之理,一而已矣。名其德,则有四焉",也就是仁、义、礼、智。那么,如何理解仁、义、礼、智间的区别呢?罗钦顺说,以其浑然无间谓之仁,粲然有条谓之礼。万物虽然浑然无间,但是感应的时候又有其自然的条理。节然有止名之曰义,判然有别名之曰智,都只是一理,只是从不同的角度来把握而已。而义、礼、智又并不在仁之外:凡粲然、节然、判

---

① 罗钦顺:《困知记》,2013 年,第 30 页。

② 同上书,第 2 页。

③ 同上书,第 28 页。

然,"皆不出于浑然之中"。[1] 一气感应是浑然无间的,具体体现在人的身上,就是我们对万物都有责任。但这责任又不能笼统地看,又自有其"粲然""节然"和"判然"的分别和分寸,而这些分别和分寸又是浑然一体的责任的具体体现。

四　格物观

在罗钦顺看来,"求放心"是初下手处,而要进一步做到尽心知性、心与理一,就必须做格物的功夫。在当时的时代氛围里,罗钦顺必须面对这样的问题:为什么要向外去研求物理? 如果我们追求的是一个理想的完善的人格,那么关于外在客观事物的知识对我们有什么意义呢?

罗钦顺认为,天地间无一物不是我们的分内事,反对向外寻求,实际上等于分别了内外,而一旦有了内外之别,也就意味着责任有了边界。而实际上我们是天地万物之中的一个,天地是不朽的,具体的事物是有成有灭的。罗钦顺有个比喻:仿佛一棵树,由根而干,由干而枝叶花果,枝叶花果可以凋谢,但根干却是常在的。这与朱子的思想是有着明显不同的。朱子认为,即使是天地也有消磨殆尽的时候。天地间所有人物都根源于一气之感应,罗钦顺的理是往而来、来而往的感应之理,没有一个作为实体的生生之理作为创造的根源。天地之间,只有气化的往来相感。往来相感,不是说已死的事物会因感应而复活,而是往者的残余在感应之中以新的形式复归。感应是永不停息的,所以是造化之枢纽。所有事物都是根源于气化的感应,也都遵循感应之理。既然我们与万物有普遍的感应,也就对万物有普遍的责任,万物也就不在我们之外。因此,罗钦顺认为像程、朱那样将"格"字解释成"至",或像

---

① 罗钦顺:《困知记》,2013 年,第 92 页。

王阳明那样将其解释成"正",都不无问题。他认为应该将格物之"格"理解为"通彻无间"。罗钦顺认为将"格"解释成"至"也不是不可以,但要理解这个"至"的真正含义是"通彻无间"。① 在他看来,格物就是要建立起心物之间的通彻无间的关联,通过格物我们看到事物感应的条理,在此过程中,我们心的感应条理也因此慢慢呈现出来。看到物的感应之理与我们的心的感应之理的一致,由此建立起心与物的通彻无间的关联。这种通彻无间,就是物格,就是知致。

在明中后期的时代氛围里,罗钦顺批判地继承了两宋道学思想的主流,对当时的风尚有所校正。他的努力和贡献,是弥足珍贵的。

---

① 罗钦顺:《困知记》,2013 年,第 5 页。